中国改革开放史料丛书

财政税收体制改革

倪红日　主编

中国工人出版社

“中国改革开放史料丛书”
编委会

总序

铭记改革开放历史
奋进新时代新征程

历史是一面镜子，也是一部教科书。重视历史，研究历史，借鉴历史，是中华几千年文明的一个优良传统。当代中国是历史中国的延续和发展，书写着中国人民和中华民族不懈奋斗的宏伟篇章。历史的无穷魅力在于包含了大量丰富的史料。史料是保存历史、记述历史、再现历史的基本素材和重要依据。重视历史的学习、研究和传承，必须重视史料的收集、整理、汇辑。

改革开放是中国人民和中华民族发展史上一次伟大革命，正是这场伟大革命推动了中国特色社会主义事业的伟大飞跃。1978 年底，中国共产党召开具有重大历史意义的十一届三中全会，开启了改革开放历史新时期。从那时以来，中国共产党带领全国人民以一往无前的进取精神和波澜壮阔的创新实践，谱写了壮丽史诗。改革开放 40 多年来，从农村到城市，从生产到投资、流通、分配、消费，从所有制结构到企业形式，从经济领域到生产关系和上层建筑的某些环节，都进行了系统和全面改革，成功实现了从高度集中的计划经济体制到充满活力的社会主义市场经济体制的伟大历史性转变；对外开放从建立经济特区到沿海、沿江、沿边，从东部到中西部地区，再到加入世界贸易组织，从大规模“引进来”到大踏步“走出去”，成功实现了从封闭半封闭到全方位开放的伟大历史性转变。我们在深化经济体制改革的同时，不断深化政治体制、文化体制、社会体制、生态文明体制改革和其他领域改革，不断推进国家治理体系和治理能力现代化。在改革开放推动下，我国经济和社会发展取得了举世瞩目的辉煌成就，实现了人民生活由温饱不足到小康宽裕的伟大历史性转变。事实雄辩地证明，改革开放是决定当代中国前途命运的关键一招，是当代中国发展进步的动力之源，是大踏步赶上时代前进步伐的重要法宝，为实现中华民族伟大复兴提供了充满新活力的体制保障和快速发展的物质条件，中华民族迎来了从站起来、富起来到强起来的伟大飞跃。

现在，我国在广袤大地上全面建成小康社会，正阔步迈向全面建设社会主义现代化国家的新征程。在庆祝中国共产党成立 100 周年大会上，习近平总书记强调，“以史为鉴，可以知兴替。我们要用历史映照现实、远观未来，从中国共产党的百年奋斗中看清楚过去我们为什么能够成功、弄明白未来我们怎样才能继续成功，从而在新的征程上更加坚定、更加自觉地牢记初心使命、开创美好未来”。改革开放以来的岁月将彪炳于中华民族发展的壮丽史册。40 多年来，中国共产党从理论到实践的伟大创造，探索和积累的宝贵经验是党和人民弥足珍贵的精神财富，对于新时代坚持和发展中国特色社会主义有着极为重要的指导意义，应当倍加珍惜。

2022年，党的二十大召开。“中国改革开放史料丛书”的出版，为了铭记改革开放以来的光辉历史过程，收集、保存、传承40多年的宝贵历史资料，也为了以实际行动落实党中央关于加强改革开放史教育的部署要求，展示改革开放历史的史料价值。

这套丛书共有20卷。分别是：《中国社会主义市场经济体制形成与发展》《计划投资体制改革》《农业农村改革》《对外开放》《行政体制改革》《财政税收体制改革》《价格体制改革》《经济特区发展》《城市改革与发展》《国有企业改革》《金融体制改革》《教育体制改革》《收入分配改革》《科技体制改革》《外贸体制改革》《商品与要素市场改革》《就业体制改革》《社会保障体制改革》《民营经济发展》《改革开放大事记》，力求从不同领域、不同角度，全面、系统、客观记录我国改革开放40多年的历史进程，重点收录具有重要价值的史料，特别是历史文献、重要人物和事件、实物和口述史料，以期在服务全面深化改革开放事业、加强改革开放史研究和教育中提供参考、发挥作用。

这套丛书的各卷主编和参与者大多是相关领域知名的专家学者，也是我国改革开放的亲历者、见证者。丛书集结了他们长期亲历和研究我国改革开放的重要成果，凝聚了他们对改革开放伟大事业的深厚情怀和责任担当。中国工人出版社对这套丛书的出版给予了大力支持，集全社之力，不舍昼夜，为本书如期付梓出版不辞辛劳；中国（海南）改革发展研究院作为30多年如一日勇立改革开放潮头、以建言改革为己任的改革智库，为此书的策划、组织和出版作出了重要贡献，彰显出改革智库记录好、传播好改革开放历史的初心使命。我作为这套丛书的编委会主任，在此向为本套丛书付出艰辛努力的各位编委会成员、作者，对中国工人出版社的领导、编辑表示由衷的敬意和感谢!

这套丛书内容时间跨度大，涉及领域多，涵盖方面广，力图史料全面、翔实、准确，任务艰巨。由于时间较紧，难免有不足之处，恳请读者批评指正。

魏礼群

2024 年 3 月

前言

编写和出版“中国改革开放史料丛书”是一件很有意义的创意工程。在中国共产党的领导下，中国人民通过改革开放绘制了一幅具有“功在当代，利在千秋”的复兴伟业之宏大画卷，其历史意义和世界影响将载入人类文明发展史册。在中国改革开放进程40余年，即接近半个世纪的时候，这一过程需要回顾、总结、真实记录，保留下来并传承下去。通过对改革开放史料进行整理和出版正是这样一项基础性工程。

中国工人出版社与中国（海南）改革发展研究院合作，实际组织实施了这项工程。这项工程的完成将弥补中国改革开放史料分散、不系统、不完整的缺憾，为今后研究中国改革开放的历程和经验提供可借鉴的系统文字资料，为谋划中国式现代化经济体制奠定坚实基础。

我十分赞同和理解这一创意的意义，因此当

我接受邀请编著这套丛书中财税改革分册的时候，就暗下决心，要以司马迁撰写《史记》为榜样，尽己所能，不辱使命，写好这一分册。

财税体制改革在整个中国经济体制改革中，既是重要组成部分，又是经济体制改革的突破口和压舱石。40多年财税体制改革经历了跌宕起伏、甚至是惊心动魄的历史过程，其改革的力度之大、改革过程之复杂、改革成果之丰硕，都是史无前例的。笔者也曾参与了财税体制改革部分阶段的研究，在整理和编写史料的过程中，对财税体制改革全过程的伟大创举，深深为之感动和震撼。对推进改革落地的财政税务部门前辈们，以及参与研究策划这些改革的智囊团队怀有无限敬意。当他们看到此书时，能够唤起当年改革财税体制的奋斗经历之回忆，作为编者也就得到了慰藉。对于后面的年轻人，尤其是财税战线的青年，当他们看到此书时，能够真实了解中国财税体制改革的历史，并从中总结经验和教训，进一步科学地谋划中国式现代财税体制，作者也就达到初衷。

中国改革开放事业仍然是“路漫漫其修远兮”，需要“吾将上下求索”。中国财税体制改革也远还没有完成，财税体制目前还存在着一些重要问题需要破解。中国式现代财税体制的目标和模式依然在探索过程中。在未来，我们要继续朝着新的改革开放目标继续推进。笔者虽已逐渐老去，但改革开放事业依然年轻。改革开放史料还将继续书写下去。

感谢中国（海南）改革发展研究院给了我这次参与史料编写的机会。感谢中国工人出版社的领导和编辑们付出的辛勤工作。

尽管本人全力以赴，夜以继日地完成了这一分册的书稿，力求真实、准确描述财税体制改革的过程，完整收集和整理关于财税体制改革的中央和国务院文件史料。但由于本人水平限制，书中难免存在着疏忽和遗漏。特别值得说明的是，本书稿经过各级领导和专家的审阅和修改，已经成为各方努力的共同成果。作者希望本书出版后，得到广大读者的指正。

倪红日

2024 年 6 月 17 日

目录

第一部分
历程篇

第二部分
史料篇

第一部分

历程篇

总　论

中国财税体制的伟大变革

▼

我国财税体制改革是经济体制改革的重要组成部分，在经济体制改革过程中，经常起到改革先锋和保障作用。1978 年迄今，从“分灶吃饭”到“分税制”，从建立健全政府公共收入体系，到公共财政导向下的预算管理改革与支出制度建设，我国税制实现了从过度简化状况向多层次复合税制的演进，并配合财政分税分级框架的构建和适应宏观调控的要求，动态实施税收体系不断完善，政府以财税工具实行宏观经济调控也逐步走向成熟。

一、我国财税体制改革历程和举措的逻辑关系

（一）财税体制改革的阶段划分

根据我国经济体制改革推进的历程和财税体制改革的实践过程，以中央关于经济体制改革的历次重大决定中对财税体制改革的要求为依据，大体可将我国财税体制改革分为四个阶段。

1. **第一阶段：突破计划经济体制财税改革阶段**（1978—1991 年）

这一阶段改革的主要内容包括：一是实行企业基金和利润留成制度以及两步利改税，这是突破计划经济中政府与企业财政分配关系的改革，主要目的是政府对企业让利，扩大企业的自主权，并且

将企业向财政上缴利润方式改为税收，因此同时推进了税制改革。二是实行中央财政与地方财政分配关系的改革，主要目的是中央财政向地方财政放权，扩大地方财政的自主性；实行地方财政包干、实行分灶吃饭*等体制改革。三是初步构建了涉外税制。这一阶段体制改革的推进，取得了全面突破计划经济财税体制的成功，形成了适应社会主义商品经济的财税体制。

* 我国预算管理体制的一种形式。1980—1984年在多数省份实行的划分收支，分级包干的预算管理体制。其基本内容和做法是：(1) 划分收支。(2) 分级包干，执行划分的收支范围，地方预算实行分级包干。(3) 中央对地方专项拨款。

2. **第二阶段：初步建立社会主义市场经济财税体制阶段**（1992—2001年）

这一阶段主要包括统称为“分税制”的改革：一是通过产品税改为增值税，建立以增值税、营业税和消费税为主体的流转税制。二是通过中央与地方财政分税制的调整，提高中央财政占全部财政收入的比重，建立以中央集权和地方适度分权，中央财政实行对地方财政转移支付的财政管理体制。三是启动国家预算管理制度的一系列改革，主要包括将计划经济下的单式预算改革为复式预算、实行部门预算改革、实行国库统一支付管理制度等。

3. **第三阶段：完善社会主义市场经济财税体制阶段**（2002—2011年）

这一阶段改革的内容主要包括：一是推进税制的完善。二是积极推进预算管理制度改革，即全面实施国库集中支付制度改革、全面实施政府收支分类改革、建立和实施政府采购制度。三是微调中央财政和地方财政的收支划分和分配关系，完善政府间财政管理体制。

4. **第四阶段：深化社会主义市场经济财税体制改革，向现代财税制度迈进阶段**（2012—2021年）

深化财税体制改革的主要内容包括：一是将营业税改为增值

税，简称营改增。二是对地方政府债务管理制度进行改革。三是对《中华人民共和国预算法》进行修订。四是推进政府财政投融资体制改革，规范建立政府与社会资本合作（Public-Private-Partnership，简称PPP）的投融资体制*。五是全面实行绩效预算。

（二）财税体制改革的动因

通过对我国财税体制改革历程的整体描述，可以看出财税改革的动因有三：

1．决策导向：整体经济体制改革需要

财税体制改革的具体举措取决于整体经济体制改革的决策。从决定我国经济体制改革历程的中共中央历次重要的全会文件中可以清晰地看出，各个经济体制改革决策对财税体制改革的引领，以及规定的改革任务。在党的十一届三中全会的《解放思想，实事求是，团结一致向前看》和党的十二届三中全会的《关于经济体制改革的决定》决议中，没有对财税体制改革作出具体规定。但党的十一届三中全会决议中明确指出，"采取一系列新的重大的经济措施，对经济管理体制和经营管理方法着手进行认真的改革"[①]。根据这一决定，财税体制改革启动了企业利润留成制度的改革，两步利改税改革，同时推进相关的税制改革。

党的十四届三中全会到十九届五中全会期间，有五次中央全会对经济体制改革作出重要决议。在这五次决议中，都对财税体制改革提出了明确的改革任务和举措。这些决定是指引财税体制改革的

---

① 《中国共产党第十一届中央委员会第三次全体会议公报》，北京：人民出版社，1978年版，第6页。

基本和重要依据，按照这些明确而具体的中央决策要求，财税体制改革一路走来，取得一个又一个阶段的改革成果，铸就起支撑社会主义市场经济的财税体制。

2．问题导向：矫正计划经济遗留问题

从我国整个财税体制改革历程可以看出，一些阶段中的改革举措是针对矫正计划经济的遗留问题，或者前一个阶段改革中出现的偏差和遗留问题。比如，1993—1994年的“分税制”改革，既是建立社会主义市场经济体制的要求，又是矫正前一阶段改革中实行“分灶吃饭*”体制产生的削弱中央财政集中财力而各个地方财政财力过于分散和差距过大等问题。在“分税制”改革举措中，中央提出提高“两个比重”*。再比如，针对多年的农民负担沉重、农村存在乱收税费的沉疴，为了从根本上解决这些问题，在整个经济发展和政府财力增加的基础上，2006年中央下决心取消了对农民征收的农业税。

*“两个比重”即“提高财政收入占GDP比重”和“提高中央财政收入占全部财政收入比重”。

随着我国经济发展和改革的推进，不断以问题为导向的改革举措比比皆是，这是我国财税体制改革的客观需要，也是财税体制改革能够朝着正确方向不断迈进的必然要求。

3．目标导向：财税体制改革有的放矢

在改革的不同阶段，中央决策提出阶段性的改革目标，财税体制改革都是服务于改革目标的实现。

在改革初期，经济体制改革的阶段性目标是将计划经济转变为有计划的商品经济，财税体制改革主要围绕对企业让利放权、对地方政府分权为基点的一系列改革，在改变国营企业上缴利润方式的同时，开征了新的税种，将大部分利润上缴改为税收。

1992年，中央确定社会主义市场经济体制的改革目标之后，

1993—1994 年财税体制改革进行了符合社会主义市场经济体制要求的全方位“分税制”改革，初步建立起符合社会主义市场经济体制整体要求的税收制度、中央与地方财政管理体制，以及全面的预算管理制度。建立起适应社会主义市场经济体制的财税体 制框架。

在不断完善和深化经济体制改革的阶段目标指导下，我国财税体制也不断实行微调或者推出关键性改革，比如推进营改增、调整“分税制”体制、全面实行预算公开和绩效预算等预算管理制度改革等。

2020 年 10 月，党的十九届五中全会提出建立现代财税体制的新目标，财税体制改革继续向这一新目标迈进。

二、我国财税体制改革的成就、经验与展望

（一）我国财税体制改革取得的成就

经过 40 多年改革，我国财税体制已经完成从计划经济财税体制向社会主义市场经济财税体制的全面转换。

1．建设性财政转换为民生支出为主的公共财政

我国计划经济下的财政承担着为经济建设筹集和分配资金的功能，突出表现为在财政支出中，经济建设支出的比重比较高。在 1956—1978 年的财政支出中，基本建设拨款支出所占比重通常为 40%左右，是财政支出的最大支出项目。[①] 这一比重在 1978 年时为 40.7%，到 1985 年降到 31.6%，到 2004 年降到 12.1%。

---

① 高培勇主编：《中国财税体制改革 30 年研究——奔向公共化的中国财税改革》，北京：经济管理出版社，2008 年版，第 25 页。

我国财政支出的结构发生了重大变化。一般公共预算中民生预算支出占到60%以上。2020年中央基本建设支出决算显示基本建设支出相当于一般公共预算总支出的5.07%。换一个角度来看，财政预算内基本建设投资占全社会基本建设投资的比在体制改革以后逐年下降，1978—1997年由77.7%下降为5.8%。

上述数据表明，我国计划经济中的建设性财政已经完全转换为社会主义市场经济下的公共财政。财政直接的经济建设性功能已经被市场化的投融资体制取代，政府已经不再承担社会经济建设投资的职责，政府财政主要承担市场机制难以发挥作用的公共物品提供。

2．财政收入由国有企业利润为主转换为税收为主

经过财税体制40多年改革，政府财政收入的形式发生了重要改变。随着税制、国企等改革的推进，财政收入结构也实现了从“利税并存、以利为主”到“利改税”“税利分流”，再到“税收收入为主、非税收入为辅”的转变，质量不断提高。全国税收收入由1950年的49亿元增长到2020年的15.4万亿元，占一般公共预算收入比重提高到84.4%，形成了稳定的增长机制。[①]

改革开放初期，1978年的财政收入中，我国税收的占比为46.3%，企业利润收入的占比为51.0%，后者高于前者4.7个百分点。1983—1984年“利改税”改革之后，财政收入开始主要来自税收。税收占财政收入的比重达到80%—90%。但是随着财政收入形式的多样化，预算外收入和各类政府收费以及基金收入膨胀。

① 刘昆：《党领导财政工作的重大成就和历史经验》，《学习时报》，2021年11月8日。

20 世纪末到 21 世纪的第一个十年，财政部开始逐步清理预算外资金，实行全口径政府收支预算管理改革，将政府各项基金收支、国有资本预算收支和社会保障收支，纳入财政预算全口径财政收支管理体系之中。在一般公共预算中，税收仍然是主要收入来源。2021 年全国一般公共预算收入中，税收占比达 85.28%。

3．高度集权的中央与地方财政关系转换为中央财政集权与地方财政分权相结合的管理体制

计划经济条件下，中央财政与地方财政之间的管理体制基本上属于高度集权型体制。在新中国建立初期，财政管理体制实行的是统收统支的高度集权体制。“一五”计划时期调整改进了统收统支体制，形成中央统一领导下的集权与分权相结合的财政管理体制。从“二五”时期到经济体制改革之前，中央与地方的财政管理体制进行多次的调整，有所差别的仅是中央财政集中的程度不同，财政管理体制的格局并无实质性改变。

1978 年后，通过“放权让利”的改革，我国开启了中央财政向地方财政分权的实质性改革，财政管理体制格局发生重要变化。1978—1991 年，我国实行多种形式分级包干的“分灶吃饭”体制，按照划定的收支范围，以 1979 年预算收支预计执行数为基础，经过适当调整后计算确定。地方的预算支出，首先用地方的固定收入和固定比例分成收入抵补，如有多余，按一定的比例上缴中央；如果不足，则从调剂收入中划给一定比例进行弥补；如果固定收入、固定比例分成收入、调剂收入全部留给地方，仍不足补足地方支出的，则由中央按差额给予定额补助。这样一来，彻底打破了计划经济中的中央和地方财政之间的管理体制格局，从根本上转变了中央高度集中、地方财政吃“大锅饭”的局面，形成了中央和地方各有其收入并且各担其事权和支出责任的分权模式。由于“分灶吃饭”的财政管理体制造成了财权和财力过分向地方财政倾斜，1994年我国启动了新一轮的“分税制”改革。在中央决策提出“提高两个比重”的前提下，对中央与地方财政管理体制实行了一次纠偏性改革。这轮改革依然秉承中央财政适度集权与向地方财政适度分权的改革思路，在收支划分上进行了一些调整，提高了中央财政收入占全部财政收入的比重。

“分税制”改革迄今，在形成的中央财政集权与地方财政分权相结合的体制框架下，中央财政与地方财政管理体制进行了多次调整，包括税收制度深化改革，如营改增改革，导致中央与地方财政收入划分被动调整；不断调整和明确中央与地方财政共有事权和支出责任，以及各自的事权和支出责任。

总之，中央与地方财政管理体制的基本格局和框架已经转换完成，但是这种体制中很多具体制度还要随着改革的深化进行调整和完善。

4．单式预算转换为复式预算，预算管理制度与国际现代通行做法接轨

计划经济时期，我国财政实行的单式预算，即财政收支统一编制在一张预算表内。改革开放以后，财政收支结构发生了重大改变，政府的经常性支出主要依赖税收收入，而经济建设性支出则需要依赖国有资本收入、国有土地收入和债务收入来筹集，社会保障收支需要单独通过专门账户进行归集和反映。传统的单式预算很难将各类专门性的收支进行归类和反映。

自1992年起，中央预算和部分省市预算开始按照复式预算编制。复式预算经历了最初的经常性预算和建设性预算两本预算，发展成具有中国特色的四本预算构成的复式预算，即一般公共预算、政府性基金预算、国有资本经营预算和社会保险基金预算。

预算管理制度在借鉴国际通行做法的基础上，我国进行了全面而系统的改革：通过解决预算外资金问题和清理政府性收费的改革，建立统一预算和国库统一支付制度；通过部门预算制度改革，完成政府部门预算的公开透明化改革；按照国际惯例，建立政府采购制度。与此同时，不断推进和深化绩效预算改革，预算编制、执行和监督制度规范化、科学化和法治化程度不断提高。

5．税制体系经历了由简到繁，再由繁到简的历程，税制由单一主体税制转换为双主体税制

从计划经济产生的税制体系，相对比较简单，因为我国财政收入主要不是来自税收，而是来自企业利润。20 世纪 70 年代的税收基本上以工商税收为主，所得税制十分薄弱。经过 20 世纪 80 年代的利改税改革后，我国先后增加了多个流转税和所得税税种，而且所得税税种是按照中外企业、不同所有制企业分别设置的，税种在最多时曾达到 38 个。20 世纪 90 年代以后，我国推进了统一内外税制、减并税种的改革，并且为了配合环境保护政策，将环境保护收费方式改为税收，新设立环境保护税。到 21 世纪第一个十年，基本形成由流转税和所得税为双重主体的税制体系，税种减并到 18 个。

我国现行税制体制基本上适应现阶段经济发展的财源情况，能够发挥筹集财政收入的基本职能。

6．行政式管理的财税法规为主转换为法治化的财税法律体系

改革开放初期，我国财税法规经历了以国务院或者有关主管部门的行政法规、暂行条例为主的过程，比如利改税中设置的许多涉及内资企业的税种，大多是国务院颁布的暂行条例。进入 21 世纪后，随着法治政府建设的推进，财税行政条例的立法进程明显加快。税收立法取得明显成效，到2021年底，18个税种中的12个税种完成了全国人民代表大会立法程序。

1991年国务院颁布的《国家预算管理条例》，在1994年3月完成了立法，即《中华人民共和国预算法》。随着我国经济发展和财税体制改革的需要，又经历了2014年的修正，《中华人民共和国预算法》得到进一步完善。

此外，2002年我国完成了《中华人民共和国政府采购法》等财税相关法律的立法。经过40多年的改革历程，中国财税法律体系已经形成，并将不断完善。

7．政府直接管理企业的税收征管模式转换到以为纳税人服务为中心的大数据电子化管理模式

财税体制改革40多年以来，我国税收征管模式发生重大变化。计划经济条件下的税收征管采取的是专管员直接管理企业财务和税务的方式，即以专管员为核心专户管理的“一员进户、各税统管、征管查合一”模式。在经济体制改革以后，企业成为市场主体，政府不再直接管理和干预企业财务，税收征管模式发生根本性改变。

我国税收征管模式历经了征、管、查三分离模式改革，以及“纳税申报、税务代理、税务稽查”三位一体模式改革后，形成以纳税人自行申报、税务机构优化服务，以计算机网络为依托，集中征收和重点稽查的税收征管模式。

8．政府投融资体制从预算拨款转换为政府投资与社会资本相结合的PPP体制

政府投融资体制经历了从1979年开始的“拨改贷”改革，以及1989年建立基本建设基金的改革，1994年政府投融资体制进行重大改革，即建立国家政策性投融资金融机构，计划经济下的政府投融资体制完全被突破。

在经历上述改革之后，我国逐步形成政府与市场适当分离、各自实行不同的投融资管理体制。在政府投融资体制中，经历了地方政府投融资平台为主体的，以地方政府土地基金、债务融资和银行贷款为融资方式的政府投融资方式。1994—2010 年，这种投融资方式曾出现了无序快速扩张态势，随着地方政府融资平台数量和融资规模的快速扩张，地方政府融资平台的负债规模也急剧膨胀，成为金融风险的策源地。

2013 年，对地方投融资平台和地方政府债务问题，国家审计署进行了集中清查，这些问题引起中央的高度重视，并持续地开展清理整顿。地方政府债务和地方融资平台产生的问题，归根结底与基础设施建设模式有关。为了从制度层面解决这个问题，2014 年，财政部和有关部门开始建立政府和社会资本合作的PPP模式，并将这一模式作为基础设施建设的主导性制度。在我国，这一体制模式已经成为政府投融资的主体模式，而且在不断地进行完善。

（二）我国财税体制改革的经验

我国财税体制改革的成功，主要有以下几个方面的经验：

1．国际经验与中国国情相结合，建设中国特色社会主义市场经济财税体制

既借鉴国际经验，又不能简单地照搬照抄，是我国财税体制改革成功的重要经验。在我国财税体制改革过程中，预算管理制度的改革借鉴了国际上许多经济发达国家采取的复式预算、零基预算经验，以及预算透明度和绩效预算的国际经验。在税制改革中，我国直接借鉴了欧洲增值税的经验，将产品税改革为增值税；在流转税的主体税种设计上，采取增值税一般调节加上消费税特殊调节的国际通行做法；个人所得税采取综合计征与分项计征相结合的方式等。

财税体制改革的顺利推进，在较大程度上直接得益于对国际经验的吸收和运用。与此同时，我国财税体制改革又注重根据本国国情，采取适应中国特色的体制和制度设计。比如，个人所得税的改革，避免一些经济发达国家个人所得税法规和征管过于繁杂的弊端，力求税制和征管的简洁化。在实行复式预算的专门预算账户设计上，体现了中国社会主义市场经济的特色，即生产资料公有制的特点，设置国有资本经营专门预算。这是与其他经济发达国家相区别的关键点。

2．渐进性改革，与经济体制改革的总体进程是一致的

我国财税体制改革的渐进性与经济体制改革的总体进程是一致的。渐进性改革的优点是既能降低改革难度，又能使得改革举措积极推进，保证了改革的成功推进和完成。改革初期，我国财税体制改革主要是适应建立有计划的商品经济，对企业的放权让利，先采取了企业基金制度和利润留成制度，进而再进行两步利改税改革。

税制的建设更是采取了分步实施的渐进性改革，不论是流转税的改革，还是所得税的改革，都经历了几个阶段、十几年甚至几十年的时间。以增值税改革为例，1994 年以前，我国少数行业实行了增值税试点，1994 年的税制改革中，在增值税试点的基础上，除了交通运输业、金融保险业、邮电通信业等服务业之外，其他行业全面实行了增值税替代产品税，不实行增值税的行业一直征收营业税。直到 2017 年，增值税才完成了全面取代营业税的改革。

我国所得税的改革经历了国内外两套所得税制度并举，根据不同所有制企业设立各自所得税的过程，渐进性地逐步归并各类所得税制度，最终形成各类所有制企业所得税统一的所得税制度。农业税费制度的改革经历了降低农业税费、减轻农民负担、农村税费改革的历史过程，最终完成了取消农业税的改革。

3．先行试点、推广实施、颁布暂行条例、再立法规范

我国财税体制改革采取了先行试点、推广实施、颁布暂行条例，然后立法的过程，而不是直接通过全国人民代表大会立法再实行。改革初期实行“利税分流”和“利改税”改革，在启动全面改革前，在一些地区或者行业实行改革试点，待试点基本成功后再全面推开。以营改增为例，整个改革过程分为三步，前两步是试点改革，第三步是全面实施改革。第一步：2012 年 1 月 1 日，率先在上海实施交通运输业和部分现代服务业营改增试点，2012 年 9 月 1 日—12 月 1 日，营改增试点由上海市分 4 批次扩大至北京、江苏、安徽、福建、广东、天津、浙江、湖北 8 个省（市）。第二步：2013 年 8 月 1 日，营改增试点推向全国，同时将广播影视服务业纳入试点范围；自 2014 年 1 月 1 日起，铁路运输业和邮政业在全国范围实施营改增试点；2014 年 6 月 1 日，电信业在全国范围实施营改增试点。第三步：自 2016 年 5 月 1 日起，将试点范围扩大到建筑业、房地产业、金融业、生活服务业，并将所有企业新增不动产所含增值税纳入抵扣范围，确保所有行业税负只减不增。

通过局部试点进行改革，待到改革后的新体制相对成熟再实施立法，加以规范。从实践中探索新体制，再到实践中检验，是我国财税体制改革的成功经验。

4．研究论证方案，择机推出改革

我国财税体制改革经过不断的研究论证和试点实践，抓住了改革时机，不断持续推进一次或者一项改革举措，积累并完成整个改革工程。每一项改革方案的形成，大都经历了相关部门的反复研究和论证。长时间的反复研究论证，一方面可以争取使改革方案更加全面和稳妥，另一方面也是在等待出台改革的较好时机。

由于我国财税体制改革是渐进性的，在一次较大的改革举措出台后，可能留有一些未能一并改革的局部问题。也有一些改革可能同时产生了“矫枉过正”的偏差，需要在进一步改革时调整。因此，每当推动一次改革，又是研究下一步改革方案的启动之时。

（三）我国财税体制改革展望：建立现代财税体制

在财税体制改革已经取得伟大成就的基础上，社会主义市场经济下的财税体制改革依然在路上，其目标是建立现代财税体制。在这一过程中，一是体制自身还存在一些问题，一些改革还没有完成；二是数字经济发展和国际经济环境变幻莫测，对财税体制改革构成新挑战。

1．存在的问题

财政预算管理制度需要不断完善，绩效预算管理改革需要深入落实，国库沉淀的财政资金需要通过制度，进一步压缩和运用起来。

营改增改革之后引发中央和地方财政关系的变化，形成的“共享”和“共担”为主的管理体制存在诸多的新问题：地方政府财力的主体税种——营业税被废止后，地方税规模明显缩小，地方政府的财力自主权缩减，在一定程度上影响了地方政府的积极性。地方债务规模偏大，有些地方政府债务负担较重，存在着局部的债务和金融风险。地区之间和城乡之间的基本公共服务水平差距依然较大。

在现行税制体系中，间接税的比重偏高，增值税依然主要依靠对企业法人的征收，留抵税款影响一些企业的经营，同时增值税的骗税和逃税案件在一些地区比较严重，税收征管风险始终存在。个人所得税改革需要进一步深化。房地产税制度改革难度较大，房地产税试点工作有待推进。

2．数字经济的新挑战

随着数字经济的发展，经济生产和商业经营模式发生了重要变化，由电子商务率先引发了国际上对税收征管和国际税收规则的大讨论和研究。自 2000 年以来，数字经济带来的国际税收摩擦，在美国和欧洲一些国家之间的矛盾较为明显。在一些国家开征数字服务税之后，由二十国集团委托经济合作与发展组织（Organization for Economic Co-operation and Development，简称OECD）牵头起草和发布了税基侵蚀和利润转移（Base Erosion and Profit Shifting，简称BEPS），2021 年国际税收协调和BEPS行动计划“双支柱”解决方案取得重要进展，130 多个国家基本达成初步共识，一些国家之间的国际税收矛盾有所缓解。但是，落实BEPS行动计划还需要一个过程。

数字经济引发的国内税收征管问题对税制完善也同样产生挑战，如何对电子商务活动实行有效的公平征税，在现实中还没有得到很好的解决。新的商业模式和灵活就业模式对税收征管和税收制度都提出新课题。面对数字经济的挑战，我国财税体制改革需要通过改革取得更大进步。

3．国际化进程对中国财税体制改革的挑战

历经 40 多年的改革开放，我国经济已经深深融入全球经济之中。对外开放形势下的中国财税体制已经不能只着眼于国内考虑财税体制改革，不仅要注意与国际规则相接轨，还必须积极参与国际财税规则的制定，因为国际规则会影响国内财税体制的改革。

在这一过程中，既要与国际规则保持必要的协调，又要维护本国的根本权益，这就需要在今后的财税体制改革中，立足社会主义市场经济体制之根本，在与国际上逆全球化潮流、单边主义等问题的不断斗争中，完成建立顺应经济全球化进程的现代财税体制的更高目标任务。

第一章
计划经济财税体制突破：利改税

▼

利改税是我国多次财税体制改革中的一次重要改革。20 世纪 80 年代对国有企业进行的探索式改革，将原来国营企业全部利润上缴的分配形式改为国家首先以社会管理者的身份、按照税法将一部分企业所得以税收形式征收之后，再以生产资料所有者的身份进行分配。利改税标志着中国财税体制开始向市场化迈进。利改税经历了试点、第一步利改税、第二步利改税三个阶段。同时它引领了我国完整的税制体系的递进构建，适应了社会经济发展和国内外经济环境的变化。

第一节 改革初始阶段与涉外税收制度的建立

一、利改税初始阶段

（一）企业基金制度和利润留成制度的启动

1978 年 12 月，党的十一届三中全会召开，会议决定要实行“对内搞活经济，对外开放”的经济政策，提出根据新的历史条件和实践经验，采取一系列新的重大经济措施，对经济管理体制和经营管理方法着手进行认真的改革。根据会议决定，改革的初始阶段首先从政府与国营企业的分配关系入手，以调动企业和职工积极性为目的，启动了企业基金制度和利润留成制度的改革。

从历史上看，企业基金制度和利润留成制度在计划经济时期都曾经断断续续实行过。新中国成立初期的1952—1957年，为了调动企业完成和超额完成国家计划的积极性，给企业一定的机动财力，就曾建立过企业奖励基金和超计划利润分成制度。从1958—1978年，企业基金制度和利润留成制度时立时废。1978年11月，国务院批转了财政部关于《国营企业试行企业基金的规定》。1979年7月，国务院又发布了《关于国营企业实行利润留成的规定》，试行利润留成制度是把企业基金制度中的按劳动工资总额提取改为按利润提取。①

（二）利润留成制度的基本目的与制度办法

实行利润留成制度的基本目的是改变计划经济时期国家对国营企业统筹得过多的状况，多放一些财力奖励完成国家计划任务指标的企业，以调动企业和职工的积极性，激励企业主动从事生产经营活动，使企业的责、权、利更好地结合起来。

利润留成制度的主要做法是：核定企业利润留成基数，将企业完成基数后的利润总额及其增长按照一定比例提取，作为企业留利，并建立三项基金：生产发展基金、职工福利基金和职工奖励基金，由企业按照规定自主支配。1978—1982年，国营工业企业留

① 沙南安、杨敏：《国营企业实行企业基金利润留成制度的演变情况（上）》，《财政研究》，1981年05期。

利占实现利润的比重平均为 22.3%，基本达到了将企业的经济责任与经济利益相结合的目的。

改革初始阶段的这两个制度办法，延续了计划经济条件下政府直接管理企业的办法，国营企业还没有得到经营自主权，企业作为市场经济的主体和商品生产者的地位还没有确立。因此，企业基金制度和利润留成制度的恢复和实行只能是改革初始阶段的过渡性办法。

二、建立涉外税收制度

（一）制度建立的背景

新中国成立以来，我国经受了国外的长期禁运、封锁等一系列经济和政治方面不利因素影响，对外经济关系发展极为缓慢，基本上处于自我发展、自我循环的封闭性内向型经济发展时期，同时也决定了我国涉外税制在这一时期的发展是极其有限的。尽管也有一些对外交往活动，但总体来看，涉外单位少，对外经济活动规模小。与此相对应，在这一阶段，我国虽然有一些涉外税收活动，但没有、也不可能形成一套独立的、完整的涉外税收法律制度。除了关税制度之外，我国没有单独制定其他单行的涉外税法，只是在国内税种的基础上作了关于对外国籍纳税人征税的有关规定。内、外基本适用统一的税法制度。

对外开放前，我国对少数外资企业（如麦加利银行、汇丰银行和华侨银行）征收的所得税，是按照 1950 年政务院发布的《工商业税暂行条例》中规定的工商所得税，实行全额累计税率征收的。对于个人所得征税，1950 年政务院发布的《全国税政实施要则》

中曾列有“薪给报酬所得税”，但由于计划经济时期实行的低工资制，此税一直未开征。随着外商投资的涌入，来华工作的外籍人员日益增多，如何对这些外籍人员征收个人所得税，已经成为迫切需要解决的税收制度问题。

在时间序列上，建立涉外税收制度早于两步利改税中的工商税制改革。党的十一届三中全会以后，我国实行对外开放政策。积极开展对外经济合作和技术交流使得大量外资进入我国内地，港澳台等外商企业来华投资日益增多。改革开放前的中国税制远远无法适应对外开放和外商投资的需要，而改革开放之初，也没有适应外资企业和个人的所得税制度。

（二）酝酿与决策

税收制度必须适应改革开放的总任务要求，适应经济基础和生产发 展需要，在经济管理体制改革中要起到促进作用。从 1978 年下半年开始，财税部门着手研究税制改革问题，1978 年 11 月 15 日，财政部、税务总局向财政部党组报送了《关于改革工商税制若干问题汇报提纲》，指出由于税种太少，已经不能适应对外经济交流日益扩大的需要，建议适当修改工商税，开征和恢复一些税种。

为完成税制改革任务，财政部成立税制改革领导小组，以财政部税务总局为主，部内其他有关司局参加，组成税制改革办公室具体负责这项工作。

1978 年 12 月 18—29 日，财政部税务总局召开部分省、市财政税务局长会议，提出要把对外经济往来的情况和现行税制中存在的问题摸清楚，提出税制改革的具体方案，以便在 1979 年全国税务工作会议上讨论。

1979 年 5 月 5—26 日，财政部税务总局在成都召开全国税务工作会议。会议强调：随着对外经济往来的发展，为了维护国家主权和经济利益，需要建设一套完整的涉外税收章法，才能适应对外经济往来的需要。会议指出，税制改革需第一步先解决对外征税问题，这是刻不容缓的。要积极调查研究，争取当年拿出办法，逐步建立一套完整的对外征税制度。[①]

1980 年 6 月 9 日，财政部在向中央汇报财税工作时，提出拟在 1980 年制定中外合资经营企业所得税法和个人所得税法的意见。1980 年 9 月 10 日，第五届全国人民代表大会第三次会议通过并公布了《中华人民共和国中外合资经营企业所得税法》和《中华人民共和国个人所得税法》[*]。1981 年 12 月，第五届全国人民代表大会第四次会议上又通过和发布了《中华人民共和国外国企业所得税法》。自此，三个涉外所得税法，加上工商统一税、车船使用税和城市房产税三个条例，初步构成了中国的涉外税制。

* 《个人所得税法》规定个人所得扣除额为800元，实质上只适用于外籍人士，国内个人收入基本达不到这一水平。

（三）基本内容与意义

三个涉外所得税法的基本内容是：中国境内的中外合资企业，其经营所得及其他所得，都应按照规定比例税率缴纳所得税。在中国境内居住的外国人依其所得来源不同，分别按七级超额累进税率和比例税率计算缴纳个人所得税。外国企业的经营所得和其他所得，按五级超额累进税率计算征收所得税。

在改革开放初期，由于当时国内仍然处于以国有企业为主的计

① 国际税收研究会：《中国国际税收 40 年》，北京：中国税务出版社，2018 年版，第 6–8 页。

划经济体制，对外资的投资领域还有诸多的限制，外国投资者对我国的投资处于试探性阶段的国际国内大环境下，出于弥补投资环境欠佳和不平等竞争的补偿，我国采取全面优惠的涉外税收制度，是当时国家经济条件和当时国际国内大环境下的必然选择，有其历史局限性，但基本适应了当时的特定历史条件。随着我国市场经济体制的建立和不断完善、社会经济的快速发展和改革开放的不断深化，困扰我国的缺资金缺外汇的“双缺口”状况已有根本改变。

第二节　利改税两步走

一、第一步利改税

改革初始阶段的企业基金制度和利润留成制度本质上是计划经济的产物，政府依然直接管理国营企业的生产和分配，换言之，企业仍然是政府直接管理的单位。随着市场化改革的推进，政府与企业的关系需要按照市场经济规则，将企业作为市场的主体，而非政府附属的方向进行改革。

（一）酝酿与决策

所谓利改税，就是将国营企业向国家上缴利润改变为企业向国家缴纳税收。从 1980 年开始，国家在上海、四川等省（市）选择了 600 多户国营企业开展了“独立经营、国家征税、自负盈亏”即利改税试点。

1983 年 2—3 月，国务院多次召开常务会议，听取财政部关于国营企业利改税试点工作汇报。会议指出，从利改税的试点经验来看，征税可以调动企业积极性，可以解决利润基数的矛盾和企业资金使用方向问题，因此征税可以解决国家与企业关系，利润包干不是方向。要下决心，除了极少数企业以外，都集中搞利改税办法。

根据国务院常务会议决定，财政部在总结试点经验以及 1982 年底和 1983 年初在上海市、天津市和山东省济南市等地测算的调查基础上，拟定了《国营企业利改税试行办法（草案）》上报国务院。1983 年 4 月 24 日，国务院批转了这一报告。

关于利改税的步骤，财政部建议分为两步走：第一步，对企业的利润先征收一定比例的所得税，然后根据企业的不同情况，对税后利润采取多种形式在国家与企业之间进行合理分配。第二步，在价格体系基本趋于合理的基础上，再根据企业盈利多少征收累进所得税，并征收地方税。

（二）第一步利改税的内容与成效

第一步利改税从 1983 年 6 月开始实施（从 1983 年 1 月 1 日开始计税），主要内容包括：

（1）凡有盈利的国营大中型企业，其利润按 55%的比例税率缴纳所得税，所得税后利润，一部分上交国家，一部分按国家核定的留利水平留给企业自行支配。（2）上交国家的部分，根据企业的不同情况，分别采取递增包干上交、固定比例上交、用调节税形式上交和定额包干上交等四种形式。（3）有盈利的国营小型企业，其利润则按八级超额累进税率缴纳所得税，最低一档的税率为 7%，最高一档的税率为 55%，所得税后利润一般留给企业运用，国家只对少数所得税后利润较多的企业收取一定的承包费。（4）国营企业归还固定资产投资借款时，经财政部门审查同意后，可用缴纳所得税之前该借款项目新增的利润归还。（5）对微利和亏损企业实行盈亏包干。

在一年多时间里，第一步利改税改革稳定了国家财政收入，初步理顺了国家、国营企业和职工个人之间的分配比例关系。国营企业生产经营自主权得到扩大，企业和职工的生产积极性得到提升，企业能够掌握的财权进一步扩大。

到1983年底，全国有盈利的国营企业，除微利企业及经国务院或国家经委、财政部批准继续实行利润包干等办法的少数企业外，实行了利改税的工、交、商企业共有107145户，占盈利企业总户数的92.7%。

1983年，我国实行利改税的国营工、交、商企业共实现利润633亿元。企业共留利121亿元，比1982年增长27亿元，增长28.2%，大大超过工业产值、实现税利、上缴税利的增长幅度。企业留利占税利总额的比例由过去的15.7%上升到17.9%。上述成效的取得为第二步利改税奠定了坚实基础。

二、第二步利改税

（一）酝酿与决策

第一步利改税打破了原有利润分配制度的壁垒，但各企业间税收负担仍存在不公平的现象：企业规模不同，适用税率则不同；不同企业仍有一部分税后利润通过多种形式 在国家与企业之间进行分配。1983年8月，国务院向中央提出关于进一步完善利改税制度的设想，全面阐述了第一步利改税取得的成效和存在的问题，以及加快税制改革步伐的必要性和紧迫性，提出设计第二步改革方案的设想。通过对利改税制度的进一步完善，带动整个经济改革，使其成为城市经济体制改革的突破口。

1983 年 9—10 月，财政部和国家体改委组织联合调查组，分赴上海、湖北、四川、陕西等地，为拟定第二步利改税方案，作了调查研究和测算工作，初步论证了改革方案的可靠性。在各地区、各部门的密切配合下，财政部对全国各类企业 1983 年的有关财务、税收数据进行了普查，先后设计和测算了 20 个方案，反复研究论证，并听取了部分地区、主管部门和企业的意见。在此期间，还多次向国务院和中央财经领导小组作了汇报。

1984 年 1 月 12 日，《经济日报》发表文章，进一步阐述了利改税第二步改革的根本目的和原则。文章指出，在拟定第二步改革方案中，要解决中国经济体制政企不分的弊端。通过完善利改税制度，使企业在经济利益上同条条或块块脱钩。由按企业隶属关系划分经济利益的做法，改为不分隶属关系都依法向中央和地方缴纳不同税收的办法，以利于把企业应有的经营管理权真正交给企业。[①]

1984 年 4 月 21 日，国务院召开常务会议，听取财政部关于第二步利改税方案汇报，经过讨论后改革方案初步确定下来。1984 年 5 月 15 日，国务院在向第六届全国人民代表大会第二次会议提交的《政府工作报告》中提出，自 1984 年 10 月起，在全国进行利改税第二步改革。

1984 年 6 月 22 日—7 月 7 日，在北京召开的全国利改税第二

① 田纪云：《关于完善利改税制度的几个问题》，《经济日报》，1984 年 1 月 12 日。

步改革工作会议着重讨论了利改税第二步改革的重大意义，研究了第二步改革方案，修改了财政部草拟的各种税收条例草案，以及有关的财务会计处理办法草案。会议指出，企业改革是城市经济改革中首要和基本的环节，为此首先要解决好国家和企业的分配关系，财税部门和各有关部门要抓好有利时机，积极推行利改税第二步改革。

进行利改税第二步改革的指导思想是：进一步处理好国家同企业的分配关系，从根本上解决企业吃国家“大锅饭”的问题，并且为解决职工吃企业“大锅饭”的问题创造条件；既要保证国家财政收入的稳定增长，又要使企业在经营管理和发展上有一定的财力保证和自主权，在政策上使企业感到有奔头，有更大的后劲；要发挥税收经济杠杆的调节作用，体现国家的奖励和限制政策，并缓解价格不合理带来的一些矛盾，以利于国民经济的调整和改革。会议形成共识：利改税的路子要坚定不移，毫不动摇。

1984 年 7 月，国务院办公厅发出《关于今后不再批准企业实行利润递增包干等办法的通知》，要求各地区、各部门加强对利改税第二步改革的领导，从财政、税务机关抽调精干人员组成利改税办公室，负责办理日常工作，及早制定本地区、本部门的具体实施方案。8 月 10 日，财政部向国务院提交《关于在国营企业推行利改税第二步改革的报告》《国营企业第二步利改税试行办法》。

1984 年 9 月 7 日，国务院向全国人民代表大会常委会提交《关于授权国务院改革工商税制和发布有关税收条例（草案）的议案》。9 月 18 日，第六届全国人民代表大会常委会第七次会议通过了国务院提交的议案，决定授权国务院在实施国营企业利改税和改革工商税制的过程中拟定有关税收条例，以草案形式发布试行。同日，国务院根据全国人民代表大会常委会的决定，发出《批转财政部关于在国营企业推行利改税第二步改革的报告的通知》，并发布《中华人民共和国国营企业所得税条例（草案）》和《国营企业调节税征收办法》，同意《国营企业第二步利改税试行办法》，自 1984 年 10 月 1 日起试行。

（二）第二步利改税的内容与成效

经全国人民代表大会批准，自 1984 年 10 月 1 日起实施第二步利改税改革和工商税制的全面改革。第二步利改税包括两大相互关联的内容：

1．继续改革利润分配办法

主要是对有盈利的国营大中型企业仍按 55%的比例税率征收所得税，所得税后利润应上交国家的部分，全部改为调节税形式上缴，调节税率按企业的不同情况分别核定，一户企业一个税率。企业增长的利润减征 70%的调节税，税后利润全部留在企业运用。国营小型企业的所得税，改按新的八级超额累进税率征收，最低一档税率为 10%，最高一档税率仍为 55%，对少数所得税后利润较多的企业仍收取一定的承包费，但不征收调节税。经财政部门批准，企业的固定资产投资借款可在缴纳所得税前，用借款项目投产后的新增利润归还，并根据规定的比例按还款利润提取职工福利基金和职工奖励基金。对微利和亏损企业继续实行盈亏包干办法。

同第一步利改税时相比，国营企业所得税主要在两方面进行调整：一是制定了新的八级超额累进税率，对小型国营企业改按新税率征税，平均税负比原来降低了 3%~5%，也使每一级的实际税负趋于合理。二是对饮食服务行业征收统一的所得税。对一部分税后利润较多的大中型国营企业征收国营企业调节税。征收调节税作为利改税的辅助措施，是为了保证国家财政收入的稳定，调节企业由于资源、价格、技术装备、地理位置等客观因素而形成的级差收入。调节税由税务部门负责征收。

在全面实行利改税的同时，对少数企业仍准许保留利润包干的分配形式，而没有实行征收国营企业所得税和国营企业调节税的办法。

2．改革工商税制

主要是取消工商税税种，将原工商税分解为产品税、增值税、营业税、盐税，对工业产品除列出12个税目的产品实行增值税外，其他工业产品和规定的农产品实行产品税，商业经营和服务业实行营业税，并设立了资源税、城市维护建设税、房产税、城镇土地使用税、车船使用税等新税种。对于工商税制改革在本章第三节中专门介绍。

第二步利改税对进一步扩大企业自主权，改变企业吃国家“大锅饭”的局面，对政企分离起到了突破性作用，从而对整个经济体制改革，起到积极的推动作用。利改税将国家与企业之间的分配关系纳入税收法制轨道，强化税收对经济的调节作用。同时，利改税为改革中央与地方财政管理体制创造条件，在利改税第二步改革完成以后，就可以完全按税收划分中央和地方的财政收入范围，改革财政管理体制，使国家与企业、中央与地方的分配关系得到比较合理的解决。

第三节　工商税制改革

工商税制改革是利改税的关键环节，是基本取消国营企业利润上缴，以各种税收加以替代的重头戏。1978 年，党的十一届三中全会确定了把党和国家的工作重点转移到社会主义现代化建设上来，并提出对内搞活经济、对外开放的政策方针。遵循这一方针的经济体制改革使我国的经济构成、经济运行机制和经济管理体制等都发生了变化。因此，必须对我国原有的税制进行全面的改革。经过几年的酝酿，从 1981 年国家提出工商税制的改革设想，到 1984 年将设想付诸实施，成就了一次意义深远的工商税制改革。

一、主要税种介绍

这次工商税制改革力度非常大。根据经济调整和体制改革需要，新设置了一些税种，比如增值税、资源税、国营企业所得税、集体企业所得税、私营企业所得税、城乡个体工商业户所得税、城市维护建设税、国营企业调节税、个人收入调节税等。恢复了一些老税种，比如营业税、盐税、车船使用税等。分解工商税并改进了一些税种，比如产品税、房产税、土地使用税等。

1．产品税

产品税是在原来按照产品课税的货物税、商品流通税、工商统一税、工商税基础上改进、演变而成的。产品税是根据生产单位和个人生产的工业产品和农、林、牧、水产品的销售收入或采购支付的金额，以及进口产品的计税价格，按规定的税率计算征收的一种税。

2．增值税

增值税是以增值额为课税对象的一种税。它与产品税最大的区别是不对纳税人的全部销售收入征税，只对增加值征税，从而避免由于社会分工引发的重复征税。增值税作为替代产品税的先进税种，从欧洲引进，共有12个税目，包括机器机械、汽车、机动船舶、轴承、农机农具等，其中有4个税目是新增加的。

3．营业税

营业税是对经营商业和服务业的单位和个人，就其商业销售收入和提供服务取得的劳务收入征收的一种税。营业税是20世纪50年代的老税种，此次改革恢复了营业税，但征税范围有所扩大，税目由5个增加到11个，主要增加了出版业、娱乐业等。

4．国营企业所得税

国营企业所得税对国营企业利润所得征收的一种税，是利改税第二步开征的重要税种。通过征收所得税，将国家与企业的分配关系通过税收形式固定下来。大中型企业，适用55%的固定比例税率。小型企业、饮食服务企业和营业性的宾馆、饭店、招待所等，适用八级超额累进税率。

二、税制体系的改变与改革成效

（一）税制体系的重大改变

我国改革之前的税制体系是以工商税为主体的单一性为特征的相对简单的税制体系。以1978年税制为例（见图1–1），改革开放之前的中国税制体系相对简单，只有8个税种，基本上是以工商税为主的税制体系，尤其缺少所得税。这与计划经济中，作为主体的

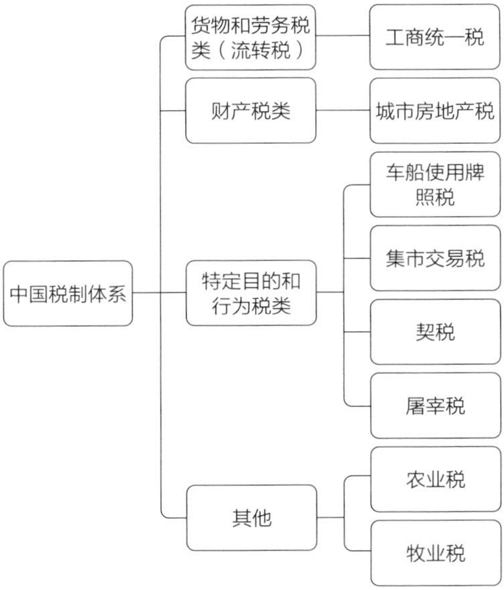

图 1-1　1978 年中国税制体系

资料来源:《1978 年至今 图解中国财税体制三十六载变迁》，新华网，2014 年 7 月 11 日。

国营企业以利润上缴为主的经济体制是相适应的。在 1983—1984 年利改税改革中，尤其是第二步利改税以后，为了将国营企业上缴利润基本上改为税收，需要增加相关的多个税种，工商税制的重大改革势在必行。两步利改税改革后，我国税制体系成为多税种的复合税制体系（见图 1–2）。

（二）工商税制改革的成效

这次工商税制改革是对原有工商税制进行的全面改革和完善。通过开征一些新税种，恢复一些老税种，调整一些税种的征收范围和税率，并改进征管办法和征管措施，使我国的工商税制改变了过去税种过于简单划一的格局，初步建立起一套以流转税和所得税为主体，与其他各税相配合的复合税制。改革的成效主要表现在以下

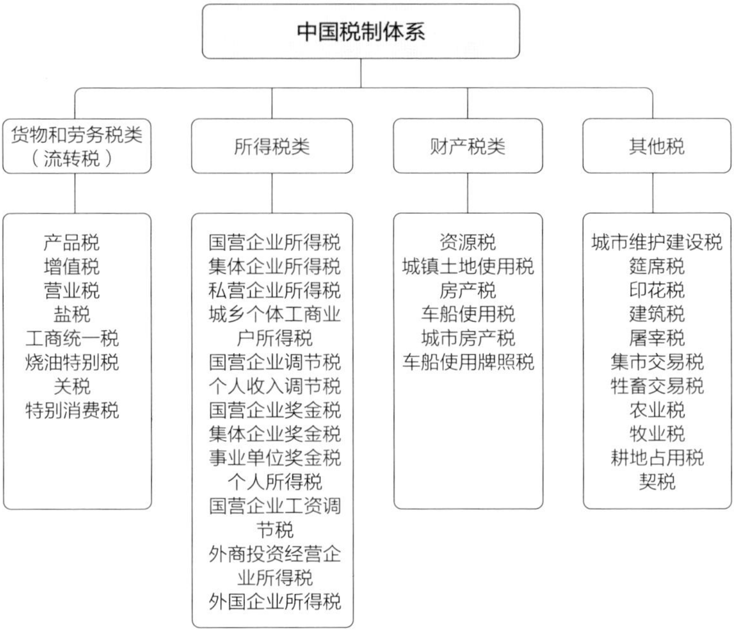

图 1-2　两步利改税后的中国税制体系

资料来源：刘佐：《40 年来中国税制改革的简要回顾（1978 年—2018 年）》，《中国税务报》，2019 年 1 月 17 日。

五个方面：

（1）税制建设取得重大进展。初步建立起适应社会主义商品经济发展的税制构架。这次改革重新建立了多种类、多环节征收的复合税制体系，初步适应了中国改革开放以后多种经济成分、多种经营方式、多种流通渠道、多种分配方式并存的经济状况，税收已经深入到社会再生产的绝大部分环节，可以对社会生产和生活进行较为广泛的、有效的调节。

（2）以法律形式规范国家与企业的分配关系。通过推行“利改税”，建立了国营企业所得税制度，突破了 30 多年来国营企业只能向国家上缴利润而不能缴纳所得税的禁区，促使国营企业向着独立的商品生产者和经营者的方向迈出了重要的一步，也配合了国营企业的改革。

（3）改革和完善了流转税制度。流转税在改革前只有工商税一种，其重复征税的弊端显而易见。因此在第二步“利改税”时，首先将工商税划分为产品税、增值税、营业税和盐税，形成了新的流转税体系。新开征增值税，有利于避免商品流通环节中的重复征税，促进专业化协作生产。调整产品税税目、税率，有利于适当地调节企业的利润水平，在一定程度上缓解某些由于价格不合理而引起的矛盾。

（4）恢复和加强地方税制建设。恢复和开征房产税、土地使用税、车船使用税和城市维护建设税等四个地方税，不仅有利于促进地方财政建设，也有利于国家财政管理体制的完善和加强中央财政建设。

（5）税收的职能作用得到了较为充分的发挥。税制改革后，我国税收收入逐年持续快速增长，税收宏观调控能力明显增强，对于贯彻国家的经济政策，调节生产、分配和消费，起到了积极的促进作用。同时税收也成为国家监督和引导微观经济活动的禹手段。

第四节　利改税后对财税体制的完善

从 1983 开始的年利改税的工商税制重大改革到 1994 年的税制重大改革的十年间，我国的税收收入及其占财政收入的比重呈逐年稳步上升趋势。随着经济的发展变化,我国财税体制又进行了不断的调整和完善。[①]

一、税收制度的完善

（1）完善集体企业所得税制度。国营企业实行利改税以后，为了平衡集体企业与国营小型企业之间的税负，需要对集体企业实行的工商所得税进行改革。1985 年 4 月 11 日，国务院发布《中华人民共和国集体企业所得税暂行条例》。

（2）完善城乡个体工商业户所得税制度。为了适应改革开放以后，多种经济成分大量涌现，城乡个体工商业户迅猛发展，在建立国营企业和集体企业所得税制度之后，需要针对个体工商业户建立专门的所得税制度。1986 年 1 月 7 日，国务院发布《中华人民共和国城乡个体工商业户所得税暂行条例》。

* 1980年国务院颁布的《个人所得税法》实质上在当时只能适用于外籍人士，而不适用于中国公民。因此，需要另外制定个人收入调节税条例。

（3）开征个人收入调节税*。改革开放以后，中国公民个人收入来源多元化，收入差距出现扩大趋势，为了调节个人收入，1986 年 9 月 25 日，国务院发布《中华人民共和国个人收入调节税暂行条例》。

（4）完善私人企业所得税。为了适应私人经济发展需要，鼓励私人投资者发展生产，保护私人投资者的合法权益，1988 年 6 月 25 日，国务院发布《中华人民共和国私营企业所得税暂行条例》。

（5）合并涉外企业所得税法。随着利用外资的发展，为了解决 1980 年发布的两部涉外企业所得税法与形势发展存在的矛盾，

① 刘佐：《中国税制改革 50 年》，《当代中国史研究》，2000 年 05 期。

1991 年 4 月 9 日，第七届全国人民代表大会第四次会议审议了将《中华人民共和国中外合资经营所得税法》与《中华人民共和国外国企业所得税法》合并的草案，通过了两法统一合并后的《中华人民共和国外商投资企业和外国企业所得税法》。

（6）开征国营企业奖金税和国营企业工资调节税。经济体制改革以后，国营企业的奖金制度和工资制度也进行了改革，职工工资和奖金增长很快。在还没能用个人所得税和个人收入调节税进行调节的情况下，针对国营企业发放奖金等情况，1984 年 6 月 28 日，国务院发布《国营企业奖金税暂行规定》，1985 年 7 月 3 日，国务院修订并发布这一规定。为了相应控制实行工资总额随经济效益挂钩浮动的国营企业的收入，1985 年 7 月 3 日，国务院发布《国营企业工资调节税暂行规定》。

（7）开征集体企业奖金税和事业单位奖金税。为了平衡集体企业、事业单位与国营企业的收入水平和税收负担，1985 年 8 月 24 日，国务院发布《集体企业奖金税暂行规定》，1985 年 9 月 20 日，国务院发布《事业单位奖金税暂行规定》。

（8）开征建筑税和改征固定资产投资方向调节税。经济体制改革以后，扩大了企业和地方政府的财权和财力，在搞活微观经济方面取得了明显效果。与此同时，地方政府和微观企业的预算外资金增长迅猛，出现了固定资产投资方向和结构不合理、基本建设投资规模过大等问题。为了控制和引导投资方向和规模，1983 年 9 月，国务院发布了《建筑税征收暂行办法》。在总结这个暂行办法施行的经验和问题的基础上，1987 年 6 月 25 日，国务院发布《中华人民共和国建筑税暂行条例》。1991 年 4 月 16 日，国务院发布《中华人民共和国固定资产投资方向调节税暂行条例》，同时废止

《中华人民共和国建筑税暂行条例》。

（9）开征耕地占用税。为了限制农村和城镇占用耕地，调节占地者的收入，1987 年 4 月 1 日，国务院发布《中华人民共和国耕地占用税暂行条例》。

（10）开征特别消费税。1988 年，我国一度出现彩色电视机、小轿车等商品供小于求的紧缺状况。为了打击倒买倒卖、谋取暴利，维持市场的正常秩序，1989 年，国务院除了对这些商品实行专营外。2 月 4 日，国务院还发布了对彩色电视和小轿车开征特别消费税。1992 年，市场供求状况发生了供大于求的逆转。自 1992 年 4 月 24 日起，我国停止对彩色电视机征收特别消费税。据资料显示，从 1983—1984 年利改税以后，全国人民代表大会和国务院陆续发布的税收法律和暂行条例的法规，加上原有的税种，共计税种 38 个。除了 38 种税外，1988 年 6 月 25 日，国务院决定征收私营企业投资者个人收入调节税。

二、税务机构改革和“税利分流”的提出与实施

（一）税务机构改革

随着我国财税体制改革和税收地位的提升，税务机构的作用得到不断重视和加强。1978—1993 年，税务机构先后四次增加人员编制。1988 年，财政部税务总局（司局级）升格为国家税务局（副部级机构），由财政部归口管理；1993 年 4 月，国务院进行机构改革，国家税务局更名为国家税务总局，升格为国务院直属机构。同年 12 月，调整为正部级单位。省以下税务机关实行地方政府和上级税务机关双重领导，业务以上级税务机关领导为主。税务机构从

财政分设出来，使得税务工作变得更加独立。

（二）“税利分流”的提出与实施

在利改税第二步推行后不久，1986 年 12 月，国务院发布《关于深化企业改革增强企业活力的若干规定》，提出要在全国范围内推行多种形式的承包经营责任制。

从理论上讲，我国由于实行的生产资料公有制，政府拥有生产资料公有制代表和社会管理者的双重身份，这是与私有制为基础的市场经济体制最本质的区别。为此，在国家与国营企业的分配关系改革中，政府既要以社会管理者身份“征税”，又要以生产资料所有者代表身份“收利”，形成“税利分流”的分配关系。

在上述理论依据下，党的十三大报告提出，“实行所有权与经营权分离，把经营权真正交给企业，理顺企业所有者、经营者和生产者的关系，切实保护企业的合法权益，使企业真正做到自主经营，自负盈亏，是建立有计划商品经济体制的内在要求”[①]。中央提出“税利分流、税后还贷、税后承包”的改革方针。税利分流的基本思路是：国家从企业的实现利润中先征收所得税，税后利润可实行包括股份分红、税后承包等各种分配办法，并同时实行企业税后还贷制度，从而使企业的利润形成税利并存的格局。依此思路，“税利分流”的基本做法：一是降低国营企业所得税税率，所有盈利企业均按 33%的比例税率缴纳所得税，严格控制减免税；二是取消调节税，企业缴纳所得税后的利润实行多种形式的承包制度，

① 《沿着有中国特色的社会主义道路前进——在中国共产党第十三次全国代表大会上的报告》,《人民日报》，1987 年 11 月 4 日。

如“按比例上交”“定额上交”“增长分成”“递增上交”等；三是改税前还贷为税后还贷。

“税利分流”的实践证明，改革一方面坚持了用税收方式规范国家和企业的分配关系，另一方面又可以根据各个国营企业的不同情况，实行不同的承包形式，实现政府对企业行使资产所有者的职能。这种思路和原则为之后的改革继承和延续。

第五节　利改税的评析

一、利改税的成效和作用

利改税改革的最大成效有两个方面：一是对计划经济下的国家和国营企业的分配关系进行了突破性改革，使国营企业向着独立自主的市场主体迈开了重要一步。尽管当时的国营企业依然在政府的管理之下，但是，企业自主经营和分配的权利扩大了，政府直接管理企业的方式由直接管理逐步向间接管理转变。二是利改税引发了我国税制全面和重大改革。我国计划经济下的以工商税制为主的税制体系，经过改革后，增加了二十多个税种，尤其在货物和劳务税、所得税两个大的税类中进行了细分和扩展，形成以这两类税为主体的 30 多个税种的复合税制体系。

通过利改税，我国理顺了国家、企业和个人利益的分配关系，厘清了政府与企业各自的职能。利改税改革为经济体制改革奠定了各类企业进一步市场化改革的微观基础。政府职能开始由直接管理企业向通过建立法律法规体系，规范企业的经营和分配行为转变。

二、利改税的特点与问题

这次财税体制改革，破除计划经济管理方式是改革的突出特点。同时，改革改变了国营企业的利润上缴制度和计划经济中的一些税种。改革需要建立符合商品经济和市场化改革的新法律法规和新经济秩序，新建比破除面临着更多的挑战。

改革另一个突出特点是采取了内外有别和各种所有制有别的制度和体制设计。税制采取设置一套涉外企业所得税、个人所得税制的做法，一般通过全国人民代表大会立法的方式确立。内资企业和个人采取了另外一套税制，一般采取国务院法规暂行条例的方式确立。两套税制互不交叉，泾渭分明。

在国内企业内部，根据不同的生产资料所有制形式，或者单位性质，采取不同体制设计，如国营企业所得税、集体企业所得税、国营企业奖金税、集体企业奖金税、事业单位奖金税等都是根据单位性质来设置的。

新经济体制的建立是一个不断完善的过程。在改革过程中出现问题是难以避免的。从利改税的整个过程中，我们可以看到探索和争议，也可以看到政府决策过程中的不断应对和调整。利改税改革产生了两个主要问题：

一是从微观上看，国营企业利润分配制度向企业和个人倾斜过度，出现了企业投资规模和投资结构的失控。政府的应对方式是开征建筑税，后来调整为固定资产投资方向调节税，力求加以引导。向个人倾斜方面，出现个人收入增长快于劳动生产率的增长的情况。企业和个人收入占比上升，1981—1990 年的十年间，我国通过各种减税让利措施给国营工交企业净增财力 3100 亿元。在国营工业企业创造的净产值中，1980 年职工工资总额占 17.5%，1990 年这一比重上升到 35.7%。[①]

二是从宏观上看，国民收入分配格局发生明显改变。政府财政收入占GDP比重明显降低，国内财政收入占国民收入的比重，由 1980 年的 31.5%，下降到 1990 年的 21.6%，到 1993 年进一步降至 12.6%。[②]

工商税制改革后，我国税制体系呈现纷杂复杂，但效率不高的状况。税种之间功能重复，以个人收入调节税、工资调节税、奖金税为例，这些税种都是针对个人收入征收的，由于相互之间不协调，发挥作用的效率相对低下。

以上两大问题构成 1994 年实施财税体制重大改革的主要动因。

---

① 叶振鹏、梁尚敏主编:《中国财政改革二十年回顾》，北京：中国财政经济出版社，1999 年版，第 15 页。

② 李萍主编:《中国政府间关系图解》，北京：中国财政经济出版社，2006 年版，第 35 页。

第二章
分权化改革：财政包干体制

▼

改革开放前，我国高度集中的财政体制与高度集中的经济体制相适应，但在这种体制下，地方财力高度依赖中央财政，不能充分发挥地方的积极性，影响了地方经济的发展和人们生活水平的提高。为了改变这一状况，1980 年，我国借鉴小岗村的包干制经验，发展出中国特色的财政包干体制。“划分收支，分级包干”的财政管理体制第一次出现在我国的官方文件中，并一直延续到 1993 年。

第一节　改革背景

一、“条条”为主的财政管理体制

中央与地方财政管理体制是财税体制中的重要组成部分，也是政府行政管理体制得以运行的财力基础。我国行政管理体制实行“条块”结合体制。“条条”是指中央各个部委领导下的从中央到地方政府设置的对口机构，比如中央政府的财政部，对地方政府财政厅实行业务上的条条领导。“块块”是指地方政府对本地区的领导。在不同时期中，“条块”之间管理体制是在变动之中的。一般来讲，“条条”管理为主时，中央集权性管理加强；中央向地方分权时，“块块”的自主权增大。

在1950—1977年计划经济期间，中央与地方财政管理体制基本上是以“条条”为主，被称为“统收统支”阶段。[1]在这一阶段中，我国曾经实行过“划分收支、分级管理”等多种形式的财政管理体制，有的体制也曾适度地给地方下放一些财力和财权，但是总体上是以中央集权的“条条”为主的财政管理体制。

二、财政管理体制重大改革的背景

1980年启动的中央与地方财政管理体制重大改革的背景主要包括两方面：一是根据党的十一届三中全会决议精神，贯彻落实“调整、改革、整顿、提高”的经济方针，充分发挥中央和地方两个积极性，对地方财政进行放权改革。二是1979年财政管理体制改革分别在四川省和江苏省开展了改革试点。四川省试行的是“划分收支，分级包干”的体制办法；江苏试行的是“收支挂钩，总额分成，比例包干，三年不变”的体制办法。这两种办法都扩大了地方政府的财权，同时也加大了地方政府的责任。

从我国20世纪70年代末的财政状况来看，1979年财政出现170.67亿元的财政赤字，各个地方财政都要中央支持，中央财政不堪重负。为了释放各个方面的财政压力，客观上增加了改革中央与地方财政管理体制的迫切性，目的是通过改革增加地方政府的支出责任，

① 李萍主编：《中国政府间财政关系图解》，北京：中国财政经济出版社，2006年版，第3页。

调动地方政府的积极性，摆脱地方政府依赖中央财政的状况。为此，中央决定在1980年将四川、江苏两省的试点经验向全国推广。

第二节　“划分收支，分级包干”体制

1980年2月1日，国务院发布《关于实行“划分收支，分级包干”财政管理体制的暂行规定》，这就是我国1980—1984年实行的财政管理体制，又称为“分灶吃饭”财政体制。

一、基本内容与具体形式

（一）“划分收支，分级包干”的基本内容

（1）明确划分中央财政与地方财政的收支范围。根据各种财政收入的性质和企业、事业单位的隶属关系，实行分类分成的办法。

第一，收入划分。财政收入划分为中央固定收入、地方固定收入和中央与地方调剂分成收入三类。属于中央财政的固定收入有中央所属企业收入、关税收入和中央其他收入；属于地方财政的固定收入有地方所属企业收入、盐税、农牧业税、工商所得税、地方税和地方其他收入；属于中央与地方调剂分成的收入有各地上划给中央部门集中管理的企业收入，20%划给地方财政，80%划给中央财政；工商税收作为调剂分成收入，分成比例根据各地区收支情况分别确定。

第二，支出划分。财政支出按企业、事业单位的隶属关系划分，由中央直接管理的，列中央财政预算支出；由地方管理的，列地方财政预算支出。另外，中央专项设置了一部分资金，用于解决

预算执行中发生的特殊问题，如特大自然灾害救济费、支援经济不发达地区发展资金、边境建设事业补助费和基本建设专项拨款等。

（2）合理确定收入、支出基数和调剂分成比例。依据上述收支划分范围，地方财政的收入、支出包干基数以 1979 年财政收支执行数为基数确定。地方支出基数首先用地方固定收入抵顶；固定收入不足以抵顶支出基数，则划给调剂分成收入，然后再与支出基数比较，收入大于支出基数的按比例上交中央财政，收入小于支出基数的由中央财政给予定额补助。收入基数、支出基数和调剂分成比例确定以后，五年不变。在此基础上，对民族地区、大包干地区和北京、天津、上海三市不实行上述体制。

（二）“划分收支，分级包干”的具体形式

由于各个地区的经济发展和收入水平不同，所以各地采取的包干的具体形式不同（见表 2–1）。

表 2–1　1980—1984 年“划分收支，分级包干”财政管理体制的形式

形式	特点和内容	实行的省、区	备注
固定比例分成	地方财政固定收入大于支出的地区，将固定收入的一定比例上交中央。	河北、辽宁、黑龙江、山东	在执行过程中，因河北和山东部分企业上划中央，使得固定收入小于支出基数，体制形式改为调剂收入分成形式。
调剂收入分成	地方固定收入不能抵补支出基数，差额部分从调剂收入即工商税中按一定比例分成。	山西、浙江、安徽、河南、湖南、湖北、四川、陕西、甘肃	各省分成比例不同。
定额补助	地方固定收入和调剂收入合计仍然小于支出基数，由中央财政予以补足。	江西、吉林	—

续表

形式	特点和内容	实行的省、区	备注
民族地区财政体制	确定中央补助数额，五年不变，地方收入增长部分全部留给地方，享受中央对民族地区补助，且每年以 5% 比例递增。	内蒙古、广西、西藏、宁夏、新疆	后又增加云南、青海、贵州三省参照民族地区财政体制。
大包干体制	实行更大范围的定额上解或者定额补助	广东、福建	—
收支挂钩、一年一定	—	北京、天津、上海	—
比例包干、四年不变	—	江苏	—

资料来源：根据《中国财政改革二十年回顾》相关资料整理。

二“、划分收支、分级包干”财政体制的作用与不足

（一）“划分收支、分级包干”的作用

以“划分收支、分级包干”为主要内容的财政体制改革，是改革开放以来我国进行的第一次比较全面和深刻的财政体制改革。同改革前的传统财政体制比较，改革后的财政体制在收支结构、财权分配和财力分配等方面，都发生了显著的变化，主要表现在以下方面：

（1）财政管理体制的集中程度明显降低。新的改革模式使财政体制由过去中央政府“一灶吃饭”改为中央与地方“分灶吃饭”，打破“统收统支”，初步形成在中央统一领导下，各级地方政府明确划分收支及其权限，各负其责的新格局，有利于充分发挥地方政府发展经济的积极性。

（2）地方政府财政管理权限明显增加。新的财政体制在财力分配方面，由过去的以“条条”为主的纵向管理改为以“块块，为主横向管理。采取这种财力分配办法，大大地扩大了地方财政的权限，有利于地方根据本地的实际情况，统筹安排财力，发展本地区的各项事业。

（3）财政管理体制的稳定性有所增强。新的财政体制在收支划分和分成比例或补助数额的时限上由过去的“一年一定”改为“五年一定”，在一定程度上解决了过去中央与地方政府之间年年吵基数、争指标的矛盾，也有利于各级地方政府制定和执行本地长远规划，发展本地经济和各项社会事业。

综上所述，财政体制改革在扩大地方财权的同时，也加强了地方政府的经济责任，从而促使地方各级领导加强了对本级财政工作的领导由于收支范围明确，地方收入留用比例或享受补助数额五年不变，使地方有了发展本地区生产建设事业的内在经济动力和能力，尽可能地开发本地区生产、物资和资金的潜力，合理使用财力，提高经济效益，不断增加财政收入由于节约归己，促使地方比较注意节约支出，精打细算，同时也严格了财经纪律。

（二）“划分收支、分级包干”的不足

由于改革的“单兵突进”的性质，缺乏相关制度的配套措施，在实践中存在甚至产生了一些问题与不足，主要表现在以下几个方面。

（1）具体措施存在不配套的现象。由于当时正在进行经济调整，减收增支的因素较多，对已经实行“分灶吃饭”体制的地方财政产生一定冲击。因此，尽管在新财政体制中规定包干指标“一定”五年不变，但由于宏观经济形势的变化，在执行中不得不进行

调整，有些甚至变动很大，影响了改革预期目标的实现。

（2）不利于国企改革的深化和宏观经济的调控。首先，财政包干制的实行对政企分开不利，不仅不能够有效地促进国有企业向独立实体转变，而且由于地方政府和行政管理部门更接近企业，使得原有的对国企直接干预更为强化。其次，由于过早地打开了“包干制”这个“利益驱动器”的闸门，导致各级政府和部门竞相铺摊子，拉长了基建战线，扩大了重复建设，提高了当时和以后产业结构调整的难度。再次，以“财政包干制”为主要特征的新体制一定程度上助长了条块分割、画地为牢，争夺稀缺资源问题已开始发生，从而阻碍了全国统一市场体系的形成。

（3）中央财政存在赤字现象。“分灶吃饭”的财政新体制在下放财权，从而增强地方政府财政自主权的同时，相应地削弱了中央政府自身财力，而由于财权与事权的不配套，许多公共开支仍由中央政府承担，这就导致这样中央财政不断发生巨额赤字，以致中央财政不得不向地方财政借款以弥补缺口。

在“分灶吃饭”体制执行过程中，由于固定收入增长较慢、调剂收入增长过快，有些地区尤其是调剂收入留成比例较低的地区，要求实行“总额分成”。经与地方反复协商，自 1982 年起，国家对安徽、河北等八省实行总额分成办法。同时，将中央财政向地方财政的借款相应调整列入地方包干基数，调减地方财政分成比例或减少了中央财政对地方的定额补助数额。

第三节　“划分税种，核定收支，分级包干”财政体制

在始于1980年的中央与地方财政包干体制以后，对于调动地方政府的积极性取得了明显成效。1984年，这一财政管理体制执行到期，中央在基本肯定这种体制的基础上，再加上利改税第二步的推进，企业利润上缴的形式大多改为各种税收。因此，“划分收入”不可避免地要改为“划分税种”。

在1980—1984年财政体制的基础上，1985年3月，国务院发布《关于实行“划分税种、核定收支、分级包干”财政管理体制的规定》，从当年开始实行这一体制。

一、“划分税种，核定收支，分级包干”财政体制的主要内容

在总结前期财政管理体制经验的基础上，这一时期我国的财税体制继续坚持“统一领导，分级管理”的原则，进一步明确各级财政的权利和责任，做到权责结合，充分发挥中央和地方两个积极性。其主要内容包括：

（一）收入划分

收入按照税种分为：中央财政固定收入、地方财政固定收入、中央地方财政共享收入三大类。

（1）中央财政固定收入。包括中央国营企业的所得税、调节税；铁道部和各银行总行、保险总公司的营业税；军工企业的收

入；中央包干企业的收入；粮、棉、油超购加价补贴；烧油特别税；关税和海关代征的产品税、增值税；专项调节税；海洋石油外资、合资企业的工商统一税、所得税和矿区使用费；国库券收入；国家能源交通重点建设基金；其他收入。

石油部、电力部、石化总公司、有色金属总公司所属企业的产品税、营业税、增值税，以其 70%作为中央财政固定收入。

（2）地方财政固定收入。包括地方国营企业的所得税、调节税和承包费；集体企业所得税；农牧业税；车船使用牌照税；城市房地产税；屠宰税；牲畜交易税；集市交易税；契税；地方包干企业收入；地方经营的粮食、供销企业亏损；税款滞纳金、补税罚款收入；城市维护建设税和其他收入。尚待开征的土地使用税、房产税和车船使用税，将来也列为地方财政固定收入。

石油部、电力部、石化总公司、有色金属总公司所属企业的产品税、营业税、增值税，以其 30%作为地方财政固定收入。

（3）中央和地方财政共享收入。包括产品税、营业税、增值税（这三种税均不含石油部、电力部、石化总公司、有色金属总公司四个部门所属企业和铁道部以及各银行总行和保险总公司交纳的部分）；资源税；建筑税；盐税；个人所得税；国营企业奖金税；外资、合资企业的工商统一税、所得税（不含海洋石油企业交纳的部分）。

（二）支出划分

中央财政支出和地方财政支出，仍按隶属关系划分。

1. 中央财政支出。包括中央基本建设投资；中央企业的挖潜改造资金、新产品试制费和简易建筑费；地质勘探费；国防费；武装警察部队经费；人民防空经费；对外援助支出；外交支出；国家物资储备支出；以及中央级的农林水利事业费，工业、交通、商业部门事业费，文教科学卫生事业费，行政管理费和其他支出。

2. 地方财政支出。包括地方统筹基本建设投资；地方企业的挖潜改造资金、新产品试制费和简易建筑费；支援农业支出；城市维护建设费；以及地方的农林水利事业费，工业、交通、商业部门事业费，文教科学卫生事业费，抚恤和社会救济费，行政管理费（含公安、安全、司法、检察支出）、民兵事业费和其他支出。

对于不宜实行包干的专项支出，如特大自然灾害救济费、特大抗旱和防汛补助费、支援经济不发达地区的发展资金、边境建设事业补助费等，由中央财政专案拨款，不列入地方财政支出包干范围。

各省、自治区、直辖市都按照相关规定划分财政收支范围，凡地方固定收入大于地方支出的，定额上解中央；地方固定收入小于地方支出的，从中央、地方共享收入中确定一个分成比例，留给地方；地方固定收入和中央、地方共享收入全部留给地方，还不足以抵拨其支出的，由中央定额补助。收入的分成比例或上解、补助的数额确定以后，一定五年不变。地方多收入可以多支出，少收入就要少支出，自求收支平衡。

二、"划分税种，核定收支，分级包干"财政体制的具体形式

"划分税种、核定收支、分级包干"的财政管理体制在各个省（市）实施的具体形式分为五种（见表 2–2）。

表 2-2　“划分税种、核定收支、分级包干”的财政管理体制的具体形式

具体形式	省（市）	备注
总额分成	北京、天津、河北、山西、辽宁、沈阳、大连、哈尔滨、上海、江苏、浙江、安徽、山东、河南、武汉、湖南、重庆	17 个省（市）
定额上解	黑龙江	
定额补助	吉林、江西、陕西、甘肃	
民族地区体制	内蒙古、广西、西藏、宁夏、新疆	云南、贵州、青海视同民族地区，实行该体制
大包干体制	广东、福建	

资料来源：叶振鹏、梁尚敏主编：《中国财政改革二十年回顾》，北京：中国财政经济出版社，1999年版，第257页。

“划分税种、核定收支、分级包干”的财政管理体制只实行了 3 年，由于多种原因，到 1988 年我国相应进行了体制调整。

第四节　多种形式财政包干体制

1988 年，中央和地方财政管理体制再次进行调整。这次调整的主要原因有三点：一是企业利润分配制度的调整，引发财政管理体制的调整。从 1987 年开始，我国对第二步利改税进行了调整，对绝大多数国营企业实行承包经营责任制，国营企业所得税率大幅下降，部分利润实行承包上缴方式。这在客观上使得“划分税种”的财政管理办法也要进行调整。二是在体制运行过程中出现的由于中央财政本级财源不稳定，经过几次放权，中央财政收入占全部财政收入比重下降，中央财政连年出现较大赤字，中央财政处于一种被动地位。三是上缴比例较大、留成比例较低的上解地区组织财政收入的积极性不高，出现“放水养鱼”，藏富于企业的情况。

基于以上原因，中央决定实行多种形式的包干体制。

一、1988—1990年对包干办法的改进

1988—1990年，在原定财政体制的基础上，对包干办法作如下改进。

（一）主要内容

（1）全国39个省、自治区、直辖市和计划单列市，除广州、西安两市财政关系仍分别与广东、陕西两省联系外，其余37个地区分别实行不同形式的包干办法。

（2）财政包干办法确定之后，各地区应按照国家政策和计划的要求，努力发展经济，挖掘潜力，开辟财源，增加收入，壮大地方的财力。同时，要厉行节约，压缩支出，保证收支平衡。收入下降的地区，要积极采取有效措施，及时改变。各地要认真按照包干办法办事，包盈和包亏都由地方自行负责。

（3）认真执行现行的预决算制度。实行财政包干办法以后，各地要严格执行国家对地方财政收支范围和收支项目的规定，不得任意采取减收增支措施、提高开支标准和扩大开支范围。

（4）严格执行财政、财务制度，加强审计监督。各地实行财政包干办法以后，要认真执行国家规定的各种财政、财务制度。凡应当征收的税款要按时、足额收上来，不能违反税收管理权限，擅自减税免税；不能把预算内的收入转移到预算外，或者私设“小

金库”；各项开支要严格按照国家有关规定支付，不能违反财务制度、会计制度；所有收支都要按规定如实反映，不得打“埋伏”、报假账。凡是违反财政纪律或弄虚作假的，审计部门要认真检查处理，问题严重的，要给予纪律处分。

（二）具体形式

多种形式财政包干体制的具体形式包括以下几种（见表 2–3）。

表 2–3　多种包干体制的具体形式

体制形式	主要做法	实行地区	备注
收入递增包干	以 1987 年决算收入和地方应得的支出财力为基数，参照各地近几年的收入增长情况，确定地方收入递增率（环比）和留成、上解比例。在递增率以内的收入，按确定的留成、上解比例，实行中央与地方分成；超过递增率的收入，全部留给地方；收入达不到递增率，影响上解中央的部分，由地方用自有财力补足。	北京市、河北省、辽宁省、沈阳市、哈尔滨市、江苏省、浙江省、宁波市、河南省、重庆市	10 个省(市)
总额分成	根据前两年的财政收支情况，核定收支基数，以地方支出占总收入的比重，确定地方的留成和上解中央比例。	天津市、山西省、安徽省	3 省（市）
总额分成加增长分成	在上述“总额分成”办法的基础上，收入比上年增长的部分，另加分成比例，即每年以上年实际收入为基数，基数部分按总额分成比例分成，实际收入比上年增长的部分，除按总额分成比例分成外，另加增长分成比例	大连市、青岛市、武汉市	3 个（市）
上解额递增包干	以 1987 年上解中央的收入为基数，每年按一定比例递增上交。	广东省、湖南省	2 个省
定额上解	按原来核实收支基数，收大于支的部分，确定固定的上解数额。	上海市、山东省、黑龙江省	3 个省（市）

资料来源：根据《国务院关于地方实行财政包干办法的决定》相关内容整理。

（三）“分税包干”体制试点

1989 年，财政部着手设计并提出“分税包干”体制方案。1990 年，全国财政工作会议提出《关于实行“分税包干”财政管理体制的试点方案》，1992 年在天津、辽宁、沈阳、大连、浙江、青岛、武汉、重庆和新疆九个省（市、自治区）进行试点。

“分税包干”体制的基本内容包括：在收入方面，将关系到国民经济全局，有利于发挥中央政府职能和加强中央财政对宏观经济调控的税种，作为中央财政固定收入；将与地方关系密切、分散零星，需要发挥地方的积极性组织收入的税种，作为地方财政固定收入；将少数大税种作为中央和地方财政共享收入。

在支出划分方面将关系到国家政治经济发展全局、地方无力承担的或者不适宜地方承担的支出，划归中央财政支出；将凡与地方政治经济发展密切、地方有能力承担，并且又不会对国民经济全局产生消极影响的支出，划归地方财政支出范围。

在各地区收入基数和支出基数相抵之后，试点省（市）划分为上解省（市）和补助省（市）。对上解地区实行“上解额递增包干”办法，对补助地区实行“定额补助”办法。

“分税包干”体制试点被誉为“分税制”改革的雏形和前奏。

第五节　财政包干体制的评析

对中央与地方财政管理体制进行改革的初衷是通过对地方财政的放权，调动地方政府的积极性。放权的主要改革路径就是中央与地方“分灶吃饭”，实行各种类型的“包干体制”。由于没有在税制改革的基础上进行，所以这次财税改革并不是真正意义上的分税制。这些尝试为今后税制与分税制改革彻底取代包干制提供了有益的实践经验。总体来讲，“分灶吃饭”的包干财政管理体制只是改革的一种过渡性体制，作为长期稳定的中国政府间财政管理体制是不合适的。

一、财政包干体制的积极意义

财政包干体制确实极大地调动了地方政府的自主性和发展本地经济的主动性。1988 年财政包干制的实行，使放权让利改革的激励效应达到最大化。地方由此获得了空前的财政自主权，发展本地区经济的动力和能力非常强劲。1981—1992 年，我国省级政府边际收入留存率的平均值达到 89%，且在 1987 年之后有显著增强。[①]

财政包干制使地方预算初步成为责、权、利相结合的分配主体，扩大了地方的财力。地方政府在划定的收支范围内自行组织收入，自主安排支出，自求收支平衡，这有助于地方政府更好地履行其职能。初步建立了地方财政的约束机制，促进了地方财政收支的平衡。在财政包干体制下，地方财政的收支范围、包干基数和分成比例或补助数额确定以后，地方财政要以收抵支，自求平衡。这种机制有助于形成地方财政的平衡观念，从而有利于国家财政收支的整体平衡。

① 闫茂旭：《分税制改革与中国经济体制改革思路的转换》，《中共党史研究》，2018 年 12 期。

从历史角度来看，我国实行财政包干体制的初衷是明确的，即发挥中央、地方、企业和个人四个方面的主动性、积极性、创造性。经过这一阶段的改革，这一目的基本达成。

二、财政包干体制的主要问题

随着我国改革开放的深化和经济的发展，财政包干体制的弊端也逐渐显现。例如，它强化了地方利益，导致地区封锁、盲目竞争、重复建设等问题；同时，中央与地方财政关系仍缺乏规范性和稳定性，各地财政体制形式多样，存在信息不对称、机会不均等以及决策不透明等问题。而当地方和企业发挥积极性和主动性所带来的经济秩序变化和政府如何进行调控问题，却没有预案和准备。这一体制改革的探索，恰恰为下一步改革提供了经验和教训。

（1）中央政府被动，宏观难以调控。实行财政包干体制以后，我国在“条块”管理上，形成以“块块”管理为主，削弱了中央的“条条”管理，地方政府可以主动作为，而中央政府只能被动调控，且调控很难的局面。实行财政包干体制后，财政的财力首先按照体制规定，划归地方财政的部分就先留在了地方，中央财政部分除了固定收入进入中央财政金库外，上解部分要由地方财政交给中央。形成了财力“先下后上”的状况，这就使得中央财政实质上处于被动状态。1981—1984 年，中央财政连年赤字造成中央财政不得不分别于 1981 年、1982 年向地方借款 70 亿元、40 亿元。①

① 高培勇主编：《中国财税体制改革 30 年研究》，北京：经济管理出版社，2008 年版，第 57 页。

（2）经济投资过热，重复建设严重。在财政包干体制下，地方政府拥有发展本地区经济的制度性动力和能力，调动了地方发展经济的积极性。为了完成包干任务和维持地方财政年年增长的必需支出，更加依赖生产高速度、多投入和“大而全”“小而全”的重复建设。1992—1993 年，经济过热造成我国经济结构失调和通货膨胀。

（3）财政秩序紊乱，预算外资金膨胀。财政运行机制上出现擅自减免税、截留挪用财政收入，花钱大手大脚、搞财政资金体外循环、非财政部门介入财政分配等问题。大量预算外资金在预算管理体外循环，不受预算制度控制，形成各个单位的自收自支、自行管理的资金。

（4）体制不稳定，调整过于频繁。中央与地方财政管理体制处于不稳定状态，缺乏体制的基本规则。

从上述改革历程的事实可见，我国财政包干体制实行以来，进行了多次调整，包干体制在各个省（市、自治区）也采取了不同的具体形式。1980—1993 年，基本上是处于财政管理体制改革的探索阶段。

为了解决上述问题，国家酝酿实施“分税制”改革，彻底扭转财政包干体制的思路和做法，为中国社会主义市场经济体制的建立和完善奠定了新的中央与地方财政管理体制基础。

第三章

建立社会主义市场经济财税体制框架：分税制改革

▼

经过多年包干制财政体制的经验与教训，同时借鉴当时国际通行的做法，我国实行分税制改革迫在眉睫。相关部门同时广泛听取各方意见，于 1990 年设计出分税制改革试点方案。在此之后，经过进一步调查和测算，形成了我国分税包干制材质体制试点的方案。

第一节　艰难的转折

一、分税制改革的背景

为了实现我国财政发展目标，缓解财政困难，必须进一步改革财政体制和预算管理，合理提高地方上交中央财政的收入份额，适当减少中央对地方的补贴，逐步提高中央财政收入占全国财政收入的比重，理顺中央和地方的分配关系。从问题导向角度来讲，中央决定进行分税制改革*主要基于以下两个方面。

* 分税制改革有广义和狭义之分。广义分税制是指包括中央与地方财政管理体制、税制全面改革以及相关配套改革；几个部分的改革相互紧密关联，尤其是税制改革和分税制改革互为前提。狭义分税制改革专指中央与地方之间财政管理体制改革。

（一）宏观调控体制改革相对滞后

1978—1993 年的经济体制和财税体制改革，我国着重从搞活微观经济入手，采取对企业和地方政府“放权让利”的主要改革举措，同时推进市场化改革。在让市场机制逐步取代计划机制的过程中，需要建立代替计划管控的宏观管理体制，但在这 15 年的改革过程中，宏观调控体制和机制的建立相对滞后。财政包干体制导致中央财政财力弱化，难以发挥中央财政的宏观调控作用。

1985 年 11 月 4 日，《人民日报》发表题为《试论我国经济的双重模式转换》的文章，提出要正确认识和处理宏观改革和微观改革的关系，配套地搞好包括财政税收体制在内的宏观改革，以形成一整套把计划和市场、微观搞活和宏观控制有机地结合起来的机制和手段。[①] 对这一问题的认识，从 1985 年前后到 20 世纪 90 年代，逐渐成为共识。在 1985 年以后的改革举措中，中央尽管力图加强宏观调控，但是由于没有从体制上、制度上解决根本问题，难以扭转宏观调控弱化的局面。

（二）“两个比重”持续下降

“两个比重”[*] 的下降显示出政府对经济调控能力的降低，以及中央财政对地方财政调控能力的削弱（见图 3–1）。实行财政包干体制以后的 14 年间，我国财政收入没能与GDP的增长保持同步，经济发展带来的财政收入增长出现下降的情况。中央财政收入占全部财政收入比重的持续降低，是导致政府宏观经济调控能力不足的直接原因。

* 所谓“两个比重”，一是财政收入占GDP比重，即财政收入在全部国民收入中的比重，反映政府集中财力的份额；二是中央财政占全部财政收入的比重，反映中央财政集中控制财政财力的份额。

① 刘国光：《试论我国经济的双重模式转换》，《人民日报》，1985 年 11 月 4 日。

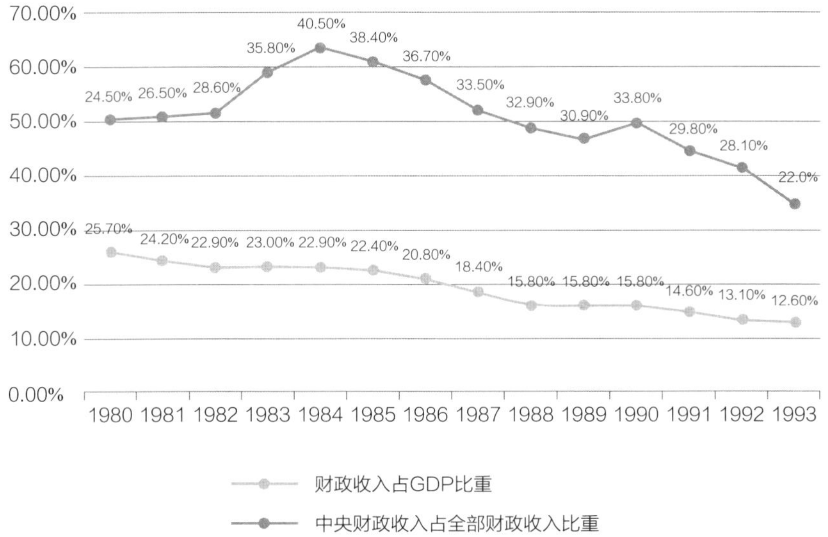

图 3-1　1980—1993 年“两个比重”变化图

资料来源：李萍主编：《中国政府间财政关系图解》，北京：中国财政经济出版社，2006 年版，第 20 页。

二、分税制改革的启动

为了摆脱中央财政宏观调控的被动局面，必须从财政包干体制走出来，实行分税制体制改革，但是这项改革经历了一个曲折的过程。

（一）酝酿与决策

1986 年 3 月 25 日，国务院成立经济体制改革方案研究领导小组，拟定了以价格、税收、财政、金融、贸易为重点的配套改革方案，即《1987 年经济体制改革实施方案》，方案曾提出实施分税制改革的设想。

1987 年 4 月，国家经委受国务院委托召开全国企业承包经营责任制座谈会，研究部署企业普遍推行承包经营责任制。此后，承包制迅速推广开来。到1988年5月，全国预算内全民所有制工业企业实行各种经营责任制的已达80%以上。为便于企业承包经营责任制的推行，财税体制改革也暂时放弃分税制的思路，转而继续实行财政包干体制，并且将其作为宏观领域主要的改革措施，进一步强化承包的力度。

1987年7月，中央财经领导小组会议讨论通过的国家计委《关于“七五”后三年改革计划体制的若干意见》，虽然没有放弃分税制的目标，但考虑到企业经营承包制推广后的情况，以及地方的强烈意见，决定1988年暂不实行分税制改革，同时决定改企业税前还贷为税后还贷，实行税后承包经营责任制。

1988年7月28日，国务院发布《关于地方实行财政包干办法的决定》，用“大包干”的做法对财税体制作进一步的放权让利调整。其中规定全国39个省、自治区、直辖市和计划单列市，除广州、西安两市财政关系仍分别与广东、陕西两省联系外，其余37个地区分别实行六种形式的包干办法。这种“大包干”式的财税体制又延续了下来。

1989年7月，国务院研究室发出《关于制定三年经济调整计划建议》，提出要解决经济机制问题，重建财政税收制度，明显提高国家财政和中央财政的集中程度。要坚决改变财政包干体制为中央、地方分税制。建议国务院尽快组织专门力量，拟定具体方案，争取在1991年实施，不能再久拖不决。①

1989年11月，党的十三届五中全会通过的《中共中央关于进

① 闫茂旭：《分税制改革与中国经济体制思路的转换》，《中共党史研究》，2018年12期。

一步治理整顿和深化改革的决定》中没有提及分税制，但准备进行试点。财政部经过缜密测算和研究，于1990年设计了分税制财政管理体制试点改革的初步方案，但这一方案并未公开。1990年3月，在第七届全国人民代表大会第三次会议所作的《政府工作报告》中，再次提到要在有条件的地方，积极进行分税制的试点。

1992年5月16日，中共中央政治局会议通过《中共中央关于加快改革，扩大开放，力争经济更好更快地上一个新台阶的意见》，明确提出加快财政体制改革步伐，实行分税制。随后，财政部于6月5日公布《关于实行分税制财政体制试点办法》，选择天津市、辽宁省、沈阳市、大连市、浙江省、武汉市、重庆市、青岛市、新疆维吾尔自治区九个地方正式进行分税制改革试点。

1993年7月22日，国务院总理办公会议决定，为了保持中国经济的持续、快速、健康发展，要加快实施财税体制改革的步伐，将原定分步实施的改革设想修正为一步到位。同时举行的全国财政工作会议和全国税务工作会议正式宣布，从1994年1月1日开始，在全国全面推行分税制改革，不搞试点。

（二）协商、调研与动员

1993年7月，在全国财政工作会议和全国税务工作会议上，财政部拿出《关于建立分税制分级财政体制的设想》，供会议讨论。“第一个提出异议的是上海市，接着福建、山东、江苏的代表都慷慨陈词，认为这个体制无法弄”[①]。朱镕基在会上强调财政、税

① 翁礼华：《历史不能假设——我国分税制财政管理体制改革五年之回眸》，《浙江财税与会计》，1998年8期。

收、金融这三个改革方案“是一个长治久安的基础，是建立社会主义市场经济体制的基础。有了这个基础，目前存在的困难就可以得到缓解，甚至于基本解决，大好形势就可以继续发展，经济发展速度还可以保持在一个较高的水平上”[①]。

8月12日，国务院在北戴河召开的专题会议上讨论通过财税、金融、投资、外资、外汇五大宏观改革方案。8月30日，国务院常务会议讨论财政、税收、金融、国有资产管理体制和外贸改革总体方案明确指出，在这项总体改革方案中，核心是财税制度的改革，难度最大，必须做好艰苦细致的工作。9月2—3日，中央政治局常委会审议并原则同意财税体制改革方案。

为了顺利推进分税制的改革，由国家体改委、财政部、国家税务总局等有关部门组成的60多位同志的队伍，在1993年9月9日到11月21日共74天的时间里，赶赴17个省、市、自治区（包括计划单列市），与这些省（市）进行“一对一”协商谈判。

在中央与地方的协商谈判过程中，广东是最为关键的一站。广东省在此前实行财政包干体制时财政留成比例较大，因而对实行分税制存在很大顾虑。经过反复解疑释惑，广东省基本同意实行分税制，但提出要以1993年的财税收入为基数。关于这个问题争议较大。原来分税制的改革方案是以1992年的财税收入为基数，当时1993年还没有过完，还有3个月才作决算。以1993年的财税收入为基数，就形成了动态基数，不仅不好算账，而且容易造成地方当年财政基数猛增。经过几番协商，为了最大限度争取地方对改革的

① 《朱镕基讲话实录》编辑组编：《朱镕基讲话实录》（第一卷），北京：人民出版社，2011年版，第329页。

支持，中央同意“以1993年为基数”的意见，广东省最终支持实行分税制改革。

与中西部省份的谈判相对比较顺利，但也出现了不同声音，主要是对分税制实施后如何确保地方财政收入有很大顾虑，因此要求修改税制分成方案，增加增值税和消费税的分成比例。对此，中央明确表示：税制改革全国必须统一。待中央财力集中之后，对中西部地区的支持会增加。

中央关于财政收入基数的这一让步的代价是很大的。由于各地政府集中征税，1993年9—12月地方财政收入增长756.95亿元，比1992年同期分别增长51.8%、62.5%、86.1%、121.3%。1994年中央财政赤字大幅扩大，中央不得不通过发行1000亿元国库券来解决财政平衡。这一让步，换来的是各地接受分税制改革。换言之，中央以改革方案技术操作层面的让步换来整个财税体制改革的推行。事实证明，这一让步争取了民心，统一了思想，保证了分税制改革的顺利推行。随着时间的推移，这种技术上的代价逐渐被化解。

经过两个多月的协商谈判，分税制改革在全党范围内达成共识。1993年11月14日，党的十四届三中全会通过《中共中央关于建立社会主义市场经济体制若干问题的决定》，提出在中国建立市场经济制度的总体规划和若干重点方面的改革方案设计，为分税制改革提出了目标、拟定了方案，指出把现行地方财政包干制改为在合理划分中央与地方事权基础上的分税制，建立中央税收和地方税收体系，逐步提高财政收入在国民生产总值中的比重，合理确定中央财政收入和地方财政收入的比例。实行中央财政对地方的返还和转移支付的制度，以调节分配结构和地区结构。

1993年12月15日，国务院下发《关于实行分税制财政管理体制的决定》，决定自1994年1月1日起实行分税制财政管理体制，财政包干体制就此结束。[①]

第二节　分税制改革的主要做法与相关配套措施

一、分税制改革的主要做法

（一）划分中央与地方事权和支出范围

中央财政主要承担国家安全、外交和中央国家机关运转所需经费，中央所属事业发展支出，调整国民经济结构、地区差距和协调地区发展、实施宏观调控所必需的支出。地方财政主要承担本地区政权机关运转所需支出和本地区经济、事业发展所需支出（见表3–1）。

表3–1　中央与地方财政各自承担的支出项目

支出类别	支出项目
中央财政支出	国防费，武警经费，外交和援外费用，中央级行政管理费，中央统管的基本建设投资，中央直属企业的技术改造和新产品试制费，地质勘探费，由中央财政安排的支农支出，由中央负担的国内外债务的还本付息，中央本级负担的公检法支出和文化、教育、卫生、科学等各项事业费支出。
地方财政支出	地方行政管理费，公检法支出，部分武警经费，民兵事业费，地方统筹的基本建设投资，地方企业的技术改造和新产品试制经费，支农支出，城市维护和建设经费，地方文化、教育、卫生等各项事业费，价格补贴支出以及其他支出。

资料来源：根据国家统计局历年《统计年鉴》相关数据整理。

① 闫茂旭：《分税制改革与中国经济体制改革思路的转换》，《中共党史研究》，2018年12期。

（二）按照税种划分收入

按税种将收入划分为中央税、地方税和中央与地方共享税三类。将维护国家权益、实施宏观调控所必需的税种作为中央税；将同经济发展直接相关的主要税种作为中央与地方共享税；将适合地方征管的税种作为地方税（见表 3–2）。

表 3–2　税种划分中央与地方收入

收入类别	按税种划分
中央固定收入	关税，海关代征增值税和消费税，中央企业所得税，地方银行和外资银行及非银行金融企业所得税，铁路部门、各银行总行、各保险总公司等集中交纳的收入（包括营业税、所得税、利润和城市维护建设税），中央企业上交的利润等。
地方固定收入	营业税（不含划归中央固定收入部分），地方企业所得税（不含划归中央固定收入部分），地方企业上缴利润，个人所得税，城镇土地使用税，固定资产方向调节税，城市维护建设税（不含划归中央固定收入部分），房产税，车船使用税，印花税，屠宰税，农牧业税，耕地占用税，契税，遗产和赠予税，土地增值税，国有土地有偿使用收入等。
中央与地方共享收入	增值税，中央分享 75%，地方分享 25%；资源税，按不同资源品种划分，大部分资源税作为地方收入，海洋石油资源税作为中央收入；证券交易印花税，中央和地方各分享 50%。

资料来源：根据国家统计局历年《统计年鉴》相关数据整理。

为了保证地方 1993 年的既得利益，我国实行按税种划分收入办法后，以 1993 年支出为基数，地方净上划中央的收入数额，由中央对地方实行税收返还。国务院还决定，1994 年以后实行增量返还办法，即税收返还与上划“两税”的增长率挂钩，各地区“两税”每增长 1%，中央财政对该地区的税收返还增长 0.3%。

二、分税制改革相关配套措施

（一）分设中央和地方两套税务机构

1993 年以前，我国只有一套税务机构，负责征收全部税收。分税制管理体制改革规定，与收入划分办法相配套，建立中央和地方两套税务机构——即成立国家税务局和地方税务局。国家税务局和海关系统负责征收中央固定收入和共享收入，地方税务局负责征收地方固定收入。

（二）妥善解决包干体制遗留问题

1994 年实行分税制以后，原包干体制的地方上解和补助的办法基本不变。原来实行定额上解的地区仍按原确定数额继续定额上解；原实行递增上解地区仍按原规定办法继续递增上解；原实行总额分成的地区和原分税制试点地区，改为一律实行递增上解，以 1993 年实际上解数为基数，从 1994 年起按 4%的递增率递增上解。1995 年将递增上解改为按照 1994 年实际上解额实行定额上解。

（三）出口退税分担机制改革

从 1985 年开始实行出口退税政策以来，在中央和地方财政如何分担出口退税经历过多次变化。1985—1987 年，出口退税分担机制是按照外贸企业的隶属关系划分，中央外贸企业、工贸企业的出口退税由中央财政负担，地方外贸企业、工贸企业的出口退税由地方财政负担。从 1988 年开始，所有的出口退税改由中央财政负担。1991 年之后，地方财政负担地方外贸企业 10%的出口退税，1993 年地方财政负担出口退税比例提高至 20%。

1994年分税制改革后，出口退税改由中央财政全部负担，并规定地方财政负担部分以1993年为基数专项上解，以后年度按此定额结算。

（四）省以下分税制体制的建立

在中央与省级分税制财政管理体制框架确立之后，各地按照中央实行分税制的基本要求，由各地省级政府根据本地区情况，制定省以下分税制办法。1994年底，各地基本制定并运转了省以下的财政管理体制，并根据本地区经济变化，自主对本地区的分税制体制进行适时调整。

（五）进一步调整和完善的措施

1995年以后，在稳定分税制体制框架的基础上，根据经济和财政收支情况变化，中央采取一系列对分税制体制进一步调整和完善的措施（见表3–3）。

表3–3　分税制体制调整（1995—2002年）

时间	调整的主要内容	备注
1997年1月1日	将证券交易印花税中央财政收入比例提高到80%，地方财政收入比例降到20%。后因证券交易印花税税率由3‰调高至5‰，调高增加的收入全部作为中央收入，因此，中央收入折算为88%，地方收入为12%。	—
2000年	将证券交易印花税中央与地方收入分享比例调整为中央收入97%，地方收入3%。	分三年逐步调整到位。
1997年1月1日	金融保险业营业税税率由5%提高到8%，提高营业税税率后，除各银行总行、保险总公司缴纳的营业税仍全部归中央收入外，其余金融、保险企业缴纳的营业税，按5%征收的部分，归地方财政，提高的3%的部分归中央财政。	从2001年起，国务院决定，将金融保险业营业税每年降低1个百分点，分三年将金融保险业营业税降至5%。中央财政分享的3%部分也随之取消。

续表

时间	调整的主要内容	备注
2002 年 1 月 1 日	国务院决定，实施所得税收入分享改革，将按企业隶属关系等划分中央与地方所得税收入的办法改为中央与地方按统一比例分享。中央保证各地区 2001 年地方实际所得税收入基数，实施增量分成。2002 年所得税收入中央与地方分享比例为各 50%；2003 年以后中央分享 60%、地方分享 40%。	除铁路运输、国家邮政、中国工商银行、中国农业银行、中国银行、中国建设银行、国家开发银行、中国农业开发银行、中国进出口银行以及海洋石油天然气企业之外。

资料来源：根据国家统计局历年《统计年鉴》相关数据整理。

（六）逐步建立转移支付制度

转移支付制度是政府间财政管理体制的一项重要制度。中央财政通过分税制集中的部分财力，要通过转移支付方式在各个地区之间重新分配，以达到缩小地区间公共服务差距的目的。转移支付制度是国际上的通行做法。

分税制改革之前，我国财政管理体制中就存在着中央对地方的体制补助、专项补助以及结算补助等形式。这些补助形式也可以看作中央对地方的转移支付，但是在财政包干体制中，并没有明确提出转移支付的概念。

分税制改革初期，在 1994 年中央财政集中的财力还很有限，没有财力建立转移支付制度，先行实施的是税收返还制度。从 1995 年开始，中央财政在集中了一定的财力之后，开始建立过渡期转移支付办法。随着中央集中的财力增加，逐步过渡到规范的转移支付制度。

1995—2005 年，中央对地方的转移支付制度的框架和主要内容（见图 3-2）。中央财政向地方的转移支付主要包括两大类：财力性转移支付和专项转移支付。

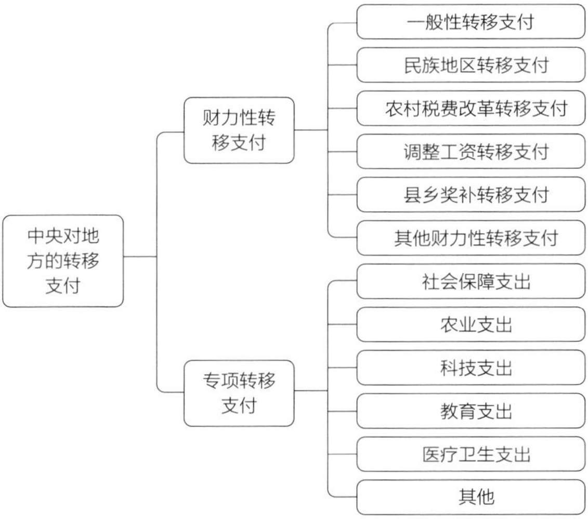

图 3-2　中央对地方转移支付分类

资料来源：李萍主编：《中国政府间财政关系图解》，北京：中国财政经济出版社，2006 年版，第 50 页。

1．财力性转移支付

财力性转移支付是过渡期转移支付所使用的概念，过渡期转移支付结束后，财力性转移支付概念改为一般性转移支付，将其作为与专项转移支付对应的类别概念；类别内的一般性转移支付概念改为财力性转移支付。这类转移支付的基本目标和功能是促进各个地方政府财政提供的基本公共服务财力的均等化。缩小地区之间财政支出的差距。

一般性转移支付按照公平、公正、公开、循序渐进和适当照顾老少边区的原则，主要参照各地标准财政收入和标准财政支出的差额，以及可用于转移支付的资金规模等客观因素，按统一公式计算确定。标准财政收入是指各地的财政收入能力，主要按税基和税率分税种测算；标准财政支出是指各地达到均等化基本公共服务水平的财政支出需求，主要按地方政府规模、平均支出水平和客观因素测算。标准财政收入小于标准财政支出的差额，决定了中央财政转移支付的数额。

1995 年中央财政对地方的一般性转移支付规模是 21 亿元，2005 年增加到 1121 亿元，年均增长 48.8%。[①]

2．专项转移支付

专项转移支付是按照政府间支出责任划分，由上级政府对承办委托事务、共同事务以及符合上级政府政策导向事务的地方政府所给予的补助。专项转移支付多与中央政府的部委有关，由中央各个部委，即“条条”下达事务和资金。该类转移支付具有专款专用性质，所以又称为有条件补助或专项拨款。专项转移支付一般还具有需要地方政府配套资金的特点，也就是说完成某项事务或者项目，需要地方财政出一部分资金，上级政府的专项转移支付配套出另外一部分资金。

从 1993 年中央对地方的专项转移支付资金 361 亿元，到 2005 年增加到 3517 亿元，年均增长 23%。[②]

第三节　分税制改革评析

我国分税制改革经过艰难的推进，取得历史性成功。在中央与

① 叶振鹏、梁尚敏主编：《中国财政改革二十年回顾》，北京：中国财政经济出版社，1999 年版，第 86 页。

② 叶振鹏、梁尚敏主编：《中国财政改革二十年回顾》，北京：中国财政经济出版社，1999 年版，第 86 页。

地方财政管理体制的改革中具有里程碑的意义。1994—2021年，中央与地方财政管理体制虽然历经多次调整，但是都没有离开分税制改革奠定的体制基础。

一、扭转“两个比重”下降的局面

分税制财政管理体制明确了中央和地方的收入范围，充分调动了各级政府发展经济和组织收入的积极性，彻底扭转“两个比重”下降的势头。财政收入占GDP比重、中央财政收入占全部财政收入的比重逐年提高。

1994—2005年，全国财政收入由5218亿元增加到31689亿元，年均增长17.8%。财政收入占GDP比重由1994年的11.2%提高到2005年的21.3%。中央财政收入由2907亿元增加到16813亿元，年均增长17.3%。中央财政收入占全部财政收入的比重从1993年的22%，提高到2005年的52.3%（见图3-3）。

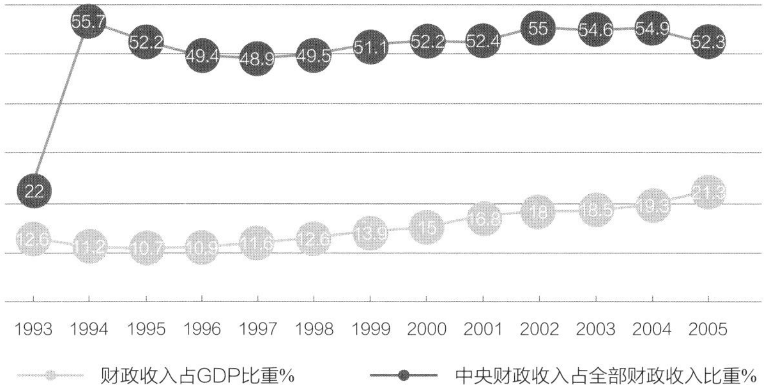

图3-3 “两个比重”变化图

资料来源：刘佐：《40年来中国税制改革的简要回顾（1978年—2018年）》，《中国税务报》，2019年1月17日。

二、中央财政再分配起到均衡地区间财力差距的作用

分税制改革使财政收入由“先下后上”改为“先上后下”，中央财政由被动转变为主动，中央财政再分配的能力大大提高。在集中了一部分财力的基础上，中央财政通过转移支付，将经济发达地区的财政资金转移到经济落后地区，增加了经济落后地区的人均财力，取得一定的均等化效果。

用人均财政收入基尼系数描述均等化效果。1994 年，各个地区的一般预算收入基尼系数为 0.42，加上税收返还因素、财力性转移支付和专项转移支付之后，基尼系数下降到 0.38，下降了 0.04。到 2005 年，中央财政转移支付之前的各个地区的一般预算收入的基尼系数为 0.47，经过中央财政转移支付后，各个地区的基尼系数下降到 0.33，下降了 0.14。

经过中央财政的转移支付，有力地促进了中国东中西部地区经济的协调发展和基本公共服务差距的缩小。

三、建立相对稳定的财政管理体制

分税制财政管理体制的确立，使得我国的政府间财政关系进入了一个稳定发展阶段，但还存在一些需要完善之处。完善体制的动因包括：一是分税制实施以来，原本遗留的一些问题，需要通过完善体制加以解决；二是税制的调整引起的中央财政与地方财政收入划分必须相应进行调整；三是政府间的事权和支出责任的变化，导致各级政府间财政支出范围需要调整。但是，1994—2021 年的 20

多年间，这一体制的基本格局没有改变，只是在政府间具体的财政支出责任和收入划分进行了不断的完善。

四、提高中央政府宏观调控能力

从20世纪80年代末到90年代末，我国经历了两轮大的宏观调控过程。一是在20世纪80年代末到90年代初，全国出现经济过热现象，如开发区热、房地产热等，导致严重的重复建设、投资规模过大、金融秩序混乱、通货膨胀和物价上涨较大等。针对这些情况，宏观调控采取适度从紧的财政政策和货币政策。二是1997—1998年，由亚洲金融危机引发了我国金融风险，当时国内遭受了历史上罕见的南北洪涝灾害。面对这些情况，中央及时采取积极财政政策，向国有独资银行发行了2700亿元的特别国债，用于补充国有独资商业银行的资本金；向商业银行增发1000亿元国债，专项用于基础设施建设，拉动国内需求等财税措施。

分税制改革为加强中央财政的宏观调控提供了有利的体制支撑，使中央财政能够控制必要财力，实施宏观调控措施，这对确保实现经济社会稳定发挥了显著的作用。

五、分税制财政管理体制尚存在问题

分税制体制是矫正财政包干体制弊端的关键性改革。在分税制改革的过渡期之后，中央财政与地方财政的收入格局与支出格局发生了根本性扭转，但同时也产生了一些问题。

（1）地方财政的支出责任与收入不相匹配，地方财政支出的事权和支出责任呈现不断增加的态势，而收入的增加滞后于支出的增加。许多地区的地方基层财政困难有增无减。

（2）许多地方财政对中央财政的转移支付的依赖程度在不断提高，表现在中央对地方的补助比例逐步提高。1994—2005 年，中央对地方的转移支付占地方财政支出总额的比重从 12.7%提高到 29.5%。

（3）中央财政转移支付的效率需要不断提高，尤其是专项转移支付。这种有条件的、需要地方政府配套资金的转移支付效率低下，既会产生大量的国库资金沉淀，又会加剧地方财政困难。

（4）地方政府的“土地财政”和债务问题，都与地方政府财政困难有关系。

这些问题也成为后续财政管理体制改革和完善的背景和动因。

第四章
分税制的重要前提条件：1993—1994 年税制重大改革

▼

广义的分税制改革是一个系统工程，既包括狭义的分税制改革，即中央与地方财政管理体制改革，也包括税制的全面改革，以及其他相关的配套改革。1993—1994 年，我国实行的税制重大改革是中央与地方财政管理体制的分税制改革的重要前提条件。分税制中的中央与地方财政收入划分就是划分税种，因此税制改革是广义分税制改革的必要组成部分，是狭义分税制改革的前提条件。

第一节　税制重大改革的酝酿与决策

一、税制重大改革的背景

在我国，两步利改税之后形成的 30 多个税种的税制体系，是多税种、多重复、多环节征收的复合税制。这一税制体系存在着许多问题，是一个过渡性的税制。除了涉外所得税制是全国人民代表大会立法，绝大多数税制采取了国务院暂行条例的行政法规方式，说明随着整个经济体制改革的推进，税制需要进一步改革。因此，早在 1985 年前后，我国就开始酝酿新一轮的税制改革。国务院和财税主管部门在多次会议上提出进一步改革和完善税制的要求和设想（见表 4–1）。

表 4–1　1985—1992 年关于深化税制改革的要求和设想

时间	会议	主要内容	备注
1985 年 4 月 5 日	国家领导在国务院常务会议上的讲话	充分肯定两步利改税的成绩，同时指出上述改革还不够彻底，要准备实行利改税第三步改革。	停留在有计划商品经济阶段。
1985 年 7 月 23 日	财政部国家税务总局局长在全国税务工作会议上的讲话	利改税改革无论在深度上还是在广度上都还不够完善，新建立的税种许多还是试行条例，需要在实践的基础上总结完善，完成立法。有的税种还是一个按对象分立税种，要逐步过渡到统一设立税种的过程等。	—
1986 年 3 月 25 日	国家领导在六届四次会议的《关于第七个五年计划的报告》	要进一步完善财政、税收制度，按照税种划分中央、地方的财政收入，明确中央、地方的财政支出范围。	—
1987 年 10 月 25 日	国家领导在中国共产党第十三次代表大会上的报告	要逐步健全以间接管理为主的宏观经济调节体系，改革财政税收体制，根据公平税负、促进竞争和体现产业政策的原则，合理设置税种，确定税率，在合理划分中央和地方财政收支范围的前提下实行分税制，正确处理中央和地方，国家、企业和个人的经济利益关系。	开始转向分税制
1987 年 12 月 5 日	财政部国家税务总局局长在全国税务局长座谈会上的讲话	1988 年和以后的税制改革主要任务：实行“税利分流”试点；完善增值税制度；进一步研究涉外税制和国内税制统一的问题；研究修订个人所得税法，在适当时机将个人收入调节税并入个人所得税等。	—
1988 年 3 月 25 日	第七届人大第一次会议的《政府工作报告》	未来五年，要逐步完善税制，适当调整税种、税率，积极创造条件，向分税制和税后还贷制过渡。	—

续表

时间	会议	主要内容	备注
1989 年 8 月 30 日	国家税务总局局长在全国税务工作会上的讲话	提出制定“八五”期间（1991—1995 年）税制改革的总体设想。根据这次会议对国家税务总局提出的《“八五”期间和今明两年改革工商税制的总体设想（征求意见稿）》讨论的意见，经过进一步修改，国家税务总局正式提出了《关于今后十年间工商税制改革的总体设想》。	—
1990 年 4 月 2 日	—	国务委员兼财政部部长对《关于今后十年间工商税制改革的总体设想》予以肯定批示。	—
1992 年 2 月 25 日	国家税务总局印发《税务工作十年规划和“八五”时期计划纲要》	提出未来十年中国税制改革的任务和改革重点。	—

资料来源：刘佐：《新中国税制60年》，北京：中国财政经济出版社，2009年版，第189-191页。

根据利改税中建立的工商税制存在问题，以及财政包干体制存在的矛盾，提出的税制改革和完善设想具有前瞻性，为 1994 年全面推进的分税制改革和税制全面调整奠定了基础。

二、酝酿过程与方案决策

（一）酝酿过程

1992 年春，邓小平视察中国南方并发表重要讲话。1992 年秋，党的十四大召开，明确提出中国经济体制改革的目标是建立社会主义市场经济体制。经济体制改革战略目标的确定，给税制改革提出新的任务和要求。

1992 年 6 月，国家税务局决定成立税制改革领导小组，金鑫任组长。

1992年12月28日，在全国税务局长会议上，金鑫就正确认识社会主义市场经济与税收的关系，深化税制改革问题发表讲话。他指出，中国税制的进一步改革需要把握几个特点：一是坚持实行流转税和所得税双主体的模式。在相当长的时期内，流转税在税收总额中所占比例将居第一位，这一模式是符合中国国情的。二是所有内资企业执行统一的企业所得税法。三是内资企业和外资企业实行相同的流转税法。四是用所得税规范国家和企业的分配关系，承包制是过渡性的。五是流转税采取价内税，这是多年来形成的符合中国国情的做法。六是企业所得税采取比例税率，个人所得税采取超额累进税率，这是国际上通行的做法。七是全面推行增值税，部分产品交叉征收产品税。以中性增值税实施普遍调节，以产品税实施特殊调节。八是缩小名义税率与实际税负的差距，以便进一步使纳税人合理负担税收。九是简化税制，减少税种，将30多种工商税收减少到20种左右，等等。

1993年4月19日，国务院在机构改革中将国家税务局改名为国家税务总局，并升格为国务院直属机构。

1993年4月23日、29日，先后两次召开中央财经领导小组会议，研究税制改革工作。4月29日的会议对税收工作提出重要意见：一是要抓住时机，积极推进税制改革。二是要坚持税制改革的正确原则，努力建立具有中国特色的社会主义税收体系。三是要加强税收征管，切实改进税收工作。会议的决议中提出：税制改革涉及面广、影响大，既要积极，又要稳妥；要同投资体制、企业体制、财政体制等方面的改革协调配套进行。会议结束后，国家税务总局和有关部门，根据中共中央、国务院的指示，抓紧制定全面税制改革的方案和改革准备工作。

（二）方案决策

1993 年 7 月 22 日，国务院总理办公会议决定，为了保持中国经济的持续、快速和健康发展，要加快实施财税体制改革的步伐，将原定分步实施的改革设想修正为一步到位，自 1994 年 1 月 1 日起实施。

1993 年 7 月下旬至 8 月中旬，根据国务院部署，国家税务总局起草了《关于税制改革的实施方案（要点）》，并上报国务院。8 月下旬至 9 月上旬，国务院常务会议和中共中央政治局常委会议先后听取了国家税务总局关于税制改革问题的汇报，审议并通过实施方案。

1993 年 10 月中旬，为了做好实施税制改革方案的准备工作，国家税务总局召开了全国税制改革工作会议，进一步研究改革方案和即将出台的一系列新的税收法规草案或者讨论稿等。

1993 年 11 月 25—26 日，国务院总理办公会议、国务院常务会议先后审议并原则通过了国家税务总局报送的《工商税制改革实施方案》和增值税、消费税、营业税、企业所得税、资源税、土地增值税等 6 个税种暂行条例的草案。

第二节　税制调整的主要内容

一、税制调整要点与税制体系的构成

（一）税制调整要点

率先启动改革的是统一个人所得税制。1993 年 10 月 31 日，第八届全国人民代表大会常委会第四次会议通过《关于修改〈中华人民共和国个人所得税法〉的决定》，自 1994 年 1 月 1 日起实施，同时废止国务院 1986 年发布的《中华人民共和国城乡个体工商业户所得税暂行条例》和《中华人民共和国个人收入调节税暂行条例》。这样，统一个人所得税制的改革基本完成。

1993 年 12 月，工商税制改革启动。国务院发布《中华人民共和国增值税暂行条例》《中华人民共和国消费税暂行条例》《中华人民共和国营业税暂行条例》《中华人民共和国企业所得税暂行条例》《中华人民共和国土地增值税暂行条例》5 个税种。12 月 25 日，国务院发布《中华人民共和国资源税暂行条例》。合计 6 个税种。上述 6 个税种暂行条例的实施细则，财政部于 1993 年 12 月 25 日—1995 年 1 月 27 日期间先后发布。

（二）税制体系构成

1994 年改革后的中国税制体系相对 1984 年的税制体系有了重大的改进，由 38 个税种精简到 24 个税种，尤其是流转税类和所得税类，精简后共有 7 个税种，其中流转税有 4 个税种，所得税有 3 个税种（见图 4–1）。

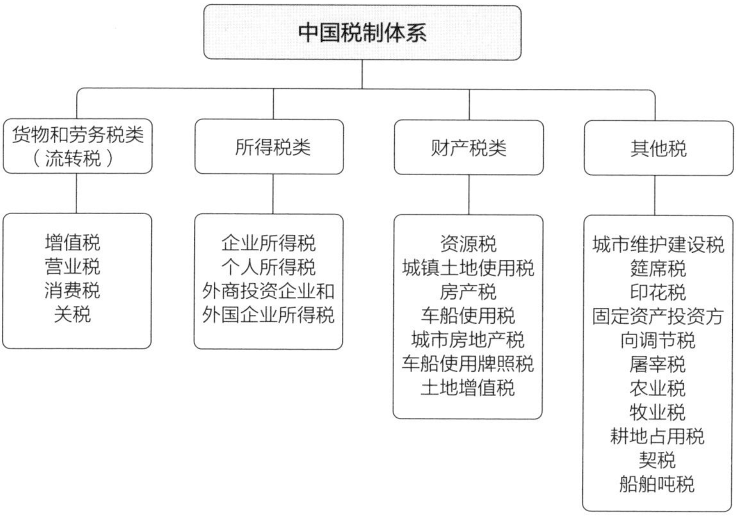

图 4-1　1994 年中国税制体系

资料来源：根据《新中国税制 60 年》《中国财税改革三十年：亲历与回顾》相关资料整理。

二、主要税种简介

此次我国税制调整涉及多个主要税种，并相应作出了明确规定。

（1）增值税。本次税制改革扩大了增值税征收范围，由原增值税只对部分工业产品在生产制造环节征收扩大到对全部工业产品在生产制造环节和流通环节（包括批发和零售环节）征收。实行价外征税，明确价税各自功能，真正实现价税分流。将“生产型”增值税改变为“收入型”增值税，有利于发挥增值税刺激投资的作用。减少税率档次。发挥增值税中性特点，实行 17%中性税率和 13%低档税率两个基本档次税率，改变产品税多档税率的做法。实行发票与账簿相结合的进项税额扣除制，以销项税减进项税，即以进项税抵扣销项税的方法，计算应缴增值税额。

经过这次改革，增值税成为我国税制体系中的第一大税种。

（2）营业税。对从事交通运输业、建筑业、金融保险业、邮电通信业、文化体育业、娱乐业等服务业，提供劳务、转让无形资产和销售不动产的各类企业、单位、个体经营者和其他个人征收的一种税，计税依据是营业额，税率分行业设置，一般为3%—5%。营业税是地方财政的第一大税种。

（3）消费税。对特定商品征收的流转税。征税对象包括烟、酒和酒精、化妆品、护肤护发品、贵重首饰和珠宝玉石、汽油、柴油、摩托车、小汽车等11种产品。纳税人为在中国境内生产、委托加工和进口应税消费品的各类企业、单位、个体经营者和其他个人。计税依据为销售收入或者进口时组成计税价格，税率分产品设计，从3%到45%不等。消费税是在增值税进行一般调节的基础上进行的特殊调节。

（4）企业所得税。各类所有制的国内企业统一征收企业所得税。计税依据为应纳税所得额。一般企业适用33%的比例税率；微利企业暂时适用27%或者18%的比例税率。各大银行和中国人民保险公司适用55%的比例税率，其他金融机构适用33%的比例税率。企业所得税和外商投资、外国企业所得税制度依然是两套税制。

（5）个人所得税。1993年10月立法的个人所得税，基本完成了统一内外资、国内各类所有制的个人所得税制度。废止了各种奖金税和个人收入调节税。

（6）资源税。在我国境内开采应税矿产品和生产盐的各类企业、单位、个体经营者和其他个人应缴纳资源税，应税矿产品包括石油、天然气、煤炭、其他非金属矿原矿、黑色金属矿原矿、有色金属矿原矿和盐7种。计税依据为应税产品的销售数量和自用量。实行幅度税额税率，如原油的税额标准为每吨8~30元，根据矿产的级差收入实行差别税率。将盐税并入资源税，作为资源税的税目之一。

（7）土地增值税

纳税人为出售或者其他方式有偿转让国有土地使用权、地上建筑物及其附着物（以下简称转让房地产）并取得收入的各类企业、单位、个体经营者和其他个人。征税对象是纳税人转让房地产取得的增值额，计税依据为纳税人转让房地产取得的收入减除规定扣除项目金额后的余额，实行30%~60%的四级超率累进税率。

第三节　企业财务会计制度改革

财务会计制度是财税体制的组成部分，企业财务会计制度是税收计税的基础环节，行政事业单位会计制度是财政预算会计的组成部分。在我国，财政部作为财务会计制度的主管部门，负责会计准则和财务制度的制定、管理和监督。

一、财务会计制度的改革背景

1973年12月，财政部颁布《国营企业会计工作规则》，这是规范国营工业企业会计工作的重要制度。

1978年12月召开党的十一届三中全会以后，在1979年4月召开的中央工作会议上，“调整、改革、整顿、提高”八字国民经济方针得以确立，成为国营企业整顿的重要内容，财务会计制度的恢复和整顿受到重视。

经济体制改革全面启动以后，作为微观基础的企业财务会计制度改革成为经济体制中企业改革和财税体制改革的共同需要。由于投融资体制改革、税收体制改革、外汇管理体制改革等的推进，使得原有的企业财务会计制度已经不适合经济改革的需要。尤其在对外开放以后，原有的企业财务会计制度与国际惯例存在较大差距。在记账方法上，农业企业采取增减记账法，银行采用收付记账法，而国际上通行的是借贷记账法。会计核算原则，诸如权责发生制、稳健原则等还没有为我国所采用。成本核算和折旧方法，报表体系等都与国际通行惯例做法有很大区别。这种财务会计制度的差距，已经明显不利于对外开放。

随着企业转换经营机制，企业所有制形式多元化，以及股份制的发展，原有的按照企业所有制形式分别制定财务会计制度的做法已经与经济发展不相适应。为了适应整个经济体制改革、财税体制改革的需要，我国财务会计制度变革的必然性和必要性是显而易见的。

二、财务会计制度改革的简要历程

（一）第一个阶段：恢复重建阶段（1978—1991 年）

1980 年 9 月 18 日，财政部颁布《国营工业企业会计制度——会计科目》和《国营工业企业会计制度——会计报表》，是对 1973 年《国营企业会计工作规则（草案）》的重要修订和补充。

1985 年 1 月，中国首部《中华人民共和国会计法》经由第六届全国人民代表大会常委会第九次会议审议通过，于 1985 年 5 月

1 日实施。该法对会计核算、会计监督、会计机构和会计人员、法律责任等做了明确规定，并重点加强和保证了会计工作质量和会计监督两个方面。第一阶段基本上是恢复经济核算制，企业财务会计制度分行业、所有制、组织形式制定，此后于 1993 年和 2017 年进行两次修正。

（二）第二阶段：制定和实施“两则两制”（1992—1999 年）

1992 年 11 月 30 日，财政部正式发布“两则两制”*，自 1993 年 7 月 1 日起实施。

* “两则”指《企业会计准则》和《企业财务通则》，“两制”指 13 个行业会计制度和 10 个行业财务制度。

“两则两制”使得财务会计制度初步实现会计核算模式与国际通行的会计管理相衔接，开始了计划经济财务会计模式向市场经济财务会计制度的转换，为形成与社会主义市场经济体制相适应的中国会计准则体系奠定了基础。“两则两制”改革主要包括九个方面的内容。

（1）调整了会计核算的一般原则。首次明确会计核算不再是满足国家计划管理的需要，而是为了满足包括国家在内的投资者、债权人以及社会各个方面的需要，基本统一了不同所有制、不同行业、不同经营方式的会计制度原则。

（2）与国际通行会计惯例接轨。“两则两制”在许多重大方面实现了与国际会计管理协调一致。比如，确立了国际通行的“资产=负债+所有者权益”的会计平衡式；在此基础上，建立以资产负债表、利润表、现金流量表三表为核心的会计核算体系；为企业管理者决策和监督、银行以及市场资产评估，提供基础性的数据指标；同时也是为税收制度改革奠定了微观基础。

（3）财务会计制度引入了企业激励和控制原则。这一原则确保企业资产、资金管理独立的同时，保障国家作为所有者的权益。新的财务会计制度取消了沿用多年的专户存储制度，允许企业自主调配资金。

（4）明晰产权。界定所有者权益和债权人权益。改革后的财务会计制度能科学地反映企业的资产规模、债权、债务以及所有者权益结构和质量。这一改革适应了经济体制改革以后企业投资者多元化、投资渠道多元化的现实需要。

（5）实行资本保全原则。即设立企业必须符合法定要求的资本，资本金不能以任何方式抽回；提取折旧、资产盈亏不得核减资本金，而是直接计入当期损益。资本保全，对于保护投资者的权益、正确计算企业的经营成果都有重要意义。

（6）划清流动资产和非流动资产的界限。资产的流动性和非流动性在财务决策上的意义是不同的，价值运动过程不同，得到补偿的方式也就不同，根据资产的流动和非流动性需要采取相应的处理方法。旧财务会计制度隐含了这种区别，新的制度明确提出并严格划分了流动资产和非流动资产的区别和不同处理办法。

（7）实行谨慎原则。对企业可能发生的损失和费用作出合理预计，并予以入账；对可能取得的收入，则不提前入账。这个原则在旧的会计制度中是没有的，是此次改革的一大突破。

（8）采取制造成本法。这是国际通行做法，旧制度采取的是完全成本法。制造成本法既有利于简化企业核算，又有利于真实反映企业当期经营状况，彻底消除了过去完全成本法的弊端。为采取制造成本法，新制度规定了销售费用、管理费用和财务费用的内容，并规定要划清资本性支出和收益性支出的界限以及不得列入成本、费用的支出，以规范企业财务行为。

（9）规定统一利润分配，建立公积金制度。新制度规定了缴纳所得税后的利润分配顺序。建立了公积金制度，明确在向投资者分配利润之前，要提取法定公积金和法定公益金，以满足企业资本积累、自我发展的需要，以及保障职工的利益。

总之，“两则两制”在中国财务会计制度改革中是一次全面性、系统性的改革，在财务会计制度改革和发展中具有里程碑的意义。

第三阶段：适应社会主义市场经济的财务会计制度基本形成并进一步与国际惯例接轨（2000—2006 年）

社会主义市场经济中，企业自主经营的市场主体地位的确立，股份制企业的发展，资本市场的建立和发展，以及中国对外开放的扩大，中国加入世界贸易组织，这些都对规范企业财务会计制度提出了更高的要求。1999 年，全国人民代表大会对《中国人民共和国会计法》进行修订。2000 年，国务院发布《企业财务会计报告条例》。2000 年底，财政部颁布《企业会计制度》，其最大特点是“打破行业、所有制和组织形式的界限，建立企业统一的会计核算制度”[①]。2003 年，财政部开始针对部分特殊行业及业务制定会计核算办法，进一步充实和完善了企业会计制度规范体系。

通过此轮改革，我国形成以《中国人民共和国会计法》为顶层、《企业财务会计报告条例》为中层，《企业会计准则》和统一的《企业会计制度》为基层的会计制度体系；营造了以《企业会计准则》基本准则和具体准则为核心的企业会计准则体系，分行业的企业会计制度演进为统一的企业会计制度，并逐步让位于企业会计

① 《关于对企业会计核算制度改革征求意见的函》，财政部网站，2000 年 7 月 31 日。

准则体系，形成了有中国特色的社会主义市场经济企业会计制度体系。

2006 年前后，随着中国结束加入世贸组织后的过渡期，中国的企业财务会计制度进入发展期，进一步构建以与国际会计准则趋同的《企业会计准则》为核心，涵盖上市公司和非上市公司两个层级的企业会计准则体系。2010 年 4 月，财政部发布《中国企业会计准则与国际财务报告准则持续趋同路线图》，中国财务会计制度的国际化进程加快。[①]

第四节　1993—1994 年税制改革评析

1994 年的税制改革在我国财税体制改革过程中，具有里程碑的意义。通过分税制，中央财政收入占全国财政收入的比重提高，增强了中央政府在经济调控、资源配置和社会发展方面的能力。明确了各级政府的事权和财权，使财政分配关系更加规范化、制度化。有利于发挥财政政策的导向作用，引导资源在不同地区和领域的合理配置。为市场经济的发展提供了稳定的财政制度基础。这次税制改革，一方面清理和扭转了 1983—1984 年改革后税制的重复、复杂状况；另一方面开拓性地建立起以增值税为主体的流转税制，统一的个人所得税制度，奠定了社会主义市场经济体制下税制体系的基本框架。

① 徐玉德、韩彬：《中国特色社会主义企业会计制度变迁研究》，《财政研究》，2018 年 07 期。

一、1994 年税制改革的成效

（1）税制体系大大简并

由原来的 38 个税种简并为 24 个税种。建立了以增值税为主体的流转税制，彻底废止了产品税。实行以增值税、营业税和消费税三税互为补充的货物和劳务税体系。这种税制安排，一方面与国际上通行的当代税制体系相衔接；另一方面与计划经济下税制彻底割断。1994 年开始实施的新税制奠定了社会主义市场经济财税体制中税收制度的基石。

（2）基本理顺内外资企业的流转税制度

1993 年 12 月 29 日，第八届全国人民代表大会常委会第五次会议通过了《关于外商投资企业和外国企业适用增值税、消费税、营业税等税收暂行条例的决定》，同时废止《工商统一税条例（草案）》。

（3）统一国内企业所得税制度

原税制中按照所有制性质设立的国有企业所得税、集体企业所得税、私营企业所得税等全部废止，都统一按照企业所得税征收。这种改革适应企业投资已经多元化的现实，以及股份制经济的发展，有利于公平所得税税负，促进各类企业在市场机制调节下公平竞争。

（4）建立内外统一的个人所得税制

随着改革开放和经济发展，个人收入增长，我国原来针对外国人征收的个人所得税制度也可以适用国内个人收入，因此废止原来针对国内个人征收的个人收入调节税，通过完善个人所得税制度，统一对国内外个人征收个人所得税。

（5）初步达成税制简化的目的

流转税由 8 个税种减少到 4 个税种。废止了产品税、工商统一税、盐税、烧油特别税和特别消费税 5 个税种。产品税改为增值税，盐税并入资源税；新设立了消费税，特别消费税并入消费税。所得税由 13 个税种减少到 3 个税种。将国内企业各种所有制形式的所得税统一为企业所得税。国营企业工资调节税归并入个人所得税；外商投资经营企业所得税与外国企业所得税合并；取消了各类奖金税。自此，我国彻底告别了 1984 年的多税制的复合税制，向简税制迈出重要一步。

1994 年税制的重大改革，为建立社会主义市场经济体制，适应进一步对外开放，促进多种经济所有制形式共同发展以及股份制经济和资本市场的建立和发展，保证市场机制发挥资源配置的基础性作用，以及其他领域的经济体制改革，发挥了积极作用。

二、1994 年税制改革后遗留问题

1994 年，在主要税种制度改革的基础上，由于各种原因，还遗留了一些未能同时改革的税制问题。例如，在一些领域，事权和财权的界定存在模糊和不匹配的情况。由于各地经济发展水平不同，分税制在一定程度上导致了地区之间财力不均衡的问题。转移支付的规模、结构和分配方式等方面存在改进的空间等。具体来讲，涉及以下几个方面的问题。

（1）内外资企业所得税还没有统一。在我国，内资企业实行统一的企业所得税制，外商投资和外国企业适用外商投资企业和外国企业所得税制，内外资企业还实行两套所得税制度，1994 年税制

改革时还没有来得及合并。直到2007年3月，经由第十届全国人民代表大会第五次会议审议通过，内外资企业所得税合并为统一的企业所得税，自2008年1月1日起实施。

（2）增值税与营业税并存，增值税链条不完整。生产制造业及相关的流通领域实行增值税，第三产业基本实行营业税制度。第二产业和第三产业适用不同的流转税制，两套税制计税依据不同，税收负担不同。这就造成两方面的弊端：一是增值税本身链条不完整，比如交通运输的税收成本是营业税，不能从产品生产环节交纳的增值税中抵扣；从产业流程来看，服务业处于生产和流通的必要中间环节，而营业税不能抵扣，所以增值税的抵扣链条是不完整的。二是由于第二产业和第三产业实行的是两套流转税制，税收负担不一样，使得资源不能按照公平的外部环境进行配置，造成市场机制调节在税制干扰下是不稳定的。1994年由于税制改革的内容较多，任务十分繁重，还无法一步到位地在所有产业统一实行增值税制度，因此，只能先实行增值税与营业税两套税制并存。从2012年开始至2016年，我国营改增改革才完成。

（3）内外资财产税制还没有统一。在我国，内资企业和外资企业实行不同的房地产税制，内资企业实行房产税和城镇土地使用税，外资企业实行城市房地产税，两套房地产税的计税依据和税负水平不尽相同。1994年，我国税制改革和调整还没有顾及统一内外资企业房地产税制。城市房地产税于2009年1月1日起废止，外商投资企业、外国企业和组织以及外籍个人缴纳房产税，实现了内外资房地产税制度的统一。

（4）大税种改革力度较大，地方小税种改革力度比较小。从税制体系总体来看，1994年主要是对大的税种进行了税制改革和调整，尤其集中解决了货物和劳务税类以及所得税类的税种设置和减并。财产税类和其他地方小税种的改革还没有顾及上，1995 年以后，税制的完善工作才逐步展开。

（5）农业税和牧业税等涉农税制改革滞后。在 1993—1994 年的税制改革和调整中，基本没有涉及农业、农村和农民即“三农”的税收制度。1998 年之后，开始集中整顿乱收费和进行“税费改革”，农村税费问题得到整治，直至 2006 年我国废止了农业税。

第五章
财税体制改革的基础工程：预算管理制度改革

▼

我国的预算管理制度改革，包括预算外资金的治理、“费改税”、建立统一的公共财政预算，以及预算管理相关的各项支出管理制度改革。预算管理制度改革是政府财政制度自身改革，是财税体制改革的基础工程。我国的预算管理制度体现在明确国家财政目标、优化资源配置、强化财政监督、促进政策落实以及提高政府透明度和公信力等方面，不仅有助于推动政府工作的规范化和科学化，还有助于促进经济社会的全面发展和进步。

第一节　预算外资金管理改革历程

一、预算管理制度改革背景

（一）问题导向

长期以来，我国财政领域始终存在着预算外资金的问题。预算外资金是指根据国家财政制度和财务制度的规定，不纳入国家预算，由地方各部门、各企事业单位自收自支的资金。它是国家预算资金的必要补充，具有分散性、法定性、专用性的特点。

1993年以前，我国的预算外资金包括国有企业及其主管部门集中的各种专项基金、地方政府或中央主管部门管理的预算外资金。随着预算管理体制改革的深入和完善，1993年以后，对预算外收入的范围进行了调整，将拥有法人财产权的企业及其主管部门集中的资金不再列作预算外资金，1993—1995年预算外资金收入项目只包括行政事业性收费和地方财政收入两部分。

新中国建立初期就有财政预算外资金，当时的资金规模非常小，只是零星的收支，作为预算内资金的补充。在“文化大革命”期间，由于财政资金困难，采取允许各个地方财政和预算单位通过自筹方式“创收”，取得资金经费，补充财政预算资金拨款不足的政策。这一时期，预算外资金迅速膨胀，1976年已相当于预算内收入的35.5%。

1979年，我国进入全面经济体制改革的新时期，对地方财政扩大了自主权，对企业放权让利，形成了一部分预算外资金，也促使预算外资金的增长超过了任何一个时期。1992年预算外资金增长比1978年增长11倍，相当于预算内收入的97.7%。预算外资金历年增长速度均超过同年的GDP和预算内收入的增长速度，造成政府财政资金的严重分散。

由于实行自收自支，预算外资金管理不严，财经纪律松弛，化预算内为预算外、化生产资金为消费基金、化公为私等现象滋长和蔓延。预算外资金迅速增长，是预算内收入占GDP的比重偏低的重要原因，也是当时固定资产投资规模膨胀和消费基金膨胀的重要原因。一方面，财政预算内资金紧张，财政预算管理的范围被缩小；另一方面，预算外资金支出不受预算控制，政府部门乱收费和预算外资金收支管理的无序化，成为经济运行和财政预算管理中的严重问题。

（二）“费改税”迫在眉睫

预算外资金的重要来源是各级政府机构的各项收费，因此治理预算外资金收入源头首要就是治理政府的各项收费。根据国家计委、国家经贸委、财政部、监察部、审计署、国务院纠风办等单位联合通知，取消的行政事业性收费（基金）项目数推算，政府部门的各项收费种类繁杂，数额相当可观。

1997 年 7 月—1998 年 3 月，中央各部门、省、地三级共取消不合理收费 20516 项，共计 363.5 亿元，几乎相当于 1996 年全国国有企业实现利润的总和。另外，根据报道，在湖北省利川市，从上到下行政事业收费竟高达 2200 多项。[①]

1998 年 3 月，第九届全国人民代表大会第一次会议举行记者招待会。朱镕基在回答记者提问时，将财政税收制度改革的进一步完善列为政府五项改革之一，提出现行财税制度取得了极大成功，保证了每年财政收入以很高的比例增加。但是存在的一个问题是“费大于税”。很多政府机关在国家规定以外征收各种费用，对此必须整顿和改革。也就是说，各级政府机关除了必要的规费以外，不允许再巧立名目向人民群众收费。

1983—1984 年和 1993—1994 年我国两次大的财税体制改革，基本上是针对财税体制中财政收入方面的改革，围绕着国家与企业

① 高培勇主编：《中国财税体制研究 30 年研究》，北京：经济管理出版社，2008 年版，第 122 页。

的分配关系，以及中央与地方财政的分配关系进行的改革。对于财政支出方面的改革，相对比较少。

无论是解决“费改税”问题，还是治理预算外资金，最终要归结到预算管理制度的改革上。因此，在 20 世纪 90 年代末期到 21 世纪初，我国多项预算管理制度改革相继推出。

二、预算外资金管理的改革措施

为了加强预算外资金的管理，国务院于 1986 年下发《关于加强预算外资金管理的通知》，要求对预算外资金实行规范管理，各级政府和财政部门据此相继实行了“计划管理，财政审批，专户储存，银行监督”的管理办法。但是，随着我国经济体制改革的不断深入，社会财力分配格局和经济活动发生了很大变化，1986 年的预算外资金管理制度已不能完全适应市场经济发展和政府宏观调控的需要，也不能保证防范腐败和廉政建设的要求，预算外资金管理中存在的问题越来越突出。

1996 年 7 月，针对预算外资金制度与管理中存在的问题，国务院颁布了《关于加强预算外资金管理的决定》，系统规定了预算外资金管理的政策措施，指明预算外资金管理的工作方向，标志着我国预算外资金管理工作进入一个新阶段。

同 1986 年的《关于加强预算外资金管理的通知》相比，1996 年颁布的这一决定无论在管理的广度上还是在深度上，都有实质性的突破。

一是在预算外资金的性质上，明确规定预算外资金是国家财政性资金，不是部门和单位的自有资金，必须纳入财政管理。二是在预算外资金的管理方法上，改变过去部门和单位自收自支、坐收坐支的管理办法，要求参照预算内资金管理模式，建立预算外资金的预决算制度。三是在财政部门与其他部门之间的关系上，明确规定财政部门是预算外资金管理的职能部门，财政部门要积极做好各项服务工作，及时拨付预算外资金。四是从长远发展和整体管理模式上，提出加强预算外资金管理，不是使其规模不断扩大，而是最终要全部纳入预算内管理。为了贯彻落实《国务院关于加强预算外资金管理的决定》，财政部先后制定了《预算外资金管理实施办法》《中央预算外资金财政专户管理暂行办法》等配套文件，同时，在《事业单位财务规则》中还增加了有关预算外资金财务管理的规定。

2011 年，预算外资金全部纳入预算管理。根据财政部《关于将按预算外资金管理的收入纳入预算管理的通知》有关要求，自 2011 年起，除教育收费纳入财政专户管理外，其他预算外资金全部纳入预算管理。这意味着从 2011 年开始，预算外资金成为历史，我国的财政进入全面统一预算管理的新阶段。

三、确立公共财政目标

纵观我国财税体制改革的历程，各个阶段的改革基本上是以财税体制的局部性突破为特征。比如，利改税主要是调整国家与国营企业分配关系的改革，继而开始税制改革；“分税制”改革是调整中央和地方财政管理体制，并同时推进税制改革。这些局部性的突破，逐步形成了财税体制改革的整体画卷。但是，对于适应社会主义市场经济体制的财政改革目标的描述，还没有形成整体性的概括。

1998年12月15日，全国财政工作会议明确提出“积极创造条件，逐步建立公共财政基本框架”的改革目标。从此，作为我国财政改革与发展目标的明确定位，公共财政建设正式进入政府部门的工作议程。

公共财政是相对于计划经济条件下的建设性财政而言的。财政收支的主要目的是为了提供公共产品，财政资金突出公共性特征，逐步退出经营性与竞争性经济领域。市场经济的基本特征，就是市场机制在资源配置中起基础和决定性作用。凡是市场办得了、办得好的，就不应由政府承担。因此，财政资金必须逐步退出应由市场配置资源的经营性和竞争性领域，转到满足社会公共需要的方面来，逐步提高财政对政权建设、教育文化、科学事业以及基础设施建设、环境保护等公共需要的保障能力。

首先，需要科学界定和规范财政资金的供给范围。规范财政资金供给范围，是构建公共财政基本框架、提高财政保障能力和支出效率的基础和前提。通过转变财政支持经济发展的方式，逐步减少直至取消财政对一般竞争性领域的投资拨款，集中财力，保障政权建设和科技、教育、社保、农业、生态和基础设施建设等重点领域和项目的支出需要。

其次，逐步建立规范的政府收入保障体系。按照公共财政要求，应根据公共产品和私人产品的划分和对它们各自保障方式的不同，对现行的税费收入体系进行合理调整和定位，逐步建立以税收为主、收费为辅的政府收入机制。将现有收费中一些不具有公共产品性质，不再体现政府职能，可以按照市场机制运作的收费方式，逐步推向市场，依法经营和纳税。根据纯公共产品由税收提供保障的观点，取消收费中用于提供纯公共产品、具有税收特征的收费，代之以税，进行“费改税”。保留现行收费中那些用于提供受益面确定、体现受益性原则比较明显的准公共产品的收费，并进行合理规范。通过税收与收费的科学“归位”，不断提高公共财政的保障能力。

最后，积极推进公共财政的预算管理制度改革，这是公共财政顺利推行的重要保证。将政府财政收入，包括税收、政府性基金以及各种非税收入全部纳入预算管理；形成统一、复式预算管理体系。对预算支出实行国库集中支付制度，一部分财政支出实行政府采购制度，提高预算的透明度，实行部门预算、公开预算、绩效预算。提高财政预算支出的使用效率。

公共财政目标的提出，为我国财税体制的进一步改革指出了明确方向，由改革初期的问题导向性改革，提升到目标导向性改革。

四、制定并颁布《中华人民共和国预算法》

在 1993—1994 年财税改革的基础上，我国财政预算管理的法治化时机成熟，改革成果需要通过立法加以规范和巩固。

1994 年 3 月 22 日，第八届全国人民代表大会第二次会议通过《中华人民共和国预算法》，于 1995 年 1 月 1 日实行。这是我国第一部财政大法，之前的法律法规都是以国务院行政条例方式颁布的。制定《预算法》的目的，是为了强化预算的分配和监督职能，健全国家对预算的管理，加强国家宏观调控，保障经济和社会的健康发展。

《中华人民共和国预算法》和财税体制改革的进一步深化，直接触及一些引起广泛关注的热点问题。

（一）关于预算级次的划分

《预算法》规定：国家实行一级政府一级预算，设立中央，省、自治区、直辖市、设区的市、自治州，县、自治县、不设区的市、市辖区，乡、民族乡、镇五级预算。

不具备设立预算条件的乡、民族乡、镇，经省、自治区、直辖市政府确定，可以暂不设立预算。

在实践中，中央财政对地方财政的转移支付规模越来越大。在中央转移支付资金向县以下资金转移支付的过程中，存在着资金被县以上政府财政截留，或者转移支付数量不足、资金到达时间过长等现象和问题，造成地方基层县乡政府财政困难。为此不少省级政府采取了“省直管县”的做法，客观上减少了省以下财政预算的级次，促进了各级转移支付资金直达基层政府，保证了基层政权的正常运转。

2020 年，受到新冠肺炎冲击，经济增长和财政收入都受到影响。中央决定采取减税降费的一系列政策，支持经济恢复和抗击疫情。为此，采取扩大财政赤字，新增 2 万亿元财政资金，实施规模性纾困政策，其中绝大部分纾困资金要转移到地方基层财政，用于缓解县乡一级的财政困难。中共中央、国务院决定建立财政资金直达机制，也称为特殊转移支付机制，就是将新增财政资金直达市县基层，直接惠企利民。这是党中央、国务院作出的重大决策部署，是扎实做好“六稳”*工作、落实“六保”**任务的重要举措。

* “六稳”指稳就业、稳金融、稳外贸、稳外资、稳投资、稳预期，涵盖了我国目前经济生活的主要方面。

** 六保指保居民就业、保基本民生、保市场主体、保粮食能源安全、保产业链供应链稳定、保基层运转。

特殊转移支付机制主要内容有以下几个方面：一是明确资金范围。主要是新增财政赤字和抗疫特别国债 2 万亿元资金。二是细化分配流程。根据正常转移支付、特殊转移支付、抗疫特别国债等各类资金特点，分门别类细化制定资金直达流程。三是加强资金监控。建立直达资金监控系统，实现全覆盖、全链条监控，确保资金下达和资金监管同步“一竿子插到底”。四是压实地方责任。省级财政部门要当好“过路财神”，及时将资金全部下达到市县，也要将更多的自有财力下沉基层，不做“甩手掌柜”。市县财政部门要科学安排财政支出，强化公共财政属性，以民生为要，努力做到应保尽保。五是加强监督问责。财政、审计、人行等部门密切配合，加大对直达资金的监督力度，确保资金直达市县基层，直接惠企利民。

建立特殊转移支付机制在保持现行财政管理体制不变、地方保障主体责任不变、资金分配权限不变的前提下进行，按照“中央切块、省级细化、备案同意、快速直达”的原则直接快速下达市县基层。重要的是，中共中央和国务院要求研究建立常态化的财政资金直达机制，以改革的办法提高财政资金效能，更好地服务经济社会发展大局。

上述实践中出现的问题和采取的对策表明，预算级次的划分与中央财政转移支付制度之间，还存在着体制和机制上的矛盾，需要通过财税体制进一步改革和完善，创新体制和机制，在条件成熟时再进一步修订《预算法》。

（二）关于财政收支平衡

《预算法》规定：各级预算应当做到收支平衡。计划经济时期，财政预算要求收支平衡。1978 年改革开放以前，预算收支平衡是常态，出现赤字是非常态。在 1950—1978 年的 29 年间，财政预算的结余年份是 19 年，占 65.5%，出现赤字的年份是 10 年，占 35.5%，即三分之二的年份是有结余的，三分之一的年份是有赤字的。[①]

改革开放以后，在1979—2008年的30年中，只有1981年、1985年和2007年这三个年份是有结余的，其余27年均有赤字。[②]从实践来看，财政预算收支平衡实现难度很大。

（三）关于分税制

《预算法》规定：国家实行中央和地方分税制。这条规定通过法律规定将中央与地方财政的分配关系相对稳定下来。2016年，我国全面推开营改增后，由于地方财政第一大税种——营业税被废止，引发了中央与地方财政收入划分的大调整。尽管分税制体制没有实质性改变，但是中央与地方财政的收支划分调整一直处于变动之中。

（四）关于地方政府发债

《预算法》规定：地方各级预算按照量入为出、收支平衡的原则编制，不列赤字。除法律和国务院另有规定外，地方政府不得发行地方政府债券。

在《预算法》规定不允许发行地方债券的约束下，地方政府通过建立地方融资平台筹措资金，导致地方政府债务累积迅速，而且缺乏规范管理，形成政府债务和金融风险。2014年8月，《预算法》进行修订，将这条规定改为允许地方政府在一定约束条件下发行地方政府债券。

---

① 中华人民共和国财政部综合计划司编：《中国财政统计》，北京：中国财政经济出版社，1987年版，第15页。

② 国家统计局编：《中国统计摘要2009》，北京：中国统计出版社，2009年版，第35页。

上述情况表明，随着我国财税体制改革的深入，财税制度一直处于不断的变化之中，法律法规也就需要不断地修订和完善。《预算法》的制定和颁布，基本形成以《宪法》为原则，《预算法》为主体，《预算法实施条例》和地方性法规、规章为补充的，适应社会主义市场经济体制和宏观经济调控需要的财政预算管理的法律法规体系。

第二节　清理乱收费与“费改税”

政府财政的收入方式主要包括税收、非税收入、债务收入等。非税收入是国际上的一种通行概念。收费收入属于非税收入的一种，是政府财政收入合理运用的收费方式。但如果政府各个部门提供的公共服务采取过多的收费方式，就属于不正常的乱收费行为，这不仅会加重企业和公众的负担，而且会冲击政府财政税收。由于收费方式没有税收方式的约束力强，收费收入一般不需要法规程序，收费行为往往是政府各个部门依据行政权力做出的。

1996 年中央批准设立的收费项目 344 个，地方政府批准的收费项目最多的省有 470 个项目，最少的省有 50 多个项目，全国政府性基金共有 421 项。如果加上地方擅自设立的收费项目数量庞大，大多集中在县乡两级政府的各个部门，收费总量达 3315 亿元，为当年预算内收入的 45%。[①]

① 叶振鹏、梁尚敏主编：《中国财政改革二十年回顾》，北京：中国财政经济出版社，1999 年版，第 200 页。

一、清理整顿“乱收费”

从1995年开始，我国开始进行治理乱收费的“费改税”尝试。针对向企业乱收费的问题，1997年，中共中央、国务院下发《关于治理向企业乱收费、乱罚款和各种摊派等问题的决定》，要求坚决取消不符合规定的向企业的行政事业性收费、罚款、集资、基金项目和各种摊派。全面清理按规定未被取消的向企业的行政事业性收费、罚款、集资、基金项目和各种摊派。对不合理的项目要坚决取消并向社会公布。合理的项目可以保留，但要把收费标准降低。重复征收的项目要合并，凡需保留的和合并的项目，要按照管理权限从严重新审批。建立健全向企业的行政事业性收费、罚款、集资、基金项目的审批监督管理制度。防止截留、挤占和挪作他用。加大执法力度，加强监督检查，组织力量对重点地区、部门和单位进行重点检查和审计。[①]

根据《关于治理向企业乱收费、乱罚款和各种摊派等问题的决定》，财政部和国家计委分三批取消部分不合理的行政事业性收费（见表5–1）。1997年，我国分三批公布取消的不合理、不合法的收费和基金共计727项，减轻企业负担370多亿元。[②]

---

① 《中共中央 国务院关于治理向企业乱收费、乱罚款和各种摊派等问题的决定》，《中华人民共和国国务院公报》，1997年24期。

② 高培勇主编：《中国财税体制改革30年研究——奔向公共化的中国财税改革》，北京：经济管理出版社，2008年版，第201页。

表 5-1　取消行政事业收费项目行动

时间	主管部门	取消项目数	项目部门
1997 年 12 月 23 日	财政部、国家计委	29 项	涉及工商、建设、外贸、交通、外交、公安、税务、保密八个部门。
1998 年 10 月 14 日	财政部、发展改革委	20 项	涉及文化、公安、建设、旅游、广播电视、林业、口岸七个部门。
1999 年 12 月 30 日	财政部、发展改革委	20 项	涉及经贸、交通、劳动和社会保障、新闻出版、海关、环保、外汇、司法八个部门。

资料来源：高培勇主编：《中国财税体制改革30年研究》，北京：经济管理出版社，2008年版，第126页。

二、实行“费改税”

治理乱收费还有一项举措就是将一部分合理收费改为税收。“费改税”政策的核心在于对政府财政收入管理的规范化、制度化和程序化，通过“理其源、清其流、正其类、定其项”，将名为费、实为税的收费，纳入税收管理。只能采取收费形式的收入，也要严格收费程序，纳入预算管理。从总体上构建以税收为主体，辅之以少量规费收入的政府财政收入体系。

“费改税”政策当时设计的主要内容包括：一是对道路和车辆的收费，计划开征燃油税*，以取代公路养路费、公路客货运附加费、公路运输管理费等；开征车辆购置税，以取代车辆购置附加费。二是开征教育税，拟取代以统筹方式收取的城市教育费附加、农村教育事业费附加、地方教育附加、地方教育基金等。三是开征环境保护税，以取代环境保护收费、排污费等。四是开征社会保障税，以取代社会保险费等。五是开征物业税（后称房地产税），以

* 燃油税的开征经过论证，征收管理有很大难度，因此最终没有实施。

清理和取代房地产业的各种收费。

经过几年的酝酿，“费改税”政策的部分改革设想成为现实。比如环境保护税取代排污费；车辆购置税取代车辆购置费。有的设想由于各种原因被搁置，比如燃油税；有的改革还在酝酿之中，比如社会保障税、房地产税等。费改税通过取消不合理的收费项目，将其并入税收体系，有助于优化税制结构，使税制更加合理、规范。税收作为国家财政收入的主要来源，具有更高的稳定性和可持续性。费改税可以增加税收收入，为政府提供更多的财政资源，从而增强政府的宏观调控能力。费改税还有助于减少乱收费、乱摊派等现象，提高税收的公平性和透明度。税收的法定化、规范化可以保障纳税人的合法权益，减少不必要的经济负担，同时规范政府的收费行为，减少政府部门的自利动机和权力寻租现象。通过明确税收的征收标准和程序，可以约束政府行为，促进依法行政和廉洁政府的建设。

第三节　农村税费改革

在我国，农村的乱收费、乱摊派、乱集资现象在改革之前较为严重，这种状况引起了中央的高度重视。

1998 年，国务院农村税费改革工作小组成立，办公室就设在财政部，开始对农村税费改革工作进行先期调查研究。从 2000 年初开始，中央对农村税费改革历经了先整顿和清理，再逐步降低农业税费负担，直至全面取消农业税的渐进性过程。随着农村税费改革的推进，降低直至取消农业税的过程中，中央财政通过专项转移支付，支

表 5–2　农村税费改革历程

时间	中央文件	主要措施	备注
2000 年 3 月 2 日	中共中央、国务院下发《关于进行农村税费改革试点工作的通知》	取消乡统筹费、农村教育集资等专门面向农民征收的行政事业性收费和政府性基金、集资；取消屠宰税；取消统一规定的劳动积累工和义务工；调整农业税和农业特产税政策；改革村提留征收使用办法。农业税按照农作物的常年产量和规定的税率依法征收。 确定在安徽省以省为单位进行农村税费改革试点。其他省、自治区、直辖市可根据实际情况选择少数县（市）试点，具体试点工作由省、自治区、直辖市党委、政府决定和负责，试点方案报中央备案。	
2001 年 3 月 24 日	国务院下发《关于进一步做好农村税费改革试点工作的通知》	2001 年要在总结安徽等地试点经验的基础上，进一步做好农村税费改革试点工作。考虑到各地情况不同，2001 年农村税费改革是否在全省（自治区、直辖市）范围内全面推开，由各省（自治区、直辖市）党委、政府结合当地实际情况自主决定，中央不作统一规定。条件具备并决定在全省（自治区、直辖市）范围内全面推开的，其改革方案要报经国务院审批；条件暂不成熟的，要选择若干县（市）扩大试点，积累经验，为下一步全面推开作好必要的准备。	
2002 年 3 月 27 日	国务院下发《关于做好 2002 年扩大农村税费改革试点工作的通知》	2002 年扩大农村税费改革试点的范围。按照中央提出的积极稳妥，量力而行，分步实施的原则，根据 2002 年中央财政对扩大改革试点的财力安排和近年来各地的试点情况，国务院确定河北、内蒙古、黑龙江、吉林、江西、山东、河南、湖北、湖南、重庆、四川、贵州、陕西、甘肃、青海、宁夏 16 个省（自治区、直辖市）为 2002 年扩大农村税费改革试点省。试点省是进行全省试点还是局部试点，由有关省人民政府慎重决定。上海、浙江、广东等沿海经济发达省（直辖市），如果认为 2002 年进行全面改革试点的条件已经基本成熟，地方财政能够安排相应的财力支持改革，可以自费进行扩大改革试点。其他省（自治区、直辖市）2002 年不再扩大试点范围，继续在 2001 年确定的试点县（市）搞好试点工作。	

续表

时间	中央文件	主要措施	备注
2003 年 3 月 27 日	国务院发布《关于全面推进农村税费改革试点工作的意见》	决定 2003 年在进一步总结经验、完善政策的基础上，全面推进农村税费改革试点工作。总体要求是：总结经验，完善政策；全面推进，分类指导；巩固改革成果，防止负担反弹。已先行试点的地方，要进一步落实好各项改革政策，加快推进各项配套改革，建立健全确保农村基层组织正常运转和农村义务教育必要经费投入的保障制度，完善改革后农民负担监督管理约束机制，防止农民负担反弹。尚未以省为单位实施改革试点的省，2003 年是否进行全省范围的改革试点，由各省根据本地实际情况自主决定；准备进行试点的省，要按照中央有关文件要求，抓紧做好试点的各项基础工作，认真制定本省试点方案，并于 2003 年 4 月 15 日前报国务院审批。中央财政继续安排一定资金支持地方试点工作，试点地区省级财政和有条件的市、县财政，都要加大对改革试点的支持力度，千方百计安排足够资金支持农村税费改革，实行专款专用，确保顺利推进试点工作。	
2004 年 1 月 1 日	中共中央发布一号文件《中共中央 国务院关于促进农民增加收入若干政策的意见》	提出逐步降低农业税税率，当年降低一个百分点。	
2004 年 3 月 5 日	2004 年《政府工作报告》	宣布“从 2004 年起，逐步降低农业税税率，平均每年降低一个百分点以上，五年内取消农业税”。	

资料来源：根据2000—2004年中共中央、国务院下发相关文件内容整理。

撑了农村公共服务的支出，实现了城市支援农村，工业返哺农业。在这个过程中，中央采取了一系列农村税费改革措施（见表 5–2）。

为了从根本上减轻农民负担，党中央、国务院进行农村税费改革试点，规定作为农业税计税依据的常年产量以 1998 年前 5 年农作物的平均产量确定，并保持长期稳定；调整农业税税率，将原农业税附加并入新的农业税。新的农业税实行差别税率，最高不超过

7%；农民上缴的用于村干部报酬、五保户供养、办公经费等方面的村提留，采用新的农业税附加方式统一收取，农业税附加比例最高不超过农业税正税的20%，具体附加比例由省级和省级以下政府逐级核定。

2001年，根据农村税费改革的进展情况，国务院发出《国务院关于进一步做好农村税费改革试点工作的通知》，规定在试点过程中，地方可以按照《中共中央 国务院关于进行农村税费改革试点工作的通知》文件有关农业税及其附加、农业特产税的规定征收，村级三项费用经费缺口由乡镇财政适当补助；也可以按《中共中央 国务院关于进行农村税费改革试点工作的通知》文件精神在农业税及附加总体负担水平不超过8.4%的前提下，通过适当降低农业税税率，相应提高农业税附加比例的办法，增加村级收入。按照党的十六大以及中央经济工作会议和中央农村工作会议精神，国务院决定，2003年在全国全面推进农村税费改革试点工作。

经过几年的税费改革，农民的税费负担大为降低。到2003年，全国的农业税收总额为338亿元，而全国的财政收入达到2.17万亿元，农业税所占份额仅占1.56%。

2004年3月，国务院召开全国农业和粮食工作会议，决定在黑龙江、吉林两省先行免征农业税改革试点，河北、内蒙古、辽宁、江苏等11个粮食主产省（自治区）的农业税税率降低三个百分点。到2005年底，已有28个省份免征或者取消了农业税。2006年农（牧）业税被彻底废止。

第四节　预算管理制度的全面改革

一、单式预算转变为复式预算

在计划经济时期，我国财政预算实行的是单式预算编制方法。1986年，有专家提出实行复式预算的建议。1988年，财政部向国务院报送了实行复式预算的初步方案。1991年，国务院颁布《国家预算管理条例》，确定政府预算按照复式预算编制，复式预算分为经常性预算和建设性预算两个部分。从1992年开始，我国的国家预算、中央预算和部分省市预算采用复式预算编制。

1995年，国务院颁布《中华人民共和国预算法实施条例》，其中规定：各级政府预算按照复式预算编制，分为政府公共预算、国有资产经营预算、社会保障预算和其他预算。复式预算的编制办法和实施步骤，由国务院另行规定。①

复式预算具体由哪几项预算构成，这也是动态变化的。从1992年中央和省级政府试编复式预算以来，1995年的中央决算和1996年预算是按照经常性预算和建设性预算编制的复式预算编制的。在1996年财政部部长向全国人民代表大会汇报的预决算报告中，也是按照复式预算报告的。

在1997年第八届全国人民代表大会第五次会议上，财政部作《关于1996年中央和地方预算执行情况及1997年中央和地方预算草案的报告》，就没有按照复式预算公开报告，只是提及“中央和

① 《中华人民共和国预算法实施条例》，《财政》，1996年01期。

地方财政收支按复式预算汇总的情况，报告里不再赘述，请各位代表按提交大会的预算情况表进行审议”[①]。这一年的预算报告还有一点变化是，按照国务院决定，自 1996 年起，将电力建设基金、铁路建设基金等主要建设性基金（收费）纳入财政预算管理，实行收支两条线管理，这些基金（收费）的收支在预算上单独编列。财政部门按国家规定收取的各项税费附加，要统一纳入财政预算，不再作为预算外资金管理。在 1997 年预算中，出现了中央政府性基金收支的预算安排。[②]

1999—2000 年，在财政部的预决算报告中，提到 2000 年中央财政预算按复式预算编制的情况是：中央财政经常性预算收入 6942 亿元，支出 6415 亿元，收支相抵，结余 527 亿元，转入建设性预算；中央财政建设性预算收入 489 亿元，支出 2788 亿元，收支相抵，支出大于收入 2299 亿元。可见，预算依然按照复式预算编制，但预算报告的公开版没有按照复式预算报告。

二、部门预算改革稳步推进

部门预算编制改革是建立适应社会主义市场经济的客观要求，也是财税体制深化改革的要求，是预算管理制度改革的重要组成部分。从 2000 年开始，财政部根据国务院的指示，决定改变传统的

① 《关于 1996 年中央和地方预算执行情况及 1997 年中央和地方预算草案的报告》。《人民日报》，1997 年 3 月 17 日。
② 《关于 1996 年中央和地方预算执行情况及 1997 年中央和地方预算草案的报告》。《人民日报》，1997 年 3 月 17 日。

预算编制方法，要求各部门统一实行新的预算编制方法，编制独立完整的部门预算。部门预算是市场经济国家实行财政预算管理的基本组织形式，即一个部门一本预算，部门预算为政府预算公开奠定了基础。

2000 年，教育部、农业部、科技部、劳动和社会保障部被列为试编部门预算的试点单位，部门预算报送全国人民代表大会审议。2001 年，部门预算试编单位增加到 26 个部委部门，并细化了上报的内容，改进了上报的形式。2002 年，进一步扩大了中央部委部门预算的报送范围，高检院、高法院和国务院直属机构都要向全国人民代表大会报送部门预算，全面推行部门决算审计和签审制度。2003 年，在部门预算基本支出和项目支出方面继续改革，改进项目管理方式，实行滚动的项目预算管理模式；规范部门预算编制规程；完善部门预算的批复格式。2004 年，深化基本项目预算支出管理，研究建立预算绩效评价体系，加强项目支出和项目支出库管理。到 2005 年，已有国务院 40 个部委向全国人民代表大会提交了部门预算表。

三、国库集中收付制度改革启动

国库集中收付制度是指政府将所有财政性资金都纳入国库单一账户体系管理，收入直接缴入国库或财政专户，支出通过国库单一账户体系支付到商品和劳务供应者或用款单位。逐步建立和完善以国库单一账户体系为基础，资金缴拨以国库集中收付为主要形式的财政国库管理制度，这是整个预算管理制度改革的重要组成部分。

长期以来，我国实行的是国库分散支付制度，即将预算确定的各部门年度支出总额按期（中央部门按季、地方部门按月）拨付到各部门在商业银行开立的账户内由其使用。这种分散支付制度存在的问题包括：一是各部门多头开列账户。各商业银行为了承揽储蓄，推动多头重复开列账户，致使政府财政资金分散，脱离了预算统一管理，使预算执行中的监督得不到落实，资金使用效率低下，并容易滋生腐败。二是预算信息管理落后。由于大量资金分散于各商业银行，政府的预算管理部门无法及时了解资金使用效率和运转情况，不利于政府对宏观形势作出正确判断。

实行国库集中收付的一个重要目的，是为了解决政府资金多环节拨付和多户头存款的问题，提高资金的使用效益。在推行这项改革的过程中，必须坚持效益原则，加强政府财政部门对资金的统一调度和管理，有效遏制资金挤占、转移、挪用等现象，降低资金划拨支付成本，提高资金使用效益。

国库集中支付以建立国库单一账户体系为核心内容。国库单一账户体系主要由以下部分组成：财政部门在中国人民银行开设的用于记录、核算、反映纳入预算管理的政府资金的国库单一账户；财政部门按资金使用性质在商业银行为预算单位开设的用于预算资金的日常支付和与国库单一账户清算的零余额账户；财政部门在商业银行开设的用于记录、核算、反映预算外资金使用情况的预算外资金账户；用于记录、核算和反映预算单位的小额零星支出的小额现金账户；经国务院批准或授权财政部批准开设的特设账户。国库单一账户集中了所有的财政资金，并且只有财政国库部门才可以签发支付命令。

2001 年，国务院批准《财政国库管理制度改革试点方案》，先在一些地区进行了国库集中支付制度的改革试点。2002 年有 35 个中央部门纳入改革范围，到 2003 年底有 82 个中央部门及其所属的 1288 个基层预算单位进行了改革，初步建立规范的财政国库管理制度框架；地方有 26 个省区 607 个省级预算单位进行了改革。到 2005 年底，中央 160 多个部门及其所属 3300 个基层预算单位，涉及 3700 亿元财政资金纳入了国库集中支付范围。①

四、建立政府采购制度

政府采购制度是国际上通行有效的财政支出管理办法，指各级政府为了开展日常政务活动或为公众提供服务，在财政监督下，以法定方式、方法和程序，通过公开招标、公平竞争，由财政部门以直接向供应商付款的方式，从国内外市场上为政府部门或所属团体购买货物、工程和劳务的行为。其主要特点就是对政府采购行为进行法治化的管理。政府采购主要以招标采购、有限竞争性采购和竞争性谈判为主。

实践证明，政府采购制度是一种集中与分散相结合的公开透明的采购制度。从国际经验来看，实行政府采购一般资金节约率为 10%以上。同时，在实现政府采购市场体制化与公开化的基础上，通过政府采购政策，可以规范政府采购主体行为，有效地、及时地铲除行政腐败的幼苗。另外，政府采购也是发挥政府在国民经济发展中宏观调控作用的工具，有利于政府保护国内产业、保护环境、

① 俞光远编著：《中国财税改革和财税法制建设 30 年回顾与展望》，北京：中国税务出版社，2009 年版，第 49 页。

扶持不发达地区和中小企业等政策的实施。

我国政府采购制度改革试点工作是从地方开始的。1998 年底，29 个省、自治区、直辖市和计划单列市不同程度地开展了试点工作。2000 年，各地政府采购机构建设已经基本完成。地方政府都在省级财政部门设置了政府采购管理机构和政府采购执行机构。财政部数字显示，2002 年，政府采购规模为 1009.6 亿元，2009 年则突破 7000 亿元。根据全国 30 个地区和中央单位上报的统计报表，2000 年全国政府采购 327.9 亿元，比上年增长约 1.5 倍，节约资金 42.5 亿元。其中，预算资金节约 25.7 亿元，节约率为 11.6%。

2002 年 6 月 29 日，第九届全国人民代表大会常委会第二十八次会议通过《中华人民共和国政府采购法》，自 2003 年 1 月 1 日起施行。

实行部门预算、国库集中收付制度和政府采购制度是预算管理制度改革的系统工程，这三项改革促进了我国预算管理制度真正迈向民主化、科学化和规范化。

第五节　预算管理制度改革评析

预算管理制度改革是政府财政制度自身改革，是财税体制改革的基础工程。从 1998 年开始，我国通过政府财政预算外收支两条线管理改革，预算管理制度的部门预算、国库集中支付制度等几项改革，基本结束了政府财政预算管理中的混乱局面，完善了政府部门财政管理制度，改进了预算编制方法，提高了政府财政的透明度。这一阶段的财税体制改革具有以往改革所没有的特点。

1．明确财税体制改革目标

经过20年的财税体制改革实践探索，从局部改革突破，逐渐走向明确的整体改革目标，在社会主义市场经济条件下，建立公共财政体系是我国财税体制改革的总目标。这一目标的明确，有利于推进下一步财税体制改革的目标导向，防止改革出现偏差或者左右摇摆。改革目标也是指导各项财税体制改革具体措施的总原则，为完善和深化财税体制改革奠定了基石。

2．财税体制改革的全面性和法治化提高

从调整国家与企业的分配关系、中央和地方财政分配关系，到税制的调整和改革，这些改革取得成效后，预算管理制度改革又全面铺开。财税体制改革的诸多领域基本覆盖，体制改革的全面覆盖比较明显。财税体制改革的短板得到弥补，使得财税体制改革的效应全面提高。

《中华人民共和国预算法》《中华人民共和国政府采购法》等法律颁布施行，一方面，将改革的成熟做法通过法律形式固定下来，增加了改革成果的规范化；另一方面，一些制度性的科学做法也通过法律形式提高了权威性和严肃性。这是社会主义法治化的重要组成部分，也是保障人民民主权力的基础性举措。

3．统一预算内外资金管理成效显著

预算外资金全部纳入预算管理彻底改变了政府财政资金分散管理的状况，使政府的各项财政收支活动成为有机统一的整体，增强了预算外资金收支活动的透明度，使预算外资金收支全过程处于全国人民代表大会的监督之下，切实做到规范管理、依法理财。政府部门和单位各项收支活动都按照经全国人民代表大会批准的预算执行，进一步规范政府部门的履职行为，提升管理服务水平，对从源头上预防腐败具有重要意义。预算外资金全部纳入预算管理，进一步提升了财政管理科学化、精细化水平，为建立由公共财政预算、国有资本经营预算、政府性基金预算和社会保障预算组成的有机衔接的政府预算体系奠定了基础。

预算外资金全部纳入预算管理提高了依法理财的水平。各部门预算外资金全部纳入预算管理后，财政部门要求在编制年度部门预算时，要严格按照《中华人民共和国预算法》等有关法律法规的要求，根据本部门职能范围和有关标准，依法合理编制。预算一经人代会通过，即具有法律效力，在年度预算执行中要严格按预算程序办事，及时足额征收各项收入，科学合理安排相应支出，不得任意追加和变更预算，损害预算的权威性和严肃性。所有财政资金安排都处于全国人民代表大会监督之下，提高了财政管理的透明度和依法理财的水平。

4. 农村税费改革取得重大进展

在经济发展和政府财政实力不断提高的前提下，我国农村税费改革取得重大进展，为最终废止农业税，保证“三农”问题能够得到实质性的解决奠 定坚实基础。

但在我国财税体制改革不断取得成果的同时，市场经济改革的深化，其他领域经济体制改革的推进，又会不断带来新的问题。比如，公共财政目标确定之后，政府财政支出的建设性资金大大压缩，那么政府投资性支出的范围如何把握？资金来源何处？如何筹集和管理建设性资金？这些都面临着新的挑战。

第六章
完善社会主义市场经济财税体制：分步实施税制改革

▼

经历过 1983—1984 年和 1993—1994 年两轮财税体制重大改革以后，就到了和风细雨的完善改革阶段，我国财税体制改革进入完善新体制的平台期。拾遗补阙和根据具体形势变化，巩固和微调财税体制成为完善社会主义市场经济财税体制的主要举措。

第一节　分步实施税制改革

一、分步实施税制改革背景

1．完善社会主义市场经济财税体制的要求

2003 年 10 月，党的十六届三中全会通过《中共中央关于完善社会主义市场经济体制若干问题的决定》，概括了此轮财税体制改革的主要任务。关于完善税制的基本思路是：按照“简税制、宽税基、低税率、严征管”的原则，围绕统一税法、公平税负、规范政府分配方式、促进税收与经济协调增长、提高税收征管效能的目标，在保持税收收入稳定较快增长的前提下，适应经济形势和国家宏观调

控的需要，积极稳妥地分步对现行税制进行有增有减的结构性改革。

2．加入世界贸易组织

2001年中国加入世界贸易组织之后，进出口贸易快速增长。“入世”20年来，我国货物进出口总额由2001年506.5亿美元扩大到2020年46000亿美元，增长了8.1倍。我国出口退税规模也随之不断扩大，2019年出口退税16503亿元人民币，是2001年1080亿元人民币的15倍；出口退税额占流转税额的比重，2001年时为10.8%，到2019年这一比重达到18.2%。[①] 出口退税在“入世”后的最初一段时间里，曾经出现退税缓慢和对外贸企业拖欠出口退税的情况，为此，解决出口退税机制更加顺畅等问题，成为当时财税体制改革和完善的一个重要问题。

中国“入世”之后，随着经济体制市场化改革的深入，解决中外有别的税制问题，对外资企业实行统一的国民待遇的迫切性明显提高。

3．1994年财税体制重大改革后遗留问题的解决

1994年，在我国实施的财税体制重大改革还遗留了一些未完成的问题，比如内外资企业的一些税制还是双轨制度，企业所得税、房地产税制度等方面内外资企业存在差别。随着我国经济发展、居民收入提高，以及物价变动，个人所得税也需要对扣除额进行调整。农村税费制度改革和预算管理制度改革，需要不断完善。这些都决定了财税体制改革不能停步，需要继续推进。

① 罗秦、曾帅：《走向国际化的中国税收：“入世”二十周年的视角》，《税务研究》，2021年11期。

二、分步实施税制改革的具体步骤和措施

按照党的十六届三中全会关于“分步实施税收制度改革”的部署，我国新一轮的税制改革自2004年起陆续启动。

（一）改革和完善出口退税制度

出口退税是国际上的通行做法，一般经济发达国家的出口退税率实行零税率。我国的出口退税政策具有中国特色，出口退税率并不是简单地采取零税率退税，而是根据经济形势需要，包括进出口贸易情况、汇率变动和汇率制度改革进展，以及财政状况进行适时调整。中国特色的出口退税政策是与汇率政策相关联的，当汇率制度改革以后，出口退税政策与汇率之间的关联才相对减弱。因此，出口退税率是适时变化的，就是用提高出口退税率来鼓励出口，用降低出口退税率来限制出口，使得出口退税起到了宏观政策工具的作用。

从1994年税制改革以来，我国出口退税政策历经了多次较大幅度的调整（见表6–1）。

表6–1　我国出口退税率变动（1995—2009年）

时间	调整内容	备注
1995年和1996年	对出口产品实行零税率调整为3%、6%和9%三档。	—
1998年	提高了部分出口产品退税率为5%、13%、15%、17%四档。	调整的目的是为促进出口。
2004年1月1日起	调整出口退税率为5%、8%、11%、13%和17%五档。	调整的原因：外贸出口连续三年大幅度、超计划增长带来了财政拖欠退税款的问题。

续表

时间	调整内容	备注
2005 年	分期分批调低和取消了部分“高耗能、高污染、资源性”产品的出口退税率，同时适当降低了纺织品等容易引起贸易摩擦的出口退税率，提高重大技术装备、IT 产品、生物医药产品的出口退税率。	—
2007 年 7 月 1 日	调整共涉及 2831 项商品，约占海关税则中全部商品总数的 37%。经过这次调整以后，出口退税率变为 5%、9%、11%、13% 和 17% 五档。	—
2008 年 8 月 1 日	部分纺织品、服装的出口退税率由 11% 提高到 13%；部分竹制品的出口退税率提高到 11%。	应对全球金融经济危机。
2008 年 11 月 1 日	实施上调出口退税率政策。此次调整涉及 3486 项商品，约占海关税则中全部商品总数的 25.8%。主要包括两个方面的内容：（1）适当提高纺织品、服装、玩具等劳动密集型商品出口退税率。（2）提高抗艾滋病药物等高技术含量、高附加值商品的出口退税率。届时，中国的出口退税率将分为 5%、9%、11%、13%、14% 和 17% 六档。	—
2008 年 12 月 1 日	（1）将部分橡胶制品、林产品的退税率由 5% 提高到 9%。（2）将部分模具、玻璃器皿的退税率由 5% 提高到 11%。（3）将部分水产品的退税率由 5% 提高到 13%。（4）将箱包、鞋、帽、伞、家具、寝具、灯具、钟表等商品的退税率由 11% 提高到 13%。（5）将部分化工产品、石材、有色金属加工材等商品的退税率分别由 5%、9% 提高 11%、13%。（6）将部分机电产品的退税率分别由 9% 提高到 11%，11% 提高到 13%，13% 提高到 14%。	—
2009 年 1 月 1 日	提高部分技术含量和附加值高的机电产品出口退税率。（1）将航空惯性导航仪、陀螺仪、离子射线检测仪、核反应堆、工业机器人等产品的出口退税率由 13%、14% 提高到 17%。（2）将摩托车、缝纫机、电导体等产品的出口退税率由 11%、13% 提高到 14%。	—

资料来源：根据历年我国出口退税政策相关资料整理。

根据经济形势和各种因素，相关主管部门对出口退税率进行了多次调整，采取总量性和结构性调整，都是有针对性的。例如，自 2004 年 1 月 1 日起，我国对出口退税率进行了重大改革，降低出口退税率，目的是为进一步优化出口结构；2005 年，国家又分期分批调低和取消部分“高耗能、高污染、资源性”产品的出口退税率，同时适当降低了纺织品等容易引起贸易摩擦的出口退税率，提高重大技术装备、IT产品、生物医药产品的出口退税率。2007 年 7 月 1 日，我国又作出一次调整，出口退税率调整为 5%、9%、11%、13%和 17%五档。2008 年的调整政策大多是为了应对世界金融经济危机对我国出口贸易的冲击。

2004 年，由于出口贸易的快速增长，出现了拖欠企业出口退税的情况。为了解决这些问题，中央制定了“新账不欠，老账要还”的原则，对历史上欠退税款由中央财政负责偿还，确保改革后不再发生新欠款，同时建立中央、地方共同负担的出口退税新机制，推动外贸体制深化改革，优化出口产品结构，提高出口效益，促进外贸和经济持续健康发展。

（二）完善增值税制

我国逐步将生产型增值税改为消费型增值税，允许企业抵扣当年新增固定资产中机器设备投资部分所含的增值税进项税。自 2004 年 7 月 1 日起，国家开始在东北地区三省一市八个行业实行扩大增值税抵扣范围改革试点。这项政策有力地支持了老工业基地调整改造，促进了地区经济社会协调发展，推进了国有经济结构战略性调整，提高了相关产业和企业的国际竞争力。在总结完善东北地区试点方案的基础上，中部地区 26 个城市自 2007 年 7 月 1 日起实施增值税转型试点方案。这项改革避免了重复征税，增强了企业进行技术更新改造的动力，有利于促进企业技术进步，增强企业竞争能力。

自 2009 年起，在全国所有地区、所有行业推行增值税转型改革，允许企业抵扣新购入设备所含的增值税，同时取消进口设备免征增值税和外商投资企业采购国产设备增值税退税的规定。

（三）废止农业税

历经 5 年的农村税费改革之后，《中华人民共和国农业税条例》在 2005 年底被正式废止。从公元前 594 年鲁国实行“初税亩”算起，中国延续 2600 年的农业税收，在改革开放的进程中成为历史，载入中国经济发展史。我国废止农业税的意义深远且重大。

1．经济层面

（1）减轻农民负担。农业税的废止直接减轻了农民的税收负担，使农民能够保留更多的收入用于农业生产、生活改善和子女教育等方面，提高了农民的生活水平。促进农业现代化：通过取消农业税，农民有更多的资金用于购买现代化的农业设备和技术，从而推动农业向现代化、科技化方向发展。

（2）优化税收结构。农业税在国家税收总额中的占比逐渐降低，废止农业税有助于优化国家的税收结构，使税收更加合理、公平和可持续。

2．社会层面

（1）缩小城乡差距。废止农业税是城乡一体化发展的重要举措之一，有助于缩小城乡之间的经济差距，促进城乡之间的协调发展。

（2）维护社会稳定。减轻农民负担，增强农民的获得感和幸福感，有助于维护农村社会的稳定，为国家的长治久安提供坚实的社会基础。

（3）提高农民的社会地位。废止农业税使农民在税收负担上与城市居民趋于平等，提高了农民的社会地位，增强了农民的自豪感和自信心。

3．国际层面

（1）提高我国农产品国际竞争力。废止农业税降低了农产品的生产成本，提高了中国农产品的国际竞争力，有利于推动中国农产品走向国际市场。

（2）符合国际趋势。废止农业税符合国际税收制度的发展趋势，有利于我国与其他国家在税收领域的交流与合作。

我国废止农业税的意义在于减轻农民负担、促进农业现代化、优化税收结构、缩小城乡差距、维护社会稳定、提高农民社会地位、贯彻科学发展观、构建和谐社会、增强政府公信力以及提高中国农产品国际竞争力等多个方面。这一举措对于推动我国经济社会的全面、协调、可持续发展具有重要意义。

农业税被废止，中央财政大力增加对农村公共事业的转移支付，用于教育、卫生以及各种农业补贴，这标志着经济发展进入工业反哺农业，城市支援乡村的新阶段，是朝着消除城乡二元结构，缩小城乡差距的现代化建设迈进的重要转折。

（四）统一内外资企业所得税

在我国，内外资有别的企业所得税制度，存在种种缺陷和弊端。加入世界贸易组织以后，合并内外资企业所得税已经形成共识，“两法合并”正式提上议事日程。

2006 年 3 月，全国人民代表大会颁布“十一五”规划，提出包括“统一各类企业税收制度”的新一轮税制改革 10 项方案。同年，国家税务总局指派国际司税政处 3 人加入“税法改革小组”，参与“两法合并”工作。经过充分的研究和酝酿，国家税务总局与财政部共同抓紧研究内外资企业所得税“两法合并”改革方案，起草了新的《中华人民共和国企业所得税法》。经国务院审核后，2007 年 3 月提请第十届全国人民代表大会第五次会议审议并高票通过，自 2008 年 1 月 1 日起，正式执行新的《企业所得税法》，税率统一调整为 25%。

统一后的企业所得税法，体现了三个统一：统一并适当降低了企业所得税税率；统一和规范了税前扣除办法和标准；统一了税收优惠政策。同时，废止了《外商投资企业和外国企业所得税法》和《企业所得税暂行条例》。企业所得税的统一，为内外资企业提供了公平的市场竞争环境。

我国统一内外资企业所得税的意义深远且广泛。它不仅有利于消除税收歧视、促进公平竞争市场环境的形成，还有助于推动经济增长与产业升级、促进区域经济协调发展、提高利用外资质量与水平以及推动税制现代化建设等。

（五）完善个人所得税制度

2005—2007 年，我国先后修改了三次个人所得税制度（见表 6–2）。

表 6–2　三次个人所得税制度修改内容

时间	修改内容	备注
2005 年 10 月 27 日	十届全国人大常委会第十八次会议通过《关于修改〈中华人民共和国个人所得税法〉的决定》，修改的内容主要有两项：一是提高了工资、薪金所得扣除额标准，2006 年个税扣除额由之前的 800 元 / 月提高到 1600 元 / 月；二是修改关于纳税申报的规定，实施年所得 12 万元以上的，在中国境内两处以上取得工资、薪金所得的，从中国境外取得所得的，取得应税所得而没有扣缴义务人的，以及国务院规定的其他情形的，纳税人应当按照国家规定办理自行纳税申报。	自 2006 年 1 月 1 日起施行。
2007 年 6 月 29 日	十届全国人大常委会第二十八次会议通过《关于修改〈中华人民共和国个人所得税法〉的决定》，修改的内容是：对储蓄存款利息所得开征、减征、停征个人所得税及其具体办法，由国务院规定。 同年 7 月 20 日，《国务院关于修改〈对储蓄存款利息所得征收个人所得税的实施办法〉的决定》，对储蓄利息所得按 5% 的税率征收个人所得税。 2008 年 10 月 9 日，经国务院批准，财政部、国家税务总局规定：即日起储蓄存款利息所得暂免征收个人所得税。	—
2007 年 12 月 29 日	十届全国人大常委会第三十一次会议通过《关于修改〈中华人民共和国个人所得税法〉的决定》，修改的内容是：将个人所得税法中的工资、薪金扣除额从每月 1600 元提高到每月 2000 元。	自 2008 年 3 月 1 日起施行。

资料来源：根据 2005—2007 年三次个人所得税制度相关内容整理。

我国个人所得税制度完善的意义是多方面的，不仅关乎国家财政的稳定与公平，也深刻影响着社会经济的整体运行和个人的福祉。

我国个人所得税制度的完善对于促进社会公平与正义、增加国家财政收入、促进经济健康发展、推动税收法治化进程 以及提升国际竞争力等方面都具有重要意义。

（六）调整和完善消费税

自2006年4月1日起，我国实施了1994年税制改革以来最大规模的消费税调整，新增高尔夫球及球具、高档手表、游艇、木制一次性筷子、实木地板等税目，取消了护肤护发品税目，调整了部分税率。这次调整进一步体现了消费税对高档商品的调节作用，以及促进资源节约的政策导向。2008年11月10日，国务院公布了修订以后的《中华人民共和国消费税暂行条例》，自2009年1月1日起施行。

我国调整和完善消费税的意义重大且深远。通过优 化税收结构、引导合理消费、保证国家财政收入、体现社会公平与 税收中性原则、推动经济结构调整与产业升级，以及适应经济社会发展新需求等方面的努力，可以进一步发挥消费 税在经济社会发展中的重要作用。

（七）调整和完善地方税制度

我国调整和完善地方税制度是一个复杂而重要的任务，旨在优化税收结构、增强地方财政自主性和提高税收征管效率。

1．具体措施

（1）统一了内外资企业适用的不同车船税，简化和规范了地方税制，公平内外资企业的车船税收负担。2006年12月29日，国务院发布《中华人民共和国车船税暂行条例》，自2007年1月1日起施行。同时废止了1951年政务院发布的《车船使用牌照税暂行条例》和1986年国务院发布的《中华人民共和国车船使用税暂行条例》。

（2）统一了内外资企业适用的两套房地产税制度。2006年12

月 31 日，国务院公布修改以后的《中华人民共和国城镇土地使用税暂行条例》，自 2007 年 1 月 1 日起施行。外商投资企业和外国企业也适用这一条例。2008 年 12 月 31 日，国务院决定起 2009 年 1 月 1 日起废止外商投资企业适用的《城市房地产税暂行条例》，按照《中华人民共和国房产税暂行条例》对外商投资企业和外国企业征收房产税。

（3）完善了耕地占用税。2007 年 12 月 1 日，国务院批准了《中华人民共和国耕地占用税暂行条例》（修正案），自 2008 年 1 月 1 日起施行。这样，提高了耕地占用税税额标准，将原条例规定的税额标准的上、下限都提高 4 倍左右；统一了内外资企业的税收负担；从严规定了减免税项目，取消了对铁路线路、飞机场跑道、停机坪等占地免税规定；加强了征收管理，明确耕地占用税由地方税务机关负责征收。

（4）废止了屠宰税和筵席税。2006 年 2 月 17 日，国务院废止了 1950 年 12 月 19 日政务院发布的《屠宰税暂行条例》；根据 2008 年 1 月 15 日国务院发布的《关于废止部分行政法规的决定》，《中华人民共和国筵席税暂行条例》即日起失效。

2．改革目标

调整和完善地方税制度的目标是实现税收制度的公平、效率和可持续发展。

（1）促进地方财政稳定。通过拓展地方税源和适当扩大地方税权，增强地方财政的自主性和可持续性，为地方政府提供更多财政资源，满足其公共支出需求。

（2）推动经济结构优化升级。通过税收政策的调整和优化，引导资源向优势产业和新兴产业流动，促进地方经济结构的优化升级

步加强税收征管基础工作若干问题的意见》的通知，通知要求采取的主要措施包括：一是明确各管理部门的职能，加强相互衔接。二是加强税源控管，对漏管漏征户进行全面的清理。三是在信息化的支持下，税务机关要对所辖税源实施全方位、全过程监控，及时全面地掌握纳税人生产经营、财务核算情况，对纳税人纳税申报情况进行动态评估。四是实行分类管理，针对不同行业、不同规模的纳税人，在严格评估的基础上，公正、合理地确定纳税信誉等级，对不同等级的纳税人在纳税申报、发票购领、税务检查等方面采取不同的管理和服务措施。五是加强宏观税收负担的分析和预测，运用以GDP为主的宏观经济指标以及工业增加值、商品零售、消费指数等各种相关经济指标，比较分析主要税种、行业和不同地区的税收负担水平。通过对应性分析，观察宏观税负和税源的变化情况，以确定税收征管的工作方向。这份通知还确定加强发票管理、强化纳税服务工作和加强税控装置管理等措施。在基层税务征收管理中，设置税收管理员制度是中国税收征管体制的一个独特点。税收管理员工作制度就是将税收征管的“管事制度”与“管户制度”相结合，在健全高效的税收信息共享网络的依托下，以日常稽查和纳税评估为主要手段，明确税收管理员的职责，对纳税人实际经营活动进行动态监控，从而提高税务机关整体税源监控的能力。

二、税收征管的信息化进程

根据实现税收征管手段现代化的现实需要，推进税收征管的信息化建设就显得越来越重要。

“金税工程”是税收信息化建设的重要工程，以实施金税工程和开发应用中国税收征管信息系统为标志，以税收征管信息化来带动税收征管的规范化。信息化是数字经济的显著特征，也是实现税收征管现代化的一项必不可少的因素。无论是纳税申报、税务审计，还是依法打击逃税行为，信息化管理都能极大地提高税收征管效率，促进纳税人遵从纳税行为。

从20世纪80年代中后期到1994年税制改革前，我国的税收征管改革还处于摸索阶段。在征管技术手段上，计算机开始应用于税收征管的主要环节，税务部门开始了电脑局域网应用，这是我国税收征管信息化进程的开端。

从1994年税制改革到1998年，这一时期是我国税收征管适应社会主义市场经济和新税制的提高阶段。在技术手段上，开始把计算机技术由税收征管的主要环节引入税收征管的各个环节，使我国税收征管开始由传统的手工操作向现代管理转变。“金税工程”就是我国税收征管信息化建设的一个重要方面。1994年我国推行了以增值税为主要内容的工商税制改革，并实施以专用发票为主要扣税凭证的增值税征管制度。为有效遏制不法分子利用增值税专用发票大量偷骗国家税款的违法犯罪现象，国家决定在纸质专用发票物理防伪的基础上引入现代化技术手段。金税工程始于1994年，同年7月，作为金税工程一期的增值税计算机交叉稽核系统在50个大中城市试点。

1998年，在总结一期经验的基础上，我国开始推行金税工程二期，包括防伪税控开票系统、防伪税控认证系统、增值税计算机交叉稽核系统和发票协查系统，分两个阶段进行。第一阶段于1999年10月完成，建成五省、四市和四个计划单列市网络；第二阶段于2001年2月完成，建成其余22个省市区和1个计划单列市网络。全部网络工程实现了覆盖国税系统从国家税务总局到所有省级、地市级和区县级税务局的四级广域体系。

总之，从 1994 年上半年到 2001 年上半年，金税工程先后经历了一期和二期建设阶段。2000 年底，国家税务总局提出了“科技加管理”“信息化加专业化”的总体改革思路，以税收信息化建设为突破口，深化税收征管改革。2005 年 9 月 7 日，国务院审议通过金税三期工程项目建议书；2007 年 4 月 9 日，发改委批准金税三期工程可研报告；2008 年 9 月 24 日，发改委正式批准初步设计方案和中央投资概算，标志金税三期工程正式启动。

税收征管制度改革的意义深远且广泛，它不仅是财政领域的重要变革，更是国家治理体系和治理能力现代化的重要组成部分。税收征管制度改革在提升税收征管效率与质量、促进经济健康发展、增强国家治理能力、促进社会公平与正义以及适应经济全球化发展等方面都具有重要意义。随着改革的深入推进和不断完善，我国税收征管制度将更加适应经济社会发展需要，为国家治理体系和治理能力现代化提供有力支撑。

第三节　对分步完善税制的评析

如果说 1978—1994 年财税体制改革具有开拓式改革特点，2002—2011 年的改革阶段就是具有巩固和完善改革的特点。在财税体制改革的方向和内容上基本是一脉相承的。

一、税制得到进一步完善

（1）统一了内外资企业的双轨税制。与我国对外开放的步伐相同步，按照“国民待遇”原则，将外资企业和国内企业两个方面各自享受的税收优惠，或者是客观上形成的税收歧视，通过统一内外资企业税制，都加以消除。这样使市场机制在发挥资源配置的基础性作用时，对于内资和外资，以及内外合资的企业，基本上创造了公平竞争的外部税收环境。这一税收制度的改革和完善，对社会主义市场经济体制建设是关键性的一步，具有重要历史意义。

（2）进一步简化了税制。我国经过这一轮的税制完善，1994 年形成的 24 个税种的税制体系，简化到 18 个税种。货物和劳务税类有 5 个税种，所得税类只有 2 个税种。基本实现了简税制的目标*。

* 固定资产投资方向调节税从2000年1月1日起暂停征收。2013年1月1日年该税废止。

（3）进一步完善了地方税制体系。地方税体系以营业税为主体税种，在财产税类的 5 个税种和其他税 7 个税种中，除了少数税种是中央与地方财政分享收入外，大多数都是地方税种。其中，废止农业税和牧业税后，对烟叶单独开征《中华人民共和国烟叶税暂行条例》。

二、税收征管体制基本完成模式转换

1994 年，一些地方试行“纳税申报、税务代理、税务稽查”三位一体的税收征管模式，这一领域的改革由此开始。1996 年，“以纳税申报和优化服务为基础，以计算机网络为依托，集中征收，重点稽查”的新管理模式正式确立。直到 20 世纪末 21 世纪初，税收征管新模式转换基本完成。

税收征管模式转换以后，彻底改变了征纳双方关系。纳税人由被动纳税变成自主申报，税务机关由管户制改成管事制，由全能“保姆式”管理变成相互制约的“分离式”管理，由单纯的管理者转变为服务者加管理者。税务机关纳税服务意识和手段增强。实行“一窗式”服务，完善办税服务厅功能，改进工作流程，为纳税人提供多元申报方式，开通 12366 服务热线等，形成公平正义的法治化税收环境。

三、税收征管迈上信息化新台阶

税收征管的信息化既是来自提高税收征管效率的需要，更是来自数字经济迅猛发展的压力。数字经济的发展，提供了税收信息化的技术基础条件。随着税收信息化得到快速发展，全国统一部署，统一规划，开展网上行政工作，信息化的管理手段为税收现代化管理目标提供了保障。建设标准包括总体标准、基础设施标准、技术支撑标准、应用标准、数据标准、管理标准、安全标准等，以保障各信息系统的互联互通、兼容运行和顺利升级换代。这种方式有助于简化业务流程，使机构趋于扁平化，管理和监控更加严密，纳税服务更加简便，系统维护更加便捷，系统运行更加安全，并使得数据的宏观分析与微观分析相结合、全局分析与局部透视相结合，全面提升数据利用的价值。

税收征管信息化还涉及技术创新和基于信息化的制度创新。税收征管信息化是一个综合性的系统工程，涵盖了平台建设、数据处理、系统建设以及技术创新与制度变革等多个方面。这包括推行税收业务重组、实施纳税遵从风险管理、建立网络发票管理系统、丰富纳税服务方式、加强外部涉税信息交互、建立自然人数据库、优化税收会计核算流程以及强化管理决策服务等内容。这些措施旨在利用现代信息和网络技术，优化税务管理业务流程，整合、深度开发利用涉税信息资源，以提高税收决策质量、税务工作效率，为纳税人提供优质、高效、不受时间和地域限制的服务。我国税收征管能够紧跟科技发展，要持续利用最先进的信息化技术服务于税收征管，才能使税收征管不断地与经济发展相适应，提高征管效率，更好地服务国家和纳税人。

第七章
完善有效提供公共服务的基础：健全公共财政体系

▼

党的十六届三中全会通过的《中共中央关于完善社会主义市场经济体制若干问题的决定》，概括了此轮财税体制改革的主要任务：首先，要推进财政管理体制改革。健全公共财政体制，明确各级政府的财政支出责任。进一步完善转移支付制度，加大对中西部地区和民族地区的财政支持。其次，要深化部门预算、国库集中收付、政府采购和收支两条线管理改革。清理和规范行政事业性收费，凡能纳入预算的都要纳入预算管理。改革预算编制制度，完善预算编制、执行的制衡机制，加强审计监督。建立预算绩效评价体系。实行全口径预算管理和对或有负债的有效监控。加强各级人民代表大会对本级政府预算的审查和监督。

第一节　财政支出结构调整

在明确建立公共财政改革目标之后，农村税费改革和废止农业税的过程中，我国财政支出结构必然需要调整。实际上，随着经济体制改革的全面推进，计划经济条件下的“建设性财政”已经逐步退出舞台，取而代之的是社会主义市场经济下的公共财政。

一、财政支出总体结构发生明显变化

从总体结构变化来看，我国经济建设费用支出占全部财政支出的占比由1978年的64.08%下降到2010年的34.21%，下降了近30个百分点；社会文教支出的占比由1978年的13.10%上升到28.48%，上升了15个多百分点。

另外，1978—2006年，我国财政支出中的经济建设费用支出占比一直处于下降态势，社会文教费用支出和行政管理费用支出占比逐步上升。

总之，改革开放以来，财政支出总体的结构朝着公共财政方向变化的趋势十分明显（见图7-1）。

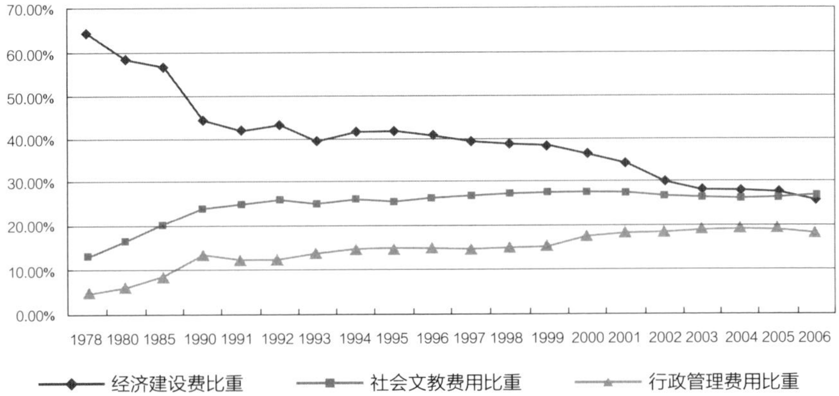

图7-1　财政三项支出占比变化

数据来源：根据历年《中国统计年鉴》相关数据整理。

二、财政支出向“三农”倾斜

2000年，农村税费改革试点率先在安徽省进行。中央财政通过转移支付，支持试点省进行农村税费改革。这一时期，财政支农资金总量开始有了较大幅度的提高，反映了党中央、国务院重视和加强“三农”（农业、农村、农民）投入的总体趋势。财政支农资金的结构更趋于合理，在继续支持农业基础设施建设、农业科技进步、农业抗灾救灾、农村扶贫开发的同时，加大对生态建设，以及农村改革特别是农村税费改革的支持；财政支农的机制和方式发生了积极变化。例如，在财政扶贫领域和农业综合开发领域，引入了世界银行的项目管理办法，包括报账制、专家评审制、绩效评价制度等，效果十分明显。

2003 年，党中央提出“统筹城乡发展”的基本方略，财政支农政策开始实现战略性的转变。2004 年以来，中央连续出台以“三农”为主题的一号文件，先后发布并实施以“四减免”*、“四补贴”**为主要内容的支农惠农政策。中央对农业投入的力度进一步加大，财政支农工作的指导思想也发生根本性转变，农民与政府的“取”、“予”关系发生根本性改变，采取“多予少取”的政策。

* “四减免”即对农业税、牧业税、农业特产税和屠宰税的减免。

** “四补贴”即种粮直补、农资综合直补、良种补贴和农机具购置补贴。

在这种政策要求下，财政支农力度显著加大，财政支持“三农”资金总量快速增加。2003—2007 年，仅中央财政“三农”支出就达 1.6 万亿元，主要用于农业、农村基础设施建设、生产发展、社会事业发展、防灾减灾等方面。与此同时，地方各级财政也大幅度增加了支农投入，初步形成各级财政上下齐动、共同增加投入的良好局面，是我国改革开放以来对“三农”投入增加最多、增长最快的时期之一。2001—2009 年，国家财政用于农业的支出年均增长 21.5%；2006 年废止农业税，2007 年以后国家财政用于农村社会事业发展的支出达到 1000 亿~2000 亿元以上（见表 7–1）。

表 7-1 国家财政用于农村的支出

单位：亿元

年度	支出总额	比上年增长（%）	农村社会事业发展支出
2000	1231.5	—	—
2001	1456.7	18.3	—
2002	1580.8	8.5	—
2003	1754.5	11.0	—
2004	2337.6	33.2	—
2005	2450.3	4.8	—
2006	3173.0	29.5	—
2007	4318.3	36.1	1415.8
2008	5955.5	37.9	2072.8
2009	7253.1	21.8	2723.2

资料来源：根据《中国农村统计年鉴2010》相关数据计算。

另外，国家财政建立对农民的直接补贴制度。2002 年，中央财政出台良种补贴制度，不断完善补贴品种，扩大补贴范围，在对粮、棉、油等主要农作物实行良种补贴的同时，还出台生猪和奶牛良种补贴政策。2004 年，中央财政设立农机具购置补贴专项资金，支持农民和农机服务组织购置农业机械，提高机械化生产水平。同时，国家财政调整粮食风险基金使用结构，对种粮农民实行直接补贴。2006 年，针对部分农业生产资料涨价过快的问题，又对农民实施农资综合直补。

在这一阶段，我国还出台并继续实施其他一些直接补助农民的政策，如退耕还林农民的补贴、能繁母猪和后备奶牛饲养补贴、义务教育“两免一补”、新型合作医疗补助等政策措施，逐步将农村事业发展纳入公共财政的保障范围，包括把农村教育、卫生、文化等社会事业纳入财政支持范围，国债资金加大对农村公共基础设施建设的投入等。到 2004 年，以支持粮食生产、促进农民增收、加强生态建设、推进农村改革、加快农村教育卫生文化发展等政策为主要内容的财政支持“三农”政策框架体系已经显现。

2006—2008 年三年的“中央一号”文件相继提出，国家财政支农资金增量要高于上年；国债和预算资金用于农业建设的比重要高于上年，其中直接用于改善农村生产生活条件的资金要高于上年；土地出让收入用于农村建设的增量要高于上年。

三、财政支出向民生倾斜

民生支出主要包括教育、医疗卫生、社会保障以及环境保护支出等。2002—2007 年，教育、医疗卫生、社会保障的民生支出增长速度很高。2007 年，教育支出费为 7065.4 亿元，比 2002 年增加 4059.3 亿元。2007 年，医疗卫生事业费支出 1973.8 亿元，比 2002 年增加 1310.5 亿元。2007 年，社会保障支出费为 5396.1 亿元，比 2002 年增加 2707 亿元（见表 7–2）。

表 7–2　2002—2007 年三项民生支出情况表

单位：亿元

年度项目	2002	2004	2005	2006	2007
教育支出	3006.1	3854.3	4527.8	5464.3	7065.4
医疗卫生支出	663.3	935.9	1132.6	1421.2	1973.8
社会保障支出	2689.1	3185.6	3787.1	4394.1	5396.1

数据来源：高培勇主编：《中国财税体制改革30年研究》，北京：经济管理出版社，2008年版，第188–190页。

21 世纪的前十年，我国财政支出结构调整已经初见成效，适应社会主义市场经济的公共财政正在逐步成形。

第二节　完善中央与地方财政管理体制

1994 年分税制改革在建立适应社会主义市场经济的中央与地方财政管理体制的框架时，还遗留了四个方面问题未待解决：一是中央政府与地方政府的事权划分不够清楚，收支范围的划分不合理。深层次的原因是我国的经济体制改革尚未到位，现代企业制度尚未建立，政府和企业关系没有真正理顺，政府职能转换也没有到位。二是企业所得税仍按企业隶属关系在政府间划分收入。三是在地方政府的收入中，“共享税”收入所占比重太高（占 60%左右）不利于地方之间的公平竞争。四是财政转移支付制度尚需进一步健全，尤其是政府专项投资，在效率、公平和稳定之间的关系没有协调好。[1] 进入 21 世纪以后，根据我国经济体制改革深入的进展，完善中央与地方分税制的措施陆续出台。

一、实施所得税收入分享改革

分税制改革初期，所得税在中央和地方财政收入划分中，是按照企业的隶属关系划分的，即中央企业所得税作为中央财政收入，地方企业所得税作为地方财政收入。随着企业改革的深化以及地区间经济发展格局的变化，企业所有制多元化不仅打破了国有和民营、国内资本与国外资本的界限，多元混合所有制企业更加普遍。按企业行政隶属关系来划分政府间财政收入的弊端日益显现：客观

① 项怀诚:《“分税制”改革的回顾与展望——在武汉大学 110 周年校庆专家论坛上的报告》,《武汉大学学报》(哲学社会科学版)，2004 年 01 期。

上强化了政府对企业的干预，为了政府的财政收入，政府干预企业的市场化资金运作，不利于企业自身按照市场机制配置资源，同时也不利于公平竞争；政府间财政收入混库问题日益突出，不利于企业所得税征管等。

针对上述问题，在深入调查研究和广泛征求意见的基础上，国务院决定自 2002 年 1 月 1 日起实施所得税收入分享改革。将按照企业隶属关系划分中央与地方企业所得税收入的办法改为中央与地方按统一比例分享。2002 年，所得税收入中央与地方各分享 50%；2003 年以后，这个比例调整为中央 60%，地方 40%，并且明确中央因改革所得税收入分享办法后增加的收入，全部用于对地方，主要是用于中西部地区的一般性转移支付。

二、调整出口退税负担机制

分税制改革以后，出口退税改为中央全部负担。由于出口增长很快等原因，中央财政出口退税负担沉重，出现出口退税欠税情况。为了解决出口退税欠税问题，国务院决定在维持增值税中央与地方财政分享比例不变的前提下，建立中央和地方财政按照一定比例，共同负担出口退税的机制。

自 2004 年起，以 2003 年出口退税实退指标为基数，对超基数部分的应退税额，由中央和地方财政按 75∶25 的比例共同负担。对于 2003 年以前拖欠的出口退税额，中央财政通过使用超收收入，利用实行国库集中支付改革而增加的中央库款余额，全部偿清了历年欠企业和地方的出口退税。

在 2004 年出口退税改革的基础上，针对新出现的问题和情况，2005 年又调整了一次出口退税中央和地方分担的比例。从 2005 年 1 月 1 日起，在维持 2004 年核定的各地出口退税基数不变的基础上，对超基数部分中央和地方财政出口退税的分担比例调整为 92.5∶7.5。在出口退税办理程序上，采取由中央财政统一退库，地方财政负担部分年终专项上解的方式。

上述调整对解决地区间负担不均衡问题，维护全国统一市场，确保出口退税资金及时足额到位，促进外贸出口与经济持续健康发展发挥了积极保障作用。

三、推进“省直管县”与“乡财县管”的省以下财政管理体制改革

“省直管县”体制是指省、市、县财政体制管理关系由“省—市—县”三级管理转变为“省—市、省—县”二级管理，省对县的财政管理由“省管市——市领导县”模式变为由省替代市，实行“省直管县”。实行省直管县改革的主要目的是通过减少行政管理的级次，激发县域经济发展活力，解决县乡基层财政困难问题，进一步加快县域经济的发展步伐。

在实践中，财政省管县体制早已在浙江省存在。1953 年，根据中央取消大区一级财政，增设市（县）一级财政的决定，浙江省普遍建立了市、县级财政。县一级财政与市级财政一样，在财政体制上与省级财政发生直接关系。从这一年开始至今，浙江省一直实行省管县财政体制。

20 世纪 80 年代以后，我国多数地方实行省对市、市对县的财政管理体制。这种做法与行政管理体制相适应，对于发挥中心城市

的辐射功能，带动所辖县（市）的发展，促进城乡发展起了重要作用。但是，随着我国社会主义市场经济体制的不断完善以及政府职能的转变，这一体制也逐渐显现出一些不适应的地方，如管理层级过多、市县间财政分配关系不稳定、事权与财力不匹配、中心城市和县乡发展不协调、县乡财政困难、支出效率低下等问题较为突出。

为深化财政体制改革，克服上述弊端，一些地区逐步推行“强县扩权”、“扩权强县”、“省直管县”财政改革试点，取得重大进展并得到党中央、国务院的肯定。

2005 年 6 月，全国农村税费改革试点工作会议指出，要改革县乡财政的管理方式，具备条件的地方，可以推进“省管县”的改革试点。党的十六届五中全会提出要优化组织结构、减少行政层级，条件成熟的地区可以实行省直管县的财政体制。国家第十一个五年经济社会发展规划提出要“理顺省级以下财政管理体制，有条件的地方可实行省级直接对县的管理体制”。《国务院关于推进社会主义新农村建设的若干意见》中也提到“有条件的地方可加快推进‘省直管县’财政管理体制改革”。2009 年 2 月，中共中央、国务院《关于 2009 年促进农业稳定发展农民持续增收的若干意见》，提出要推进省直接管理县（市）财政体制改革，将粮食、油料、棉花和生猪生产大县全部纳入改革范围。

省直管县的模式，除了浙江模式外，比较典型的还有湖北做法和安徽做法。

（一）湖北做法

2004 年 4 月，湖北省委、省政府决定在全省实行省管县（市）

的财政管理体制。根据民族自治的有关法律，除恩施土家族苗族自治州所属的 8 个县（市）继续由恩施土家族苗族自治州管理外，其他 52 个县（市）全部实行了省直接管理的财政体制。2007 年初，湖北省召开的全省县域经济工作会议宣布：除恩施土家族苗族自治州和市辖区外，赋予全省所有县（市）政府享受地市级经济社会管理权限。湖北省“省管县”改革的亮点在于其转移支付制度创新。根据所依据的政策、测算时所考虑的因素以及政策目标和资金功能的不同，将省对县（市）的一般性转移支付分为均衡性（一般）转移支付、激励性（一般）转移支付和政策性（一般）转移支付三种形式。

（二）安徽做法

2007 年，《安徽省人民政府关于在宁国等 12 个县（市）开展扩大经济社会管理权限试点工作的通知》决定，在宁国等 12 个县（市）开展扩大经济社会管理权限试点工作，试点县享有省辖市部分经济社会管理权限。主要包括计划管理、经费安排、税务办理、项目申报、用地报批、证照发放、价格管理、统计报送、政策享有、信息获得等方面。安徽省“省管县”改革的特点在于试点县实行考核淘汰制。12 个试点县（市）并不是固定的，放权的同时，省政府还将对试点（市）县实行动态管理，由省加快县域经济发展领导小组每两年考核一次，按照有进有出、两年滚动的原则，对达不到要求的县（市）将予以淘汰，达到要求的县（市）可以进入。

四、实施“三奖一补”激励政策

2005年5月8日，财政部印发《2005年中央财政对地方缓解县乡财政困难奖励和补助办法》，出台“三奖一补”*政策。财政部从2005年开始实施这一政策，其目的就是要缓解县乡财政困难。

“三奖一补”政策实施取得较明显成效。开始的两年已带动地方安排的奖补资金808亿元，全国791个财政困难县共增加财力1298亿元，平均每县（市）增加财力16410万元。全国财政困难县个数由791个减少到27个，困扰多年的县乡财政困难基本得到缓解。随着财力的增加，县乡财政保障能力也明显增强，多年来存在的拖欠工资这一“老大难”问题得到解决，2006年各地行政事业单位人员全国统一规定工资全部按时足额发放。县乡政府运转状况显著改善，2003—2006年，县级人均公用经费水平由3458元提高到6367元，三年增加2909元。同时，用于教育、卫生、社会保障等方面的支出也增加很多。

此外，实施“三奖一补”政策以来，各地精简机构、分流人员的步伐明显加快。2003—2006年，各地共撤并乡镇4006个，累计减少财政供养人员87.2万人。

* “三奖”，一是对财政困难的县政府增加税收收入和省市级政府增加对财政困难县财力性转移支付给予奖励，二是对县乡政府精简机构和人员给予奖励，三是对产粮食大县给予奖励。“一补”是对以前缓解县乡财政困难工作做得好的地区给予补助的政策。

五、中央对地方财政的转移支付规模扩大

1994年分税制改革以后，中央财政对地方财政的转移支付规模越来越大，而且对调整地区间财力的差距作用也越来越凸显。与此同时，地方财政对中央财政转移支付的依赖程度越来越高。

根据财政部数据反映：1994年中央对地方财政转移支付规模

为2389亿元，2000年为4665亿元，2000年是1994年的近2倍；2011年达到34881.33亿元，是1994年的14.6倍。2000—2005年，中央对地方转移支付约占地方财政支出总量的44.3%，2006—2014年，这一比重已经提高到48%。2010年中央公共财政支出中，对地方财政的转移支付支出占比就达到56.6%。①

随着中央财政转移支付规模的扩大，中央对区域之间财政收入的再分配力度增强，在一定程度上缓解了经济发达地区与欠发达地区之间的财力差距。2005年，按照人均财政收入计算，如果将东部地区作为100，中西部地区分别为31和30，中央转移支付后的中西部人均财力上升到45和52，与东部地区的差距明显缩小。②

用另外一种方式描述中央财政转移支付后地区间财力均等化程度，即按照各地区人均一般公共预算收入与全国平均水平的比较。2005年，人均一般公共预算收入前五位省市占全国平均值比重在转移支付前是377%，经过转移支付以后下降到274%；后五位省区的平均值占全国平均值比重由转移支付前的42%提高到106%。可见，分税制改革后转移支付明显提高了地区间财力的均等化程度。

---

① 谢旭人：《关于2010年中央决算的报告》，财政部网站，2011年6月27日。

② 李萍主编：《中国政府间财政关系图解》，北京：中国财政经济出版社，2006年版，第40页。

第三节　预算管理制度的完善

一、政府收支分类改革与完善部门预算管理

（一）政府收支分类改革

政府收支分类改革是对原有的政府预算收支分类进行的重新划分收支科目的改革，是新中国成立以来我国财政收支分类统计体系的一次最为重大的调整。此次改革从 2007 年开始全面实施。

政府收支分类改革的主要目的是为了解决原分类体系不能清晰地反映政府收支全貌和职能活动情况的问题，改革借鉴国际通行做法，并与中国国情相结合，按照社会主义市场经济下公共财政的要求，划分政府预算收支分类的一次深刻创新性改革。这项改革有利于提高政府财政预算的透明度，强化预算管理和监督，对从源头上治理腐败，促进社会主义民主政治建设都具有十分重要的意义。

改革的主要内容是将政府财政收支分为三大类，即收入分类、支出功能分类和支出经济分类。收入分类反映政府收入的来源和性质，支出功能分类反映政府各项职能活动，支出经济分类反映各项支出的经济性质和具体用途。

（二）完善部门预算管理，强化预算约束

完善部门预算管理的主要措施包括：一是建立和完善基本支出定额管理体系，推进实物费用定额试点。二是建立和完善项目支出管理办法，推动项目支出预算滚动管理。三是稳步推进部门预算支出绩效考评试点工作。财政部研究制定了《中央部门预算支出绩效考评管理办法（试行）》。2006 年，按照考评管理办法规定，经部

门申请，财政部确定对农业部“农业科技跨越计划经费”等四个项目进行绩效考评试点。2007年，试点扩大到教育部的六个项目。四是规范预算编制程序。财政部相继制定了《财政部中央部门预算编制规程》等规范性文件，提出“二上二下”*的预算编制程序。

* 中央部门上报部门预算，简称“二上”。各中央部门根据财政部下达的预算控制限额，编制部门预算草案上报财政部。财政部批复部门预算，简称“二下”。

完善预算管理的措施对强化预算约束，规范预算管理流程起到了重要的保障作用。2000年所有中央部门和单位按照基本支出预算和项目支出预算试编部门预算，初步实现“一个部门一本预算”。选择教育部、农业部、科技部和社会保障部四个部委作为部门预算试点单位，向全国人民代表大会报送。2001年增加到26个部门，到2006年增加到40个。

2006年，财政部印发《关于完善和推进地方部门预算改革的意见》，提出“十一五”期间，全国县以上财政部门都要实行比较规范的部门预算。截至2008年底，全国2800多个县级单位中，全面推行部门预算改革的达到2400多个，占总数的86.6%。到2010年底，部门预算改革基本完成了各级财政部门的全覆盖。

二、完善“收支两条线”管理与金财工程建设

（一）完善“收支两条线”管理

所谓“收支两条线”是指政府对行政事业性收费、罚没收入等政府非税收入的管理方式，即有关部门取得的非税收入与发生的支出脱钩，收入上缴国库或财政专户，部门不得截留、坐支，财政部门安排给部门的支出不能和收入挂钩，而是根据各单位履行职能的需要按标准核定并拨付的资金管理模式。

深化“收支两条线”管理改革的核心是按照公共财政管理的要

求，将全部财政性收支逐步纳入政府预算管理，不能有游离于政府预算之外、不受社会公众监督的财政性收支。它要解决的主要问题是公共财政收支的管理范围问题，其本质也是规范政府的活动范围。这项改革，从“收”的方面讲，主要是收缴分离，规范政府预算外收入收缴并减少部门、单位占压政府资金。对那些合法合规的收费收入，不再由部门、单位自收自缴，实行收缴分离，纳入政府预算或实行专户管理；从“支”的方面讲，主要是收支脱钩，执收单位上缴的收费和罚没收入不再与其支出安排挂钩。改革的最终目标是编制综合政府预算，取消预算外收支。

2001 年，国务院办公厅转发财政部《关于深化收支两条线改革进一步加强财政管理意见的通知》，全面规定了收支两条线改革的内容和步骤。首先将中央各个部门的预算外收入全部纳入专户管理，有条件的纳入预算管理。2002 年将公安部等 5 个行政执法部门的 11 项行政事业性收费纳入预算管理。2003 年将 30 个部门的 118 项收费纳入预算管理。2004 年又将 26 个部门的 76 项行政事业性收费纳入预算管理。

2004 年财政部发布《关于加强政府非税收入管理的通知》，明确政府非税收入的管理范围，并要求分类规范管理政府非税收入。自 2007 年 1 月 1 日起，土地出让收支全额纳入地方基金预算管理。

（二）推进金财工程建设，提升财政管理的信息化水平

金财工程是指政府财政管理信息系统，涵盖了多个核心财政业务的管理系统，包括预算管理、国库集中收付、国债管理、政府采购等。这些系统通过细化部门预算、实现财政收支全部进入国库单一账户、以预算指标、用款计划和采购订单为预算执行的主要控制

机制，确保财政资金的有效监管和使用，提高财政管理的精细化、科学化和规范化水平。2002 年，国家信息化领导小组将金财工程列为国家电子政务主要业务系统之一，金财工程正式全面启动。

金财工程建立了覆盖全国各级财政管理部门和财政资金使用部门的信息网络系统，包括纵向连接财政部、省财政厅、地区财政局的三级网络，以及横向连接财政资金使用部门的网络系统。其建设的主要内容包括：一个应用支撑平台，中央与地方财政数据处理系统，内部涉密网、工作专网和外网，预算编制系统、预算执行系统、决策支持系统和行政管理系统等。金财工程还建立了以认证中心、数据加密为核心的统一安全保障体系，确保了系统的高效、稳定运行和数据的安全性。通过采取多种安全措施，如访问控制、数据加密、备份恢复等，有效防范了外部攻击和数据泄露的风险。通过这套系统，可以在财政资金运行的各个环节，实现财政管理权限的相互制约，并对财政资金运行实施事前、事中和事后的全过程实时监测，实现阳光下的财政监管。

第四节　健全公共财政改革评析

一、财政支出结构向农村和民生倾斜取得明显成效

从改革开放以来，财政支出结构最大的改变是经济建设支出所占比重不断下降，政府从直接经济建设的职能中逐渐退出，市场发挥资源配置的作用逐渐加强，标志着政府职能转变的基本完成，政府主要从事公共服务的提供和宏观经济结构的调节。随着完善公共

财政体系改革的推进，财政支出的结构不断向“三农”和民生支出倾斜，在这一阶段取得明显成效。

二、财政支出结构调整带来的相关改革和问题

在这一转变过程中，也存在和遗留了一些问题。例如，在政府财政中如何划分公共服务职能与经济管理职能？具体到财政预算管理的具体方式和方法，都需要进行新的探索和制度创新。财政预算管理创新主要表现为“四本预算”——一般公共预算、政府性基金预算、国有资本经营预算和社会保险基金预算的设立。1997 年之前，政府预算只有一个账本。当 13 项政府性基金被纳入预算，实行复式预算后，设立了政府性基金预算，政府账本变为两个。2007 年，国有资本经营预算单独编制，预算报告拥有了三个账本。到 2014 年，全国社会保险基金预算开始编制，预算报告就有了四个账本。一般公共预算主要体现了政府履行社会管理者职能，反映政府从事公共服务的收支情况；政府性基金预算和国有资本经营预算主要体现政府作为生产资料公有制代表，履行所有者管理职能。

三、所有政府收支全部纳入预算管理

政府收支经历了由“散、乱”到“集中、统一”的治理过程。从对预算外资金的整顿、清理和治理开始，这个过程历经了 20 年左右的时间。直到 2011 年，财政部基本完成了将预算外非税收入和支出全部纳入了预算管理的任务，历史性地完成了政府收支全口径、全范围纳入政府预算管理的治理和改革。

这一举措意义重大。一方面，政府依据权力取得的全部收入——税收和非税收，以及这些收入形成的支出，都纳入预算管理，意味着政府的权力受到全国人民代表大会的约束，而避免政府部门的任意行为；另一方面，非政府主体——企业和个人能够最大限度地避免政府的乱收税、乱收费的困扰。

与此同时，这项改革为形成对政府财政预算的硬约束奠定了基础，有利于政府提高财政资金的使用效率，政府的所有收支活动置于人民的监督之下，推进了人民全过程民主的实现。

实现综合、统一的财政预算，政府各个部门的所有收支均纳入部门预算，增强了部门预算的完整性，能够集中财力办大事，使预算资金投向部门单位，为其履行职责、提供社会公共服务，切实提高部门预算的保障水平起到重要作用。

四、财政预算管理的科学化和信息化水平提高

部门预算的改革和完善，改变了传统预算由财政部门代替部门和单位编制预算的预算编制形式，解决了预算多头管理、一个部门多个预算的突出问题，明确部门、单位为预算编制的主体，实现“一个部门一本预算”。按照“二上二下”预算编制流程，建立从基层预算单位开始，自下而上、层层编制审核预算的预算编报体系，提高了预算编制的真实性和准确性。

部门预算的改革和完善，规范了预算分配制度，通过实施定员定额管理，初步建立预算定额与实物资产相结合的定额标准体系，使部门基本运转经费测算变得科学合理与公平公正；通过实施项目库管理，做好预算支出项目的分类和细化工作，挤压了项目“水

分”；通过规范结余资金管理，加大结余资金统筹使用力度，优化了财政资源配置，提高了财政资金使用效益。

以金财工程为代表的财政管理信息化，大大提高了财政管理的效率、财政监督的有效性，以及财政收支的透明度，进一步规范了财政预算管理。

五、中央对地方财政转移支付制度存在的问题

中央财政对地方财政的制约程度越高，转移支付的作用越大，转移支付制度的完善就越发重要。中央财政转移支付制度存在的主要问题是：中央财政转移支付应该以促进地区间基本公共服务的均等化为目的，为此需要调整好一般性转移支付与专项转移支付之间的比例。

一般性转移支付相对于专项转移支付来讲，更加能够发挥地区均等化作用。因为专项转移支付大多是由中央政府各个主管部门进行分配的转移支付资金，由于这些专项资金往往需要地方政府进行配套资金，经济欠发达地区的配套资金不足，或者筹集不到位，因此专项转移支付在均衡地方政府财力的作用上，并不明显，甚至有些支出可能存在逆调节作用。所以，发挥中央财政转移支付对地区间财力的均等化作用，主要是依靠一般性转移支付。在一般性转移支付与专项转移支付之间的比例上，应该是前者高于后者。

从这一意义上说，我国转移支付结构还需通过进一步深化改革，加以调整和纠正。

第八章

深化社会主义市场经济财税体制改革：营改增和税制优化

▼

增值税与营业税并存，在制造业生产和流通过程实行增值税，在第三产业主要实行营业税，这是 1994 年财税体制改革遗留下来没有统一的税制问题。由于第二、三产业实行不同的流转税制，存在着由于税收负担不同对价格的影响，使得资源配置在市场机制调节中发生扭曲。于是，营改增试点提上日程。同时，由营改增引发的中央与地方财政收入划分随之进行调整。

第一节　营改增的改革历程

一、营改增的改革背景

21 世纪前十年，我国的国际经济环境和国内经济发展战略都发生了新的重大改变。

1．国际经济环境错综复杂

进入 21 世纪后，国际经济环境与 21 世纪初期中国加入世界贸易组织时相比，有了很大变化，主要表现为反经济全球化和贸易保护主义的国际潮流日益抬头。2018 年，作为世界经济第一强国的美国，频繁出台贸易保护主义的措施：提高钢铁和铝制品关税；美国提出针对中国出口美国的1300个中国产品，涉及航空航天、信息和通信技术、机器人、医药和机械等行业，总规模大约500亿美元征收额外25%的关税等。中美贸易摩擦升级，对中国的出口带来消极影响。

2．我国经济由高速增长阶段转向高质量发展阶段

改革开放以来，我国经济经历了30多年的9%~10%的高速增长。这种高速增长在使我国经济总量规模迅速扩大的同时，存在着经济增长效率低下、环境污染和资源浪费、经济结构不合理、收入差距扩大等问题。经济的可持续发展要求我国必须转变经济增长的方式，早在“九五”计划时期中央就提出转变经济增长方式的思想，当时的主要含义是将粗放型经济向集约型经济转变。党的十七大报告提出转变经济发展方式的概念，之后党的一系列重要文件都提出加快转变经济发展方式的要求。从党的十八大开始，我国经济由高速增长阶段转向经济高质量发展阶段，转变经济发展方式有了实质性启动。经济高质量发展阶段有以下几个主要特征。

（1）经济增长速度由高速增长转向中高速增长。为了实现经济发展转型，有必要将经济增长的高速度降下来，在经济中高速增长过程中实现我国经济的可持续增长。从2012年开始，我国经济增长率由年均9%~10%逐步降到5%~6%。

（2）经济增长注重质量提高。通过制造业产业和产品升级，促进制造业从中低端向中高端迈进。服务业科技含量和质量不断提升，更加注重经济效率的提高。扭转资本产出率、全要素生产率下降趋势，不断提高微观效率和宏观效率。

（3）绿色低碳经济发展成为必然要求。在高质量发展阶段，通过严格的环境保护，在经济增长的同时做到环境优化；在效率提高的基础上和技术创新的发展中达到资源节约。

（4）促进经济结构合理化。优化经济结构包括投资与消费结构、三次产业结构、区域发展结构、收入分配结构等。调整投资与消费比例，逐步提高消费比重；从供给侧解决第二产业过剩问题，淘汰落后和污染环境的制造业产能，提高第三产业比重，发展现代服务业；逐步缩小区域间经济发展和基本公共服务差距，促进地区间经济社会的协调发展；逐步缩小收入分配差距。

总之，经济发展方式的转变是我国经济可持续的必由之路，在这种经济转型的关键时期，财税体制改革要适应经济转型的需要，面临着新任务和新挑战。

3．**深化财税体制改革的要求**

2013 年 11 月，党的十八届三中全会召开，大会通过《中共中央关于全面深化改革若干重大问题的决定》，提出深化财税体制改革的总体要求：财政是国家治理的基础和重要支柱，科学的财税体制是优化资源配置、维护市场统一、促进社会公平、实现国家长治久安的制度保障。其中关于完善税收制度方面提出，要深化税收制度改革，完善地方税体系，逐步提高直接税比重。推进增值税改革，适当简化税率。调整消费税征收范围、环节、税率，把高耗能、高污染产品及部分高档消费品纳入征收范围。逐步建立综合与分类相结合的个人所得税制。加快房地产税立法并适时推进改革，加快资源税改革，推动环境保护费改税。

基于以上背景，我国财税体制改革中的税制改革重头戏主要包括：营改增、开征环境保护税、完善个人所得税以及由营改增引发的中央与地方财政收入划分调整等内容。

二、营改增的酝酿与试点

（一）营改增的酝酿

在我国，营改增的酝酿实际上从20世纪90年代后期就开始了，但改革的复杂性、难度，以及涉及中央与地方财政关系的调整难度问题一直存在。直到中央下决心要实质性地推进这项改革，并且分步实施改革后，仍然对营改增存在着两种思路：一是将全部营业税改为增值税，彻底取消营业税税种，结束增值税与营业税双轨状态。二是将部分行业的营业税改为增值税，继续保留营业税，在我国维持增值税和营业税并存格局。

1．两种思路与各自理由

持第一种思路的主要理由有三点：一是在所有行业中统一征收增值税，有利于实现公平税制与税负。二是从税制角度看，取消营业税后的税制比较简洁。三是通过全面营改增，进一步降低服务业税负以促进我国服务业发展和经济转型。

持第二种思路的主要理由有五点：一是两轮营改增试点，已基本解决不利于现代服务业发展的重复征税问题，除了金融业（该行业税制有特殊性，需要专门研究和处理），继续扩大营改增的必要性不大。二是其余一些行业的税收征管难度很大，营业税改为增值税的成本和必要性值得慎重考虑。比如，娱乐业、餐饮、旅店等服务业的小微企业数量巨大、财务管理水平低下，如果对近95%的小型业户都采用与营业税完全相同的定率简易征收办法，本质上与营业税是一样的，因此对这类行业实行营改增的意义不是很大。三是两轮营改增对地方财政影响有限，大约不超过地方税收收入的10%左右（根据湖北等省的情况），尚在地方财力可承受范围之内。四是从国际视野看，税制稳定是最优税制的重要原则，保持增值税与营业税并存局面有利于税制相对稳定。五是从国际做法看，增值税在各国有多种模式，如欧洲的增值税、澳大利亚和加拿大的商品和劳务税、日本的消费税等，各国都是根据本国国情选择增值税的具体模式。

2．对两种思路的比较分析

第一种思路主要着眼于税制的统一和短期宏观政策性效应。从主观意愿上看，营改增应该是制度建设和短期宏观政策效应能够统一，从而达到既改革和完善税制，又能够促进经济增长和经济转型的目的。从客观上看，为服务业减税产生一定的政策效应，但是增值税税率由于变成多档，而使得税制的规范遇到新的挑战。

第二种思路主要着眼于现实税收征管能力和改革成本的考虑。我国税收征管的基础，具有两个突出的国情特点：一是人口众多，纳税人面广，中国的纳税人数量可能超过欧洲某些中小国家的本国人口数量；二是中国基本上没有自然人直接纳税的传统习惯，加上财政民主化、透明化正在推进过程中，所以公民纳税遵从度相对较低，需要教育和培养。基于上述国情特点，税制改革必须考虑征管成本，这也是税制改革的成本。经过研究，中央的决策是按照第一种思路，全面实行彻底的营改增改革。

（二）营改增改革的三个阶段

第一阶段：地区试点。2012 年 1 月 1 日，率先在上海实施了交通运输业和部分现代服务业营改增试点；2012 年 9 月 1 日至 2012 年 12 月 1 日，营改增试点由上海市分 4 批次扩大至北京、江苏、安徽、福建、广东、天津、浙江、湖北 8 省（市）。

第二阶段：全国试点部分行业。2013 年 8 月 1 日，营改增试点推向全国，同时将广播影视服务业纳入试点范围；2014 年 1 月 1 日，铁路运输业和邮政业在全国范围实施营改增试点；2014 年 6 月 1 日，电信业在全国范围实施营改增试点。

第三阶段：全面铺开营改增。自 2016 年 5 月 1 日起，在全国将试点范围扩大到建筑业、房地产业、金融业、生活服务业，并将所有企业新增不动产所含增值税纳入抵扣范围，确保所有行业税负只减不增。

改革的推进积极而谨慎。2011 年 10 月 26 日，国务院常务会议正式决定，为解决货物和劳务税制中实行增值税和营业税的双轨税制，在上海主动提出先行先试的要求下，决定从 2012 年 1 月 1 日起，在上海对原征收营业税的交通运输业和部分现代服务业率先进行营改增试点。上海营改增试点取得成功，为在全国其他地区扩大改革试点奠定了基础。

三、营改增的全面铺开

2016 年 5 月 1 日，我国全面推开试点的营改增，被认为是 1994 年分税制改革以来最深刻的一次财税改革，迈出了税制改革的重大一步。这意味着营业税从此彻底退出历史舞台，增值税作为我国第一大税种，其制度将更加完善规范。

（一）营改增全面铺开的总动员

2016 年 4 月 1 日，李克强就全面实施营改增到财政部、国家税务总局考察并主持召开座谈会。财政部、国家税务总局主要负责人作了汇报，住房和城乡建设部、交通运输部、中国人民银行、国资委、银监会等部门负责人先后发言。

在座谈会上，李克强对全面推进营改增改革的意义、原因作出翔实深入的阐释，并对各部门工作提出明确要求，强调改革后“所有行业税负只减不增”。

首先，营改增首先是有利于拉动经济增长。此次营改增试点全面推开，是2012年以来规模最大的一次减税，2016年减税的金额将超过5000亿元。此次营改增全面实施，实行行业范围和抵扣范围“双扩”，涉及新增建筑、房地产、金融、生活服务4个行业约1000多万户纳税人。因为这两年新增注册企业的“井喷式”增长，这一数字超过事先测算，这也意味着将有更多企业会在改革中受惠。在当前许多行业、企业出现经营困难的情况下，全面推进这项改革，有利于给企业增加活力，给经济增加动力。这就是要用政府收入的“减法”，换取企业效益的“加法”，和市场活力的“乘法”。

其次，营改增有利于促进经济的转型升级。这次全面推开营改增的政策取向，突出了推动服务业特别是研发等生产性服务业发展，这可以有力促进产业分工优化，拉长产业链，带动制造业升级。可以说，营改增是创新驱动的“信号源”，也是经济转型升级的强大“助推器”。同时，营改增通过统一税制，贯通服务业内部和二、三产业之间抵扣链条，从制度上消除重复征税，使税收的中性作用得以充分发挥。这有利于营造公平竞争的市场环境，对完善我国财税体制有长远意义。[①]

① 《部署全面推开营改增，总理这么说》，中国政府网，2016年4月5日。

增值税作为我国第一大税种，所占税收比例进一步提高到42%。20世纪中叶，很多国家引入增值税，推动了本国的工业化进程和服务业发展的同时，也带动了大量就业。

全面推进营改增试点是一项重大改革。这项改革最早于2012年在上海开始试点，取得一些经验后逐步推开，到现在全面推开试点，可以说迈出了重大一步。从试点情况看，刚开始有一些行业出现了税负增加等情况，我们经过两年多的探索逐步完善解决。根据财政部和税务总局的汇报，截至2015年底，累计实现减税6412亿元。在经济下行压力持续加大的情况下，营改增发挥了积极作用。

全面实施营改增是2016年政府工作的重头戏，是积极财政政策更加有效的关键性举措，也是结构性改革和财税体制改革牵一发而动全身的重大举措。营改增不仅给企业减税、推动税制调整，也助力国家经济发展。

2016年《政府工作报告》提出，营改增后要确保所有行业税负只减不增。一旦出现某些行业性税负增加问题，要立即采取过渡性措施，确保所有行业税负只减不增。特别是几个重要的行业，建筑业是拉动经济的关键，金融业是稳定经济的支柱，一定要有“量体裁衣”的政策安排，让各行各业都受到减轻税负的“利好”，通过“放水养鱼”增强经济发展的动力和后劲。

（二）营改增的全面铺开行动

2016年3月，财政部、国家税务总局发布《关于全面推开营业税改征增值税试点的通知》，提出自2016年5月1日起，在全国范围内全面推开营业税改征增值税试点，建筑业、房地产业、金融业、生活服务业等全部营业税纳税人，纳入试点范围，由缴纳营业税改为缴纳增值税。要求各地要高度重视营改增试点工作，切实加强试点工作的组织领导，周密安排，明确责任，采取各种有效措施，做好试点前的各项准备以及试点过程中的监测分析和宣传解释等工作，确保改革的平稳、有序、顺利进行。

营改增全面铺开以后，税务机构的全体人员以极大的工作热情投入这场改革之中。营改增涉及将原征收营业税的近 1600 万户企业纳税人、1000 万自然人纳税人和超过 2 万亿元的营业税收入改征增值税。从 2016 年 3 月—2017 年 2 月，财政部和国家税务总局出台了超过 40 份法规规章和补充文件，应对改革过程中出现的新问题。

2017 年 11 月，国务院宣布废止《营业税暂行条例》，修订《增值税暂行条例》，标志着营改增改革取得决定性胜利。营改增从 2012 年上海试点开始，至 2016 年历经了 5 年的时间，全面铺开营改增仅仅用了一年多的时间，整个改革基本平稳有序。

第二节　增值税后续改革与其他税制优化

一、增值税减并税率和留抵退税

在营改增改革全面铺开以后，增值税的改革和完善还在继续。这项改革主要涉及两方面问题：一是增值税税率问题，二是增值税的留抵退税问题。因此，增值税制度的完善一直在持续之中。

（一）减并税率

营改增改革初期，我国增值税税率处于多档状态，并且税率总体在世界范围内属于中等水平，但在亚洲地区属于偏高水平。在我国经济转型过程中，为了配合和落实中央“六保”、“六稳”的宏观经济政策，增值税税率的改革采取了减并和降低税率的举措（见表8–2）。

表 8–2　增值税税率历年历次调整变动汇总表

<table>
<tr><th>时间</th><th>销售一般货物、劳务</th><th>销售农产品等列举货物</th><th>销售列举服务、土地使用权、不动产</th><th>销售一般服务、转让无形资产</th><th>农产品抵扣率</th><th>农产品加计扣除率</th></tr>
<tr><td>自 2019 年 4 月 1 日起</td><td>13%</td><td colspan="2">9%</td><td>6%</td><td>9%</td><td>1%</td></tr>
<tr><td>2018 年 5 月 1 日—2019 年 3 月 31 日</td><td>16%</td><td colspan="2">10%</td><td>6%</td><td>10%</td><td>2%</td></tr>
<tr><td>2017 年 7 月 1 日—2018 年 4 月 30 日</td><td>17%</td><td colspan="2">11%</td><td>6%</td><td>11%</td><td>2%</td></tr>
<tr><td>2016 年 5 月 1 日—2017 年 6 月 30 日</td><td>17%</td><td>13%</td><td>11%</td><td>6%</td><td>13%</td><td></td></tr>
<tr><td>2016 年 5 月以前</td><td>17%</td><td>13%</td><td></td><td></td><td>13%</td><td></td></tr>
</table>

资料来源：《增值税税率历年历次调整变动情况汇总表》，财税会计网，2019年11月20日。

概括来讲，2018 年将标准税率由 17%降到 16%，2019 年再次降到 13%；2017 年减并了销售农产品等列举货物和销售列举服务、土地使用权等的两档税率。

（二）留抵退税

所谓留抵退税，是指对纳税人已缴纳但未抵扣完的进项税额进行退还。留抵税款是在一定时间内纳税人的销项税小于进项税而形成的未抵扣完的进项税款。

表 8–3　增值税留抵退税政策

时间	内容	依据
自 2018 年 6 月起	试行对部分行业增量留抵税额退税	《财政部 税务总局关于 2018 年退还部分行业增值税留抵税额有关税收政策的通知》
自 2019 年 4 月 1 日起	取消行业限制，对于符合条件的纳税人，均有机会申请享受增值税期末留抵税额退税制度	《财政部 税务总局 海关总署关于深化增值税改革有关政策的公告》
自 2019 年 6 月 1 日起	符合条件的部分先进制造业纳税人（非金属矿物制品、通用设备、专用设备及计算机、通信和其他电子设备销售额），可以自 2019 年 7 月及以后纳税申报期向主管税务机关申请退还增量留抵税额	《关于明确部分先进制造业增值税期末留抵退税政策的公告》
2020 年 1 月 1 日—2021 年 3 月 31 日	疫情防控重点保障物资生产企业可以按月向主管税务机关申请全额退还增量留抵税额	《政策部 税务总局关于支持新型冠状病毒感染的肺炎疫情防控有关税政政策的公告》《财政部 税务总局关于支持疫情防控保供等税费政策实施期限的公告》《财政部 税务总局关于延续实施应对疫情不分税费优惠政策的公告》
自 2021 年 4 月 1 日起	将运输设备、电气机械、仪器仪表、医药、化学纤维等制造企业纳入先进制造业企业增值税留抵退税政策范围，实行按月全额退还留抵税额	《财政部 税务总局关于明确先进制造业增值税期末留抵退税政策的公告》

资料来源：《增值税留抵退税政策一文全解》，中国会计视野网站，2021年5月2日。

留抵退税政策从微观来看，有利于企业增加现金流，降低运营成本；从宏观经济层面来看，促进了市场环境的宽松。

二、开征环境保护税

我国从“费改税”开始就一直酝酿将征收多年的“排污费”等收费改为税收。到 2014 年，这项改革得到实质性的推进，并于 2016 年完成立法。

（一）酝酿与立法

2014 年 11 月，财政部会同环境保护部、国家税务总局积极推进中华人民共和国环境保护税立法工作，形成《中华人民共和国环境保护税法》（草案稿）并报送国务院。

2015 年 6 月，国务院法制办公室发出《关于〈中华人民共和国环境保护税法（征求意见稿）〉公开征求意见的通知》，国务院法制办将财政部、税务总局、环境保护部起草的《中华人民共和国环境保护税法（征求意见稿）》及说明全文公布，征求社会各界意见。2015 年 8 月 5 日，环境保护税法被补充进第十二届全国人民代表大会常委会立法规划。2016 年 8 月 29 日—9 月 3 日，第十二届全国人民代表大会常委会第二十二次会议对《中华人民共和国环境保护税法（草案）》进行初次审议。2016 年 12 月 25 日，第十二届全国人民代表大会常务委员会第二十五次会议通过《中华人民共和国环境保护税法》。

（二）《环境保护税法》的主要内容

环境保护税的纳税人，为在中华人民共和国领域以及管辖的其他海域，直接向环境排放应税污染物的企业事业单位和其他生产经营者。

征税对象分为大气污染物、水污染物、固体废物和噪声等 4 类，具体税目按照税目税额表的规定执行。对大气污染物、水污染物的征收范围，按每一排放口的污染物种类数以污染当量数从大到小的顺序，最多不超过 3 项（重金属污染物为 5 项）。省级人民政府可以根据本地区污染物减排的特殊需要，增加同一排放口征收环保税的应税污染物种类数。

对农业生产（不包括规模化养殖）排放的应税污染物，机动车、铁路机车、非道路移动机械、船舶和航空器等流动污染源排放的应税污染物，城镇污水处理厂、城镇生活垃圾处理场向环境排放污染物不超过国家规定排放标准的，暂免征收环境保护税。纳税人排放应税大气污染物和水污染物低于排放标准 50%以上且未超过污染物排放总量控制指标的，省级人民政府可以决定在一定期限内减半征收环保税。

关于征收管理，按照“企业申报、税务征收、环保协同、信息共享”的征管模式，纳税人向税务机关申报纳税，对申报的真实性和合法性承担责任；对重点监控（排污）纳税人和非重点监控（排污）纳税人进行分类管理；税务机关发现纳税人有申报数据明显不实、逃避纳税等行为的，可提请环保部门审核纳税人的污染物排放情况；环保部门和税务机关建立相关信息共享机制。

环境保护税的开征对促进形成节约能源资源、保护生态环境的产业结构、发展方式和消费模式，加快转变经济发展方式，起到积极作用，同时是非税收入改为税收的成功举措。

三、个人所得税的优化改革

（一）不断提高个人所得税扣除额

随着经济发展、个人收入增长、物价上涨，个人消费支出水平也必然水涨船高，个人所得税扣除额的调整势在必行。

2011 年 6 月 30 日，第十一届全国人民代表大会常委会第二十一次会议表决通过全国人民代表大会常委会关于修改个人所得税法的决定。个人所得税扣除额从 2000 元提高到 3500 元，同时，将个人所得税第 1 级税率由 5%修改为 3%，9 级超额累进税率修改为 7 级，取消 15%和 40%两档税率，扩大 3%和 10%两个低档税率的适用范围。

2018 年 8 月 31 日，关于修改个人所得税法的决定经第十三届全国人民代表大会常委会第五次会议表决通过，个人所得税扣除额由每月 3500 元提高为每月 5000 元。

（二）2018 年个人所得税的综合计征改革

2018 年，酝酿多年的个人所得税分项与综合计征的优化改革得以实现。2018 年 6 月 29 日，全国人民代表大会代表大会常委会公布《中华人民共和国个人所得税法修正案（草案）》的征求意见的通知，开启了个人所得税优化改革的序幕。

这次改革是我国个人所得税制度优化的重要一步，因为改革的内容比较多，而且是综合性的。主要内容包括六个方面。

1. 完善有关纳税人的规定

明确引入居民个人和非居民个人的概念，并将在中国境内居住的时间这一判定居民个人和非居民个人的标准，由现行的是否满 1

年调整为是否满 183 天，以更好地行使税收管辖权，维护国家税收权益。

2．对部分劳动性所得实行综合征税

现行个人所得税法采用分类征税方式，将应税所得分为 11 类，实行不同征税办法。按照“逐步建立综合与分类相结合的个人所得税制”的要求，结合征管能力和配套条件等实际情况，草案将工资、薪金所得，劳务报酬所得，稿酬所得，特许权使用费所得等 4 项劳动性所得（以下称综合所得）纳入综合征税范围，适用统一的超额累进税率，居民个人按年合并计算个人所得税，非居民个人按月或者按次分项计算个人所得税。同时，适当简并应税所得分类，将“个体工商户的生产、经营所得”调整为“经营所得”，不再保留“对企事业单位的承包经营、承租经营所得”，该项所得根据具体情况，分别并入综合所得或者经营所得。对经营所得，利息、股息、红利所得，财产租赁所得，财产转让所得，偶然所得以及其他所得，仍采用分类征税方式，按照规定分别计算个人所得税。

3．优化调整税率结构

（1）综合所得税率。现行个人所得税中工资、薪金所得税率（3%至 45%的 7 级超额累进税率）为基础，将按月计算应纳税所得额调整为按年计算，并优化调整部分税率的级距。具体是：扩大 3%、10%、20%三档低税率的级距，3%税率的级距扩大一倍，现行税率为 10%的部分所得的税率降为 3%；大幅扩大 10%税率的级距，现行税率为 20%的所得，以及现行税率为 25%的部分所得的税率降为 10%；现行税率为 25%的部分所得的税率降为 20%；相应缩小 25%税率的级距，30%、35%、45%这三档较高税率的级距保持不变。

（2）经营所得税率。现行个体工商户的生产、经营所得和对企事业单位的承包经营、承租经营所得税率为基础，保持5%至35%的5级税率不变，适当调整各档税率的级距，其中最高档税率级距下限从10万元提高至50万元。

4．提高综合所得基本减除费用（即扣除额）标准

按照原个人所得税法，工资、薪金所得的基本减除费用标准为3500元/月，劳务报酬所得、稿酬所得、特许权使用费所得，每次收入不超过4000元的，减除费用800元；4000元以上的，减除20%的费用。草案将上述综合所得的基本减除费用标准提高到5000元/月（6万元/年）。这一标准综合考虑了人民群众消费支出水平增长等各方面因素，并体现了一定前瞻性。该标准对于在中国境内无住所而在中国境内取得工资、薪金所得的纳税人和在中国境内有住所而在中国境外取得工资、薪金所得的纳税人统一适用，不再保留专门的附加减除费用（1300元/月）。

5．设立专项附加扣除

增加了规定子女教育支出、继续教育支出、大病医疗支出、住房贷款利息和住房租金等与人民群众生活密切相关的专项附加扣除。专项附加扣除考虑了个人负担的差异性，更符合个人所得税基本原理，有利于税制公平。

6．增加反避税条款

针对个人运用各种手段逃避个人所得税的现象时有发生，为了堵塞税收漏洞，维护国家税收权益，在第六条中，草案参照企业所得税法有关反避税规定，针对个人不按独立交易原则转让财产、在境外避税地避税、实施不合理商业安排获取不当税收利益等避税行为，赋予税务机关按合理方法进行纳税调整的权力。规定税务机关作出纳税调整，需要补征税款的，应当补征税款，并依法加收利息。

此外，为保障个人所得税改革的顺利实施，草案还明确非居民个人征税办法，并进一步健全与个人所得税改革相适应的税收征管制度。

2018 年 8 月 31 日，第十三届全国人民代表大会常委会第五次会议通过《全国人民代表大会常务委员会关于修改〈中华人民共和国个人所得税法〉的决定》第七次修正案。自 2019 年 1 月 1 日起，新的个人所得税法开始施行。

第三节　深化税制改革的评析

一、营改增的积极效应

（一）全面减税与刺激投资

营改增改革的首要动机和目的主要有两个：一是应对经济转型和国际经济形势带来的下行压力，通过减税降费，降低税费负担，缓解企业的经营困难。二是为了调节产业结构，为部分产能过剩的制造业向服务业转型创造宽松的外部环境。

营改增改革从供给侧发力的减税效应十分明显。根据《中国税务报》的报道，实际的减税效应大致有以下几种：

（1）实行简易征收办法，保证各类企业实现切实的减税。比如，有些从事金融服务的农信社等企业，在税务机关的税收服务指导下，通过实行简易征收办法，确保了小型金融机构在营改增后降低了税负。

（2）大中型的餐饮企业和建筑行业企业在营改增后，通过调整供应商，将不能开具专用增值税发票的供应商剔出，增加能够开具专用增值税发票的供应商，尽量用进项税抵扣销项税，达到了税负下降的目的。

（3）小微企业全方位的减税。在营改增的实施方案中，小规模纳税人的税基按照不含税价格计算，与实行营业税相比，税基缩小了；税率由5%下调为征收率3%。这两项调整使得小微企业得到了全面减税的实惠。

营改增改革是从供给侧发力，对企业实现全面减税的同时，调整税收制度，也产生了刺激企业投资需求的作用。

（二）促进经济转型与结构调整

营改增促进过剩的制造业产能向服务业转型。通过营改增改革，服务行业的税收制度改为征收增值税，税收负担下降，为过剩的制造业企业去产能后的企业转型提供了宽松的税收环境。

从宏观经济数据看，2015年我国服务业增加值341567亿元，占GDP比重首次突破50%，连续四年居于GDP贡献的第一位。2017年服务业增加值占国内生产总值的比重为51.6%，对经济增长的贡献率是58.8%；2019年，第三产业增加值占国内生产总值比重达到53.9%。我国经济正在从“工业”为主的时代逐步向“服务业”为主的时代转型。

二、环境保护税的积极效应

税收相对于收费，具有法治化程度和强制力更高的特点。环境保护税大大强化排污主体在经济上的成本效应，实实在在地将污染所造成的各种外部成本内部化到排污主体的生产经营过程中，纠正以往资源错配造成的扭曲激励机制，进而大大改善污染排放资源的有效配置。

《环境保护税法》于2018年1月1日施行，很快见到成效。有数据显示，2018年第二季度环保税纳税人申报入库52.2亿元，较第一季度增长7.6亿元，环比增长17%。2018年上半年，环保税纳税人申报入库96.8亿元，与2017年同期同口径排污费相比，增收17.5亿元，增长22.1%。2018年上半年，主要水污染物化学需氧量和氨氮，以及主要大气污染物二氧化硫和氮氧化物的申报排放量，与2017年同期缴纳排污费单位的申报排放量相比，均有下降。环境保护税能够通过税收杠杆，鼓励和引导企业加大环保投入、减少污染物排放，从而保护和改善环境，推进生态文明建设。

三、完善个人所得税的积极效应

2019年1月1日开始施行新的《个人所得税法》，在三个方面实现了历史性的突破。一是开创了中国个人所得税综合与分项计征结合的个人所得税先河。这次个人所得税修订，将小范围的综合计征作为突破口，迈出了综合与分项计征相结合的第一步。二是重点降低了中低收入群体的个人所得税负担。取得工资、薪金等综合所得的纳税人，总体上税负都有不同程度的下降，特别是中等以下收入群体税负下降明显，有利于增加居民收入、增强消费能力。三是在个人所得税征管方面，实现了税务机关通过信息化平台对自然人征收所得税的简约、准确的征收管理。与经济发达国家复杂的所得税征管不同，自然人可以不通过复杂的收入申报过程，只要在方便操作的电子设备终端，直接确认税务机关信息平台的收入及缴税记录，并且通过填报专项扣除项目等便捷的操作，经过税务机关的审核确认，就可完成个人所得税的申报、费用扣除以及退税或补税的征缴过程，大大提高了征管的效率。

这次个人所得税制度的改革和优化，走出一条符合中国国情，运用数字经济的最新成果，探索出税收征管高效率的新路子，为下一步我国税制优化奠定了坚实基础。

第九章

政府间财政关系的深化改革：收支划分与转移支付制度的调整

▼

在我国实行营改增之前，营业税是地方财政的主体税种。全面实行营改增后，由于营业税被增值税全面取代，营业税被废止，地方财政的主体税种也就随之消失。因此，中央与地方分税制在收入划分上必须进行调整，同时政府间的支出划分和转移支付制度也需要相应的调整。

第一节　中央和地方财政收支划分的调整和改革

一、改革背景

1994 年分税制改革以后，“财政包干、分灶吃饭”体制下的以“块块管理”为主的财政管理体制转变为以“条条管理”为主。改革后的中央与地方财政管理体制，体现出四个方面的主要特征。

（一）明显提高中央财政收入占全部财政收入的比重

1993 年，中央财政收入占全部财政收入的比重已降到 22%，分税制改革后1994年这一比重提高到55.7%，提高了30多个百分点。之后，虽然中央财政收入占比有所下降，但基本维持在45%~50%，明显高于分税制改革之前。

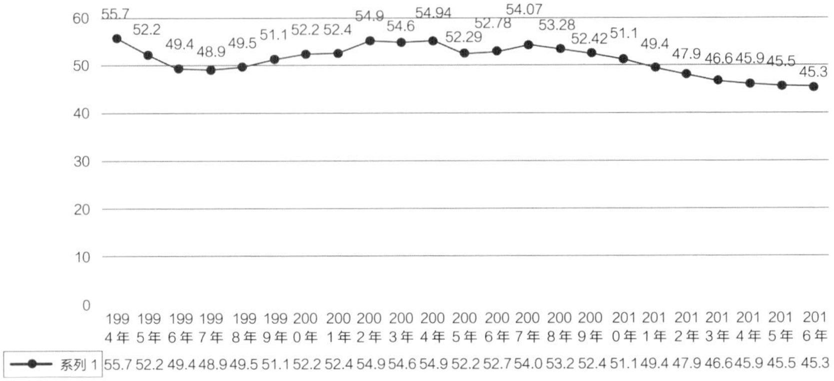

图9-1　中央财政收入占全部财政收入的比重（%）

资料来源：根据财政部网站历年财政决算表数据整理。

2017—2021年，中央财政收入占全部财政收入比重基本稳定在45%左右。

（二）中央财政强化了对各地区间财力的再分配

分税制改革后，随着中央财政收入占全部财政收入比重的提高，以及中央财政转移支付制度的不断完善，中央财政对地方财政的转移支付规模不断扩大，力度明显增强。1994年，中央财政对地方财政的转移支付规模只有461亿元，到2005年扩大到7330亿元，是1994年的14.9倍。2017年，中央财政对地方的税收返还和转移支付规模达到65218亿元，是1994年的131.5倍。通过中央财政的转移支付，强化了中央财政对地区间财力的再分配。

中央财政对地方转移支付的主要目的就是均衡地区间财力差

距，这样的做法效果很明显。中央财政转移支付主要集中投向经济发展相对落后的中西部地区。

用两种方法描述中央财政转移支付后地区间财力均等化程度：一种方法是按照各地区人均一般公共预算收入与全国平均水平的比较。2005 年，人均一般公共预算收入前五位省（市）的平均值占全国平均值比重在转移支付前是 377%，经过转移支付以后下降到 274%；后五位省（区）的平均值占全国平均值比重由转移支付前的 42%提高到 106%。另一种方法是用人均财政收入的基尼系数来衡量。1993 年转移支付前的人均财政收入的基尼系数为 0.42，转移支付后为 0.38，仅下降 0.04。2005 年，转移支付前的基尼系数为 0.47，转移支付后为 0.33，下降了 0.14。可见，分税制改革后转移支付明显提高了地区间财力的均等化程度。

（三）从弥补收支缺口压力角度调动了地方政府的积极性

分税制改革以前的“分灶吃饭”体制是从增加收入留成角度调动地方政府的积极性。分税制改革后，由于多数地方政府本级财政收支存在收支缺口，因此分税制是从地方政府为弥补收支缺口压力角度，调动地方政府发展经济、增加财政收入的积极性。从实践结果来看，地方政府的积极性是我国经济高速增长的重要动力源之一。

在我国，对于分税制改革的利弊评价一直存在两种不同看法。一种观点认为，分税制形成了中央与地方财权和事权的不匹配，主张重新回到“分灶吃饭”体制；另一种观点认为，分税制改革后形成的政府间财政管理体制利大于弊，是符合社会主义市场经济条件下政府间财政体制的制度框架，存在的问题需要通过深化改革加以解决。

（四）分税制体制存在五个主要问题

（1）中央事权和支出责任过小，地方支出责任过大。在分税制下，中央和地方财政支出的一个重要特征是中央财政支出占全部财政支出的比重逐步下降，由1994年的30.3%下降到2019年的14.7%；地方财政支出占全部财政支出的比重逐年提高，由1994年的69.7%提高到2019年的85.3%。这进一步引起中央政府与地方政府间收入占比的变化，中央政府收入占全部财政收入的比重呈下降趋势，而地方政府收入占比呈现上升趋势。

（2）地方政府债务扩张。2010年，国家审计署第一次对地方政府债务进行全面审计摸底。此次审计过程中，地方政府债务分为三类：政府负有偿还责任的债务、政府负有担保责任的或有债务、其他相关债务。截至2010年底，全国地方政府债务规模为107174.91亿元。其中，政府负有直接偿还责任的债务就有67109.51亿元，占62.62%；政府负有担保责任的或有债务为23369.74亿元，占21.80%；政府可能承担一定救助责任的其他相关债务为16695.66亿元，占15.58%。

2014年《中华人民共和国预算法》修订之后，允许地方政府在有控制条件下发行地方政府债券，地方政府债务被合法化，并可进行统计和制度控制。截至2017年底，地方政府一般债务余额达10.33万亿元。[①] 地方政府债务与金融风险密切相关，在经济发展的新时代，控制金融风险必须控制和管理好地方政府债务。

（3）转移支付结构需要调整。在1994年中央财政转移支付

① 《2017年和2018年地方政府一般债务余额情况表》，财政部官网，2018年4月3日。

中，税收返还所占比重高达 79.2%，具有均等化作用的财力性转移支付只占 5.69%，专项转移支付占 15.11%。到 2010 年，转移支付结构有所好转，税收返还所占比重下降到 15.46%，财力性转移支付占 40.92%，专项转移支付占 43.62%。但总体看，财力性转移支付所占比重依然偏低。

（4）地方政府依赖“土地财政”解决财政收支缺口。为发展地方经济，招商引资的“土地财政”随之出现。地方政府在二级市场将土地出让给开发商以取得土地出让金收入，形成政府性基金的财政收入。客观上，“土地财政”增加了地方政府收入，推动了城市基础设施建设，促进了地方公共产品和服务的质量。但在征收土地过程中，也存在侵害农民利益等问题，而且长期看这种方式也具有不可持续性。

（5）地方政府融资平台爆发式扩张。地方政府融资平台是通过政府各部门成立城投公司等方式进行融资和建设。融资的主要渠道是以土地或国有资产为抵押向各类金融机构进行融资。1994—2010 年，随着地方政府融资平台数量和融资规模的快速扩张，地方政府融资平台的负债规模也急剧膨胀。截至 2009 年末，地方政府融资平台贷款余额为 7.38 万亿元，同比增长 70.4%，占银行一般贷款余额的 20.4%。地方政府融资平台最大的风险在于把地方基础建设和公共事业产生的债务信贷化，成为引发金融风险的重要策源地。

二、财政收支划分的调整和改革具体措施

（一）中央与地方财政收入划分的调整

营改增之前，营业税是地方财政的主体税种。我国全面实行营

改增以后，由于营业税被增值税全面取代，营业税被废止，地方财政的主体税种也随之消失。中央与地方分税制在收入划分上必须进行调整。

按照党的十八届三中全会关于“保持现有中央和地方财力格局总体稳定，结合税制改革，考虑税种属性，进一步理顺中央和地方收入划分”的要求，同时考虑到税制改革未完全到位，推进中央与地方事权和支出责任划分改革还需要一个过程，国务院制定了《全面推开营改增试点后调整中央与地方增值税收入划分过渡方案》。

这一过渡方案于2016年5月1日起执行，过渡期暂定2~3年。过渡方案的主要内容是：以2014年为基数核定中央返还和地方上缴基数，所有行业企业缴纳的增值税均纳入中央和地方共享范围。中央分享增值税的50%，地方按税收缴纳地分享增值税的50%等。这一过渡性方案标志着中央与地方分税体制中，完全以共享税作为主要的税收划分方式，提高了共享税在分税中所占的比重。

在实施更大规模减税降费政策的背景下，需要对中央与地方财政收入划分进行明确和调整。2019年9月，国务院下发《关于印发实施更大规模减税降费后调整中央与地方收入划分改革推进方案的通知》，主要提出三点意见和措施：一是保持增值税“五五分享”比例稳定。2019年9月，国务院印发《关于印发全面推开营改增试点后调整中央与地方增值税收入划分过渡方案的通知》，确定的2~3年过渡期到期后，继续保持增值税收入划分“五五分享”比例不变，即中央分享增值税的50%、地方按税收缴纳地分享增值税的50%。二是调整完善增值税留抵退税分担机制。建立增值税留抵退税长效机制，结合财政收入形势确定退税规模，并保持中央与地方“五五”分担比例不变。为缓解部分地区留抵退税压力，增值税留抵退税地方分担的部分（50%），由企业所在地全部负担（50%）调整为先负担15%，其余35%暂由企业所在地一并垫付，再由各地按上年增值税分享额占比均衡分担，垫付多于应分担的部分由中央财政按月向企业所在地省级财政调库。合理确定省以下退税分担机制，切实减轻基层财政压力。三是后移消费税征收环节并稳步下划地方。[①]

（二）进一步推进中央与地方财政事权和支出责任划分改革

这次中央与地方财政管理体制改革和调整的重点是对政府间的事权和支出责任进行明确的划分。2016年8月16日，国务院印发《关于推进中央与地方财政事权和支出责任划分改革的指导意见》，提出改革的总体要求、原则和基本内容（见表9–1）。

表9–1　推进中央与地方财政事权和支出责任划分改革的指导意见

	主要内容（摘要）
总体要求	1. 坚持中国特色社会主义道路和党的领导。2. 坚持财政事权由中央决定。在完善中央决策、地方执行的机制基础上，明确中央在财政事权确认和划分上的决定权，适度加强中央政府承担基本公共服务的职责和能力，维护中央权威。要切实落实地方政府在中央授权范围内履行财政事权的责任，最大限度减少中央对微观事务的直接管理，发挥地方政府因地制宜加强区域内事务管理的优势，调动和保护地方干事创业的积极性和主动性。3. 坚持有利于健全社会主义市场经济体制。4. 坚持法治化规范化道路。5. 坚持积极稳妥统筹推进。
划分原则	1. 体现基本公共服务受益范围。2. 兼顾政府职能和行政效率。3. 实现权、责、利相统一。4. 激励地方政府主动作为。5. 做到支出责任与财政事权相适应。

① 《国务院关于印发实施更大规模减税降费后调整中央与地方收入划分改革推进方案的通知》，《中华人民共和国国务院公报》，2019年29期。

续表

	主要内容（摘要）
改革的主要内容	关于事权划分：1. 适度加强中央的财政事权。坚持基本公共服务的普惠性、保基本、均等化方向，加强中央在保障国家安全、维护全国统一市场、体现社会公平正义、推动区域协调发展等方面的财政事权。强化中央的财政事权履行责任，中央的财政事权原则上由中央直接行使。中央的财政事权确需委托地方行使的，报经党中央、国务院批准后，由有关职能部门委托地方行使，并制定相应的法律法规予以明确。要逐步将国防、外交、国家安全、出入境管理、国防公路、国界河湖治理、全国性重大传染病防治、全国性大通道、全国性战略性自然资源使用和保护等基本公共服务确定或上划为中央的财政事权。2. 保障地方履行财政事权。加强地方政府公共服务、社会管理等职责。将直接面向基层、量大面广、与当地居民密切相关、由地方提供更方便有效的基本公共服务确定为地方的财政事权，赋予地方政府充分自主权，依法保障地方的财政事权履行，更好地满足地方基本公共服务需求。要逐步将社会治安、市政交通、农村公路、城乡社区事务等受益范围地域性强、信息较为复杂且主要与当地居民密切相关的基本公共服务确定为地方的财政事权。3. 减少并规范中央与地方共同财政事权。应保有比成熟市场经济国家相对多一些的中央与地方共同财政事权。要逐步将义务教育、高等教育、科技研发、公共文化、基本养老保险、基本医疗和公共卫生、城乡居民基本医疗保险、就业、粮食安全、跨省（区、市）重大基础设施项目建设和环境保护与治理等体现中央战略意图、跨省（区、市）且具有地域管理信息优势的基本公共服务确定为中央与地方共同财政事权，并明确各承担主体的职责。4. 建立财政事权划分动态调整机制。 关于支出责任划分：1. 中央的财政事权由中央承担支出责任。2. 地方的财政事权由地方承担支出责任。3. 中央与地方共同财政事权区分情况划分支出责任。

资料来源：《国务院关于推进中央与地方财政事权和支出责任划分改革的指导意见》，《中华人民共和国国务院公报》，2016年26期。

（三）细化中央与地方基本公共服务事权与支出责任划分

2018年1月，国务院印发《基本公共服务领域中央与地方共同财政事权和支出责任划分改革方案》，主要内容包括：第一，明确了中央和地方共同承担的八大类18项基本公共服务内容。第二，制定了基本公共服务保障国家基础标准。国家基础标准由中央制定和调整，要保障人民群众基本生活和发展需要，兼顾财力可能，并根据经济社会发展逐步提高，所需资金按中央确定的支出责任分担方式负担。第三，规范了基本公共服务领域中央与地方共同财政事权支出责任的分担方式。根据地区经济社会发展总体格局、各项基本公共服务的不同属性以及财力实际状况，基本公共服务领域中央与地方共同财政事权的支出责任主要实行中央与地方按比例分担，并保持基本稳定。第四，调整完善转移支付制度。在一般性转移支付下设立共同财政事权分类分档转移支付，原则上将改革前一般性转移支付和专项转移支付安排的基本公共服务领域共同财政事权事项，统一纳入共同财政事权分类分档转移支付。第五，对推进省以下支出责任划分改革提出指导性意见。①

第二节　完善中央财政转移支付制度

针对中央财政转移支付中存在的问题，我国需要进一步通过改革和调整完善这一制度。2014 年 12 月，国务院印发《关于改革和完善中央对地方转移支付制度的意见》，阐述改革和完善中央财政转移支付的必要性及改革总体要求，提出了具体的改革意见。

① 《国务院印发〈关于改革和完善中央对地方转移支付制度的意见〉（附：全文及图解）》，农业农村部网站，2015 年 2 月 3 日。

表 9–2　改革和完善中央对地方转移支付制度的主要内容

	主要内容（摘要）
优化转移支付结构	形成以均衡地区间基本财力、由地方政府统筹安排使用的一般性转移支付为主体，一般性转移支付和专项转移支付相结合的转移支付制度。
完善一般性转移支付制度	1. 清理整合一般性转移支付。逐步将一般性转移支付中属于中央委托事权或中央地方共同事权的项目转列专项转移支付，属于地方事权的项目归并到均衡性转移支付，建立以均衡性转移支付为主体、以老少边穷地区转移支付为补充并辅以少量体制结算补助的一般性转移支付体系。2. 建立一般性转移支付稳定增长机制。增加一般性转移支付规模和比例，逐步将一般性转移支付占比提高到 60% 以上。改变均衡性转移支付与所得税增量挂钩的方式，确保均衡性转移支付增幅高于转移支付的总体增幅。大幅度增加对老少边穷地区的转移支付。中央出台增支政策形成的地方财力缺口，原则上通过一般性转移支付调节。3. 加强一般性转移支付管理。一般性转移支付按照国务院规定的基本标准和计算方法编制。科学设置均衡性转移支付测算因素、权重，充分考虑老少边穷地区底子薄、发展慢的特殊情况，真实反映各地的支出成本差异，建立财政转移支付同农业转移人口市民化挂钩机制，促进地区间基本公共服务均等化。规范老少边穷地区转移支付分配，促进区域协调发展。建立激励约束机制，采取适当奖惩等方式，引导地方将一般性转移支付资金投入民生等中央确定的重点领域。
改革和完善专项转移支付	1. 从严控制专项转移支付。2. 规范专项转移支付分配和使用。3. 逐步取消竞争性领域专项转移支付。4. 强化转移支付预算管理。
调整优化中央基建投资专项	在保持中央基建投资合理规模的基础上，划清中央基建投资专项和其他财政专项转移支付的边界，合理划定主管部门职责权限，优化中央基建投资专项支出结构。
完善省以下转移支付制度	省以下各级政府要比照中央对地方转移支付制度，改革和完善省以下转移支付制度。

资料来源：《国务院印发〈关于改革和完善中央对地方转移支付制度的意见〉（附：全文及图解）》，农业农村部网站，2015 年2 月3 日。

这次改革和完善中央财政转移支付的要求，内容全面、具体，措施也很明确，对调整中央财政转移支付以及省以下财政转移支付有现实而重要的意义。

第三节　国地税机构合并

从 1994 年分税制改革到 2018 年财税改革，我国税务机构的变化经历了国地税分设、到合作、再到合并的过程。

一、国地税分设

我国分税制改革中，为了保证中央财政收入，中央决定将省以下税务部门分设为国家税务局和地方税务局两套税务机构，分别负责征收中央收入和地方收入。国家税务局系统实行国家税务总局垂直管理的管理体制，在一定程度上避免地方政府对国税工作的干扰；地方税务局实行地方人民政府和国家税务总局双重领导，以地方政府领导为主的管理体制，建立了相对独立的地方财税工作体系。

2000 年后，我国财税体制改革在预算内收入方面有两个重要变化：一是从 2002 年 1 月 1 日开始实施的所得税收入分享改革，将原本由地方财政独享的企业所得税和个人所得税变为中央财政与地方财政共享。二是从 2012 年开始实施的营改增试点改革，逐步将原本由地方财政独享的、对地方财政最重要的营业税改为中央与地方共享的增值税。这两次重要的财税制度改革，共同特点是地方税务局的范围和权限在逐渐缩小，国家税务局的征管范围和权限在不断扩大。客观上产生了国地税两套机构之间的征管工作不均衡。

二、从分设到合作

改革和调整税收征管机构的一个重要动因是政府的“放管服”改革中，由于企业面对两个税务机构产生的办税不够便利、管理不够高效的问题逐渐凸显，深化税收征管体制改革势在必行。2015年12月，中共中央办公厅、国务院办公厅联合印发《深化国税、地税征管体制改革方案》，提出合作不合并的深化改革思路，从理顺征管职责划分、创新纳税服务机制、转变征收管理方式、深度参与国际合作、优化税务组织体系、构建税收共治格局六大方面31条具体改革措施。但是，该方案的核心是国税地税合作，而不是合并，没有涉及国地税机构和人员的变动。

改革方案具体的重点要求是：建立服务合作常态化机制。实施国税、地税合作规范化管理，全面提升合作水平。采取国税、地税互设窗口、共建办税服务厅、共驻政务服务中心等方式，2016年实现“前台一家受理、后台分别处理、限时办结反馈”的服务模式。完善全国12366纳税服务平台，2016年全面提供能听、能问、能看、能查、能约、能办的“六能”型服务。制定实施“互联网+税务”行动计划，建设融合国税、地税业务，标识统一、流程统一、操作统一的电子税务局，2017年基本实现网上办税。推进跨区域国税、地税信息共享、资质互认、征管互助，不断扩大区域税收合作范围，进一步创新自由贸易试验区税收服务举措，让纳税人享有优质、便捷、统一的纳税服务。

三、从合作到合并

2018 年 7 月，依照国务院机构改革方案，将国地税两套机构合并为一套国家税务局机构。7 月 20 日，中共中央办公厅、国务院办公厅印发了《国税地税征管体制改革方案》，提出以纳税人和缴费人为中心，推进办税和缴费便利化改革，从根本上解决“两头跑”“两头查”等问题，切实维护纳税人和缴费人合法权益，降低纳税和缴费成本，促进优化营商环境。中央决定合并省级和省级以下国税地税机构，划转社会保险费和非税收入征管职责，构建优化高效统一的税收征管体系，为高质量推进新时代税收现代化提供有力制度保证，更好发挥税收在国家治理中的基础性、支柱性、保障性作用。

按照先立后破、不立不破的要求，坚持统一领导、分级管理、整体设计、分步实施，采取先挂牌再落实“三定”规定，先合并国税地税机构再接收社会保险费和非税收入征管职责，先把省（区、市以及计划单列市）税务局改革做稳妥再扎实推进市（地、州、盟）税务局、县（市、区、旗）税务局改革的步骤，逐项重点工作、逐个时间节点抓好落实，确保 2018 年底前完成各项改革任务。

改革方案对税务部门领导管理体制作了规定，明确国税地税机构合并后实行以国家税务总局为主、与省区市党委和政府双重领导的管理体制，并着眼建立健全职责清晰、运行顺畅、保障有力的制度机制，在干部管理、机构编制管理、业务和收入管理、构建税收共治格局、服务经济社会发展等方面提出了具体要求，明晰了国家税务总局及各级税务部门与地方党委和政府在税收工作中的职责分工，有利于进一步加强对税收工作的统一管理，理顺统一税制和分级财政的关系，充分调动中央和地方两个积极性。

第四节　改革评析

一、加强中央集中统一领导

我国这一阶段的财税体制深化改革主要包括三方面内容：完善中央与地方财政收支（包括事权和支出职责）划分、中央财政转移支付和国地税征管体制。所有这些都体现了加强中央集中统一领导是改革的前提和原则。

首先，在中央与地方财政收入划分上，所得税划分改革和营改增后的增值税划分，都采取了中央与地方财政收入共享划分办法。中央财政占全部财政比重保持在较高的比重水平，防止中央财政收入占比的明显下降和减少，这是保证中央政府宏观调控主动权的必要条件。其次，在保持中央财政占全部收入占比基本不做大的变动的条件下，缓解地方财政收支矛盾的主要措施是增加中央财政的事权和支出责任，这是改革中央与地方财政管理体制的主要思路和路径。再次，国地税合并采取了增强国家税务总局的集中统一领导的原则。地方税务局取消以后，地方政府对税务工作的领导力和一些自主性操作被客观削弱了。

我国这轮改革和调整中央与地方财政体制的措施表明中央政府在加强其集中统一领导的同时，明确分级管理的职责，是国家治理强化的具体表现。

二、科学细化和明确地方政府分级管理的责任

2016 年 8 月，国务院印发《关于推进中央与地方财政事权和支出责任划分改革的指导意见》。2018 年 1 月，国务院印发《基本公共服务领域中央与地方共同财政事权和支出责任划分改革方案》，细化和明确了中央和地方政府各自的事权与支出责任，以及中央地方共同事权和支出责任。尤其是在基本公共服务方面各级政府的事权划分和支出责任得到细化和明确，由此将地方各级政府的分级管理责任通过法律法规进行约束。

我国这轮改革措施，有利于实现“中央集中统一领导下的分级管理”的基本体制原则。

三、中央财政转移支付制度结构发生明显变化

从 2020 年的中央对地方转移支付决算说明中，可以体现中央财政转移支付结构发生明显变化。这些变化的特点包括：一般性转移支付占转移支付总量的比重大幅提高到 80%以上。在一般性转移支付中，均衡性转移支付占一般性转移支付的比重为 24.75%，占转移支付总量的 20.66%。在一般性转移支付中，最大的一个项目是共同财政事权转移支付，其决算数为 32180.72 亿元，占转移支付总量的 38.67%；占一般性转移支付的 46.33%。

根据 2014 年以来的财政管理体制改革的要求，对中央转移支付的管理和统计口径进行重新归类和划分。例如，中央与地方的共同事权所形成的一般性转移支付，在一般性转移支付中占了接近 50%的比重*这种口径是改革以前所没有的，单单这一改革举措就

* 在一般性转移支付下设立共同财政事权分类分档转移支付，原则上将改革前一般性转移支付和专项转移支付安排的基本公共服务领域共同财政事权事项，统一纳入共同财政事权分类分档转移支付。

大大提高了一般性转移支付比重，降低了专项转移支付比重。重新制定的中央对地方财政转移支付的管理和统计口径，致使一般性转移支付占了主导性地位，而均衡性转移支付占比是20.66%。

四、中央财政通过转移支付均衡地区间财力差距效果明显

2020年，东、中、西部地区一般公共预算收入占地方一般公共预算收入的比重分别为55.9%、24.6%和29.5%，人均财政收入分别为10721元、4870元和5110元；中央财政给予转移支付后，东、中、西部地区一般公共预算支出占地方一般公共预算支出的比重分别为39.0%、31.8%和29.2%，人均财政支出分别为15710元、13279元和16056元。从人均财政支出来看，中央转移支付后，西部地区的人均财力已经超过东部地区。

五、存在的负面效应与潜在的问题

（1）地方税体系问题。由于营业税是地方税体系中的主体税种，大约占到地方税总量的40%左右（各地区数量占比不一样）。营改增之后，地方税体系中的主体税种没有了，从现有的税种中还难以有其他税种在规模上短中期内取代营业税，作为地方税体系的主体税种。地方税体系的这一变化，引起了地方政府财权进一步缩小的变化，也影响到地方政府筹措资金的积极性。

（2）地方政府的财权和财力状况。根据2020年财政决算中一般公共预算收支数据分析，从收入端来看，中央财政收入占全

部财政收入比重为 45.25%，地方财政收入占全部财政收入比重为 54.75%，与 2016 年时的比重关系基本持平。地方本级财政收入占全部地方财政收入（含中央转移支付）的比重为 54.62%，中央转移支付占比为 45.38%。从支出端来看，中央本级支出占全部财政支出的比重为 14.29%，地方财政本级财政支出占比为 85.71%，与 2013 年的状况（14.6%，85.4%）比较，中央支出占比有所微降，地方支出占比微升。整体来看，中央与地方财政的财力和财权状况变化不大。

（3）地方政府的积极性如何发挥。如何调动地方政府积极性成为经济发展新阶段的新问题。与改革开放初期不同，地方政府的积极性成为中国经济快速发展的重要动力源。当时的“分灶吃饭”的包干财政管理体制极大地调动了地方政府的积极性，同时也产生了很多严重的负面效应。通过“分税制”改革以后，总体上加强了中央政府的宏观经济调控，解决了投资过热、通货膨胀等的部分体制机制问题，但是如何在中央与地方财政体制中，更好地调动地方政府的积极性，仍存在体制完善的空间。

第十章
财政建设性功能的转换：政府投融资体制改革

▼

计划经济时期，政府的投融资活动是整个社会投融资活动主体。随着我国市场化改革的逐步推进，政府基本退出了竞争性领域的投融资活动。我国对公共事业投资和国有资产领域的投融资体制也进行了改革，推行市场化运作方式。总体来讲，我国投融资体制改革是沿着两条线路进行的：一是社会投融资体制市场化改革；二是政府投融资的管理体制机制改革。

第一节　改革背景与初始阶段

一、改革背景

在我国，政府的投融资体制与整个社会的投融资体制在改革初期基本上是融为一体的，同时又是相辅相成的。由于计划经济时期政府投融资大体相当于社会的投融资，前者几乎占了后者的 80% 以上。因此，改革政府投融资体制与改革社会投融资体制几乎是同步进行，两者难以割裂。正是因为如此，政府投融资体制改革与财税体制改革的主体部分——预算改革、税制改革和中央、地方财政管理体制的改革不同，有一定的特殊性，同时又涉及其他体制。

投融资体制是政府活动与市场活动的交融领域。计划经济时期，政府的投融资活动是整个社会投融资活动主体，随着市场化改革，政府基本退出了竞争性领域的投融资活动。政府对公共事业投资和国有资产领域的投融资体制也进行了改革，也存在市场化运作方式。所以，我国投融资体制改革是沿着两条线路进行的：一是社会投融资体制市场化改革；二是政府投融资的管理体制机制改革。

计划经济时期的投融资体制是以政府高度集中的融资和投资为特征，这种投融资体制以计划和行政管理为主，其主要弊端是：投资由政府计划决策，不以经济效益为导向，许多建设项目没有效益或者效益不好，造成建设资金的浪费；企业无偿使用投资资金，没有问责问效机制，也导致政府的投资资金使用效率相对低下。

改革开放之后，我国经济体制改革引入市场机制，之前的投融资体制已经无法持续下去，必须也随着市场化进程，进行彻底改革。

二、改革的突破：拨改贷

（一）酝酿与决策

20 世纪 70 年代末，投资理论界学者和实际工作者对投融资领域长期存在的“长（战线长）、散（资金分散）、乱（管理混乱）、费（损失浪费严重）、差（投资效果差）”的问题进行了深入研究。共识观点是：经济体制和投融资体制不能适应经济发展要求和改革开放的要求，必须从体制改革入手，首先将基本建设投资由财政拨款改为银行贷款，实行资金的有偿使用。[①]这项改革被称为“拨改贷”。

1979 年，国家计委、财政部、建设银行向国务院提出“拨改贷”报告，得到国务院领导的高度重视。由财政部、国家计委和国家建委等部委共同起草了基本建设领域试行贷款的报告和条例，1979 年 3 月，全国基本建设会议和财政厅（局）长会议召开，分别对“拨改贷”的报告和条例进行讨论，并征求意见。同年 4 月，中央工作会议期间，又征求了部分省、市、自治区党委主管经济工作同志的意见。6 月，第五届全国人民代表大会第二次会议的《政府工作报告》中再次明确指出，基本建设投资逐步改由银行贷款的办法，并将两委一部起草的报告和条例印发人大代表征求意见。8 月 28 日，国务院批转《关于基本建设实行贷款办法的报告》和《基本建设贷款试行条例》。当年，建设银行选择了部分省、市进行“拨改贷”试点。

（二）试点与铺开

到 1980 年底，建设银行与电力、轻纺、建材、商业、煤炭、石油、交通、冶金、化工、旅游等 10 多个行业的 619 个项目签订了 32 亿元的贷款合同，当年发放贷款额 15 亿元。

1980 年和 1982 年，国家计委、财政部、建设银行等单位联手发出通知，要求扩大“拨改贷”试点范围，但是由于各种原因，这项改革进展缓慢。1983—1984 年，“拨改贷”投资只维持在 30 亿

---

① 刘克崮、贾康主编：《中国财税改革三十年：亲历与回顾》，北京：经济科学出版社，2008 年版，第 295 页。

元左右。

1984年9月，为了推动“拨改贷”的全面推广，国务院印发《关于改革建筑业和基本建设管理体制若干问题的暂行规定》，指出凡是国家投资的建设项目，都要按照资金有偿使用的原则，改财政拨款为银行贷款。贷款实行差别利率。1984年12月，国家计委、财政部、建设银行颁布《关于国家预算内基本建设投资全部由拨款改为贷款的暂行规定》，决定自1985年起，全面推行预算内投资拨款全部改为银行贷款。至此，“拨改贷”全面铺开，1985年“拨改贷”投资总额551亿元，占当年预算内投资的92%。其中，中央预算内投资改为贷款368亿元，占中央预算内投资的95.3%。

（三）实行拨款与贷款并行的“双轨制”

1985年全面铺开“拨改贷”以后，出现了一些新问题：一是请求豁免贷款本息的项目过多；二是贷款体制不完善，在项目决算、计划安排以及资金分配等方面与实行拨款时的体制基本相同，缺乏权、责、利相统一的机制；三是签订借款合同少，大部分项目只签订了临时供款协议。

针对以上问题，1985年12月，国家计委、财政部、建设银行联合印发《关于调整国家预算内基本建设投资拨款改贷款范围等问题的若干规定》，指出自1986年起，对国防科研项目、各级各类学校等10类无经济效益的项目，不再采用“拨改贷”管理，恢复拨款办法。自此，国家预算直接安排的基本建设投资分为拨款投资和“拨改贷”两部分，对拨款投资安排的项目限定了范围。

我国实行拨款和“拨改贷”双轨制后，“拨改贷”投资每年大约100亿元左右，约占预算内基本建设投资的三分之一。

三、成立基本建设基金和国家专业投资公司

“拨改贷”起到突破计划经济体制下政府投融资体制的作用。这一轮改革持续了十年左右，改变了基本建设财政拨款制度，朝着财政资金信用化方向迈出重要一步。

（一）基本建设基金

20 世纪 80 年代末，随着我国经济体制改革的推进和对外开放、引入外资的发展，投资领域出现了投资主体多元化，投资渠道多样化，投资决策分散化的局面。建设性财政已经开始逐步退出历史舞台，中央财政的预算内基本建设资金数额逐渐减少。为了以较少的中央财政资金引导社会和地方投资，需要集中稳定的投资资金来源，对重点投资项目进行投资，基本建设基金在这种背景下建立起来。1988 年 7 月，国务院下发《关于印发投资管理体制近期改革方案的通知》，并附发《国家基本建设基金管理办法》，随后，中央基本建设基金正式建立。

中央基本建设基金由能源交通重点建设基金中的中央使用部分，建筑税中的中央使用部分，铁道部包干投资和下放港口以港养港收入中用于基本建设投资部分，国家预算内“拨改贷”投资收回的本息，财政定额拨款五部分组成。

基本建设基金与财政费用分开，由建设银行按计划负责管理，实行专款专用，年终结转，周转使用，在财政预算中列收列支。纳入基本建设基金的能源交通重点建设基金和建筑税仍按原渠道征收，这些资金连同财政定额拨款，由财政部按期拨给建设银行。经过若干年后，基本建设基金回收的本息可以满足国家重点建设需要

时，基金中的其他部分即可停止拨付。

基本建设基金分为经营性的和非经营性的。经营性的投资，由国家计委切块给各国家专业投资公司，主要用于“七五”计划内的基础设施和基础工业的重点工程。非经营性的投资，主要用于中央各部门直接举办的文化、教育、卫生、科研等建设和大江大河的治理。其中，小型项目由国家计委核定基数，由主管部门管理，包干使用，三年不变；新建大中型和限额以上项目按程序报批。经营性基本建设基金分为软贷款和硬贷款两种，软贷款可用于国家政策性投资；硬贷款用于还款能力较好的项目。

（二）国家专业投资公司

与基本建设基金相配套，中央一级成立能源、交通、原材料、机电轻纺、农业、林业六个国家专业投资公司，负责管理和经营本行业中央投资的经营性项目（包括基本建设项目和技术改造项目）的固定资产投资。能源、交通、原材料、机电轻纺四个投资公司由国家计委归口领导，行业归口主管部门参与指导；农业、林业投资公司由国家计委与部门归口领导，以国家计委为主。国家专业投资公司是从事固定资产投资开发和经营活动的企业，是组织中央经营性投资活动的主体，既具有控股公司的职能，使资金能够保值增值，又要承担国家政策性投资的职能。

国家专业投资公司的主要任务包括：一是根据国家计划分配的投资，承担本行业中央安排投资的基本建设和技术改造任务，也可以横向交叉，承担与本行业有关的项目。专业投资公司要向国家包新增生产能力、包资金回收，并与项目建设单位签订合同，落实各项承包任务。二是对列入 1988 年计划的本行业中央投资的基本建设在建经营性项目剩余工作量实行总承包，并发包给项目建设单位。为此，国家专业投资公司对以中央投资为主的联合投资的项目，要负责和有关投资各方及行业归口主管部门协商，成立董事会；对全部由中央投资的项目，负责成立管理委员会。由项目董事会（或管委会）对在建项目剩余工作量按批准概算承包，与国家专业投资公司签订承包合同。一般改、扩建项目可不成立董事会（或管委会），由企业负责与国家专业投资公司签订承包合同。三是对中央投资为主的新建项目，由国家专业投资公司会同项目董事会（或管委会）、有关部门组织招标（包括向国外招标），并由项目董事会（或管委会）承包，由国家专业投资公司对国家实行总承包。四是对总承包项目，国家专业投资公司要按规定收回投资本息（参股项目要分股利）、外汇，按合同规定分产品。收回的投资本息和参股部分分得的股利，除按规定可部分留成外，其余的转为基本建设基金。五是经专项批准，有权委托银行发行国内外建设债券，并纳入固定资产投资计划；有权在国外独资或在国内外与外商合资（或合作）建设项目，经营企业或进行其他经济合作；办理进口设备材料等；对外担保和办理国际租赁等业务。六是受国家计委委托，对其负责管理的本行业中央投资的大中型基本建设项目和限额以上技术改造项目提出意见，报国家计委。定期向国家计委、财政部、主管本行业的部门和建设银行提供资金筹集、使用和项目建设情况。七是按照国家计划向地方、企业投资的项目参股。要求各专业投资公司独立核算，用经济办法进行管理，将建设工作中的行政关系改变为经济合同关系。

第二节　1994 年投融资体制重大改革与深化投融资体制改革

一、1994 年投融资体制的重大改革

1994 年，我国投融资体制又进行了一系列重大改革，初步建立适应社会主义市场经济体制的投融资体制。

（一）界定政府投资和社会投资边界

投资项目分为公益性、基础性和竞争性三类，公益性项目分别由中央政府和地方政府投资建设；基础性项目以政府投资为主，并广泛吸引企业和外资参与投资；竞争性项目由企业投资建设。这一划分，是在市场机制发挥基础性作用的情况下，整个社会投融资活动界定政府投资与社会投资，并采取有区别的投融资管理体制的基本原理。

我国此前的投融资体制改革，企业投融资活动与政府的投融资活动没有加以明确区分，这是延续计划经济下政府直接管理企业经营的惯例，所以投融资体制改革难以完全摆脱政府管理的思路。1994 年建立社会主义市场经济体制的改革新思路，在投融资领域提出界定政府投资和社会投资的边界，并对投融资活动进行三类划分，这是我国投融资体制改革的重大突破和转折点。

（二）政府投融资体制改革新举措

在政府与市场划分的这一指导原则下，政府投融资体制进行了新一轮的改革。

1994年3月，国务院批准成立国家开发银行，同时撤销原6个国家专业投资公司；原专业投资公司一部分并入国家开发银行，另一部分组建成新的国家开发投资公司。1994年8月5日，建设银行向国有商业银行转变。建设银行将原代行的财政职能和政策性基本建设贷款业务分别移交给财政部和国家开发银行。同年6—8月，财政部发文收回原委托建设银行代行的财政职能，成立基本建设司专门负责国家基本建设预决算及财务管理。地方财政部门也相应成立机构，负责基本建设预算的执行、监督管理等工作。1996年8月，国务院下发《关于固定资产投资项目试行资本金制度的通知》，要求自1996年起，对各种经营性投资项目，包括国有单位的基本建设、技术改造、房地产开发项目和集体投资项目，试行资本金制度，投资项目必须首先落实资本金才能进行建设。[①]

（三）成立三大政策性银行

政策性银行是由政府创立，以贯彻政府的经济政策为目标，在特定领域开展金融业务的不以营利为目的的专业性金融机构。1994年，我国设立国家开发银行、中国进出口银行和中国农业发展银行三大政策性银行，旨在与商业银行相区别，承担特定的政策性业务，发挥政府发展经济、进行宏观经济管理的重要作用。自1994年起一直运营至今，国家三大政策性银行对国家政策性投融资作出了巨大贡献。2015年，国家开发银行定位为开发性金融机构，脱离政策性银行序列。

---

① 《国务院关于固定资产投资项目试行资本金制度的通知》，《中华人民共和国国务院公报》，1996年27期。

二、深化投融资体制改革

在1994年政府投融资体制改革的基础上，2004年和2016年中央和国务院决定持续地进行投融资体制的深化改革。

（一）2004年深化改革举措

2004年7月，国务院印发《关于投资体制改革的决定》，进一步明确深化投融资体制改革的目标是改革政府对企业投资的管理制度，按照“谁投资、谁决策、谁收益、谁承担风险”的原则，落实企业投资自主权；合理界定政府投资职能，提高投资决策的科学化、民主化水平，建立投资决策责任追究制度；进一步拓宽项目融资渠道，发展多种融资方式；培育规范的投资中介服务组织，加强行业自律，促进公平竞争；健全投资宏观调控体系，改进调控方式，完善调控手段；加快投资领域的立法进程；加强投资监管，维护规范的投资和建设市场秩序。通过深化改革和扩大开放，最终建立起市场引导投资、企业自主决策、银行独立审贷、融资方式多样、中介服务规范、宏观调控有效的新型投资体制。①

1．转变政府管理职能，确立企业的投资主体地位

改革项目审批制度，落实企业投资自主权。对于企业不使用政府投资建设的项目，一律不再实行审批制，区别不同情况实行核准制和备案制。其中，政府仅对重大项目和限制类项目从维护社会公共利益角度进行核准，其他项目无论规模大小，均改为备案制，项

① 《国务院关于投资体制改革的决定》，《中华人民共和国国务院公报》，2004年25期。

目的市场前景、经济效益、资金来源和产品技术方案等均由企业自主决策、自担风险，并依法办理环境保护、土地使用、资源利用、安全生产、城市规划等许可手续和减免税确认手续。对于企业使用政府补助、转贷、贴息投资建设的项目，政府只审批资金申请报告。

2．完善政府投资体制，规范政府投资行为

合理界定政府投资范围。政府投资主要用于关系国家安全和市场不能有效配置资源的经济和社会领域，包括加强公益性和公共基础设施建设，保护和改善生态环境，促进欠发达地区的经济和社会发展，推进科技进步和高新技术产业化。能够由社会投资建设的项目，尽可能利用社会资金建设。合理划分中央政府与地方政府的投资事权。中央政府投资除本级政权等建设外，主要安排跨地区、跨流域以及对经济和社会发展全局有重大影响的项目。健全政府投资项目决策机制，规范政府投资资金管理，简化和规范政府投资项目审批程序，合理划分审批权限等。

3．加强和改善投资的宏观调控和监督管理

完善投资宏观调控体系，改进投资宏观调控方式，协调投资宏观调控手段，加强和改进投资信息、统计工作。建立和完善政府投资监管体系，建立健全协同配合的企业投资监管体系，加强对投资中介服务机构的监管，完善法律法规，依法监督管理。

这次深化投融资体制的改革是在“政企分开”的基础上，首次明确提出按照投资主体和资金来源的不同，将投资项目分为政府投资项目和企业投资项目，分别实行不同管理模式，对企业投融资活动和政府投融资活动分别制定体制规则。对于企业投融资活动采取进一步放开搞活，加强政府的宏观调控和监督。对于政府的投融资活动，明确提出一系列的管理规则。《关于投资体制改革的决定》

奠定了社会主义市场经济体制下投融资体制改革的基本框架，明晰了改革方向。

（二）2016年深化改革的举措

2016年7月，中共中央、国务院印发《关于深化投融资体制改革的意见》（以下简称《意见》），系统阐述了新时期投融资领域的改革思路。《意见》认为，投融资管理体制仍然存在一些问题：简政放权不协同、不到位，企业投资主体地位有待进一步确立；投资项目融资难、融资贵问题较为突出，融资渠道需要进一步畅通；政府投资管理亟须创新，引导和带动作用有待进一步发挥；权力下放与配套制度建设不同步，事中事后监管和过程服务仍需加强；投资法制建设滞后，投资监管法治化水平亟待提高。为此，需要继续深化投融资体制改革。

《意见》提出的投融资体制改革总体要求是：进一步转变政府职能，深入推进简政放权、放管结合、优化服务改革，建立完善企业自主决策、融资渠道畅通，职能转变到位、政府行为规范、宏观调控有效、法治保障健全的新型投融资体制。

《意见》分别对政府如何管理企业投资和政府投资提出改革任务。对企业投资的管理包括：（1）确立企业投资主体地位。坚持企业投资核准范围最小化，原则上由企业依法依规自主决策投资行为。（2）建立投资项目“三个清单”管理制度。及时修订并公布政府核准的投资项目目录，实行企业投资项目管理负面清单制度，除目录范围内的项目外，一律实行备案制，由企业按照有关规定向备案机关备案。（3）优化管理流程。实行备案制的投资项目，备案机关要通过投资项目在线审批监管平台或政务服务大厅，提供快捷备案服务，不得设置任何前置条件。(4)规范企业投资行为。各类企业要严格遵守城乡规划、土地管理、环境保护、安全生产等方面的法律法规，认真执行相关政策和标准规定，依法落实项目法人责任制、招标投标制、工程监理制和合同管理制，切实加强信用体系建设，自觉规范投资行为。

对于政府的投资项目包括：(1)进一步明确政府投资范围。政府投资资金只投向市场不能有效配置资源的社会公益服务、公共基础设施、农业农村、生态环境保护和修复、重大科技进步、社会管理、国家安全等公共领域的项目，以非经营性项目为主，原则上不支持经营性项目。建立政府投资范围定期评估调整机制，不断优化投资方向和结构，提高投资效率。(2)优化政府投资安排方式。政府投资资金按项目安排，以直接投资方式为主。对确需支持的经营性项目，主要采取资本金注入方式投入，也可适当采取投资补助、贷款贴息等方式进行引导。(3)规范政府投资管理。依据国民经济和社会发展规划及国家宏观调控总体要求，编制三年滚动政府投资计划，明确计划期内的重大项目，并与中期财政规划相衔接，统筹安排、规范使用各类政府投资资金。(4)加强政府投资事中事后监管。加强政府投资项目建设管理，严格投资概算、建设标准、建设工期等要求。严格按照项目建设进度下达投资计划，确保政府投资及时发挥效益。严格概算执行和造价控制，健全概算审批、调整等管理制度。进一步完善政府投资项目代理建设制度。(5)鼓励政府和社会资本合作。各地区各部门可以根据需要和财力状况，通过特许经营、政府购买服务等方式，在交通、环保、医疗、养老等领域采取单个项目、组合项目、连片开发等多种形式，扩大公共产品和服务供给。

（三）2019 年进一步规范政府投资

2018 年 12 月 5 日，国务院第 33 次常务会议通过《政府投资条例》，目的是为了充分发挥政府投资作用，提高政府投资效益，规范政府投资行为，激发社会投资活力。

《政府投资条例》规定：政府投资资金应当投向市场不能有效配置资源的社会公益服务、公共基础设施、农业农村、生态环境保护、重大科技进步、社会管理、国家安全等公共领域的项目，以非经营性项目为主。要发挥政府投资资金的引导和带动作用，鼓励社会资金投向这些领域。国家建立政府投资范围定期评估调整机制，不断优化政府投资方向和结构。政府投资应当遵循科学决策、规范管理、注重绩效、公开透明的原则。①

第三节　PPP 投融资模式的发展

所谓PPP投资模式，是指政府投资和社会资本合作模式。PPP模式（Public–Private Partnership），是指政府与私人组织之间为了提供某种公共物品和服务，以特许权协议为基础，彼此之间形成一种伙伴式的合作关系，并通过签署合同来明确双方的权利和义务，以确保合作的顺利完成，最终使合作各方达到比预期单独行动更为有利的结果。

广义的PPP泛指公共部门与私人部门为提供公共产品或服务而

① 《中华人民共和国国务院令 第 712 号》，中国政府网，2019 年 5 月 5 日。

建立的各种合作关系，可以理解为一系列项目融资模式的总称。狭义的PPP更加强调合作过程中的风险分担机制和项目的物有所值（Value for Money）原则。

一、PPP 模式的提出

2004 年 7 月，国务院下发《关于投资体制改革的决定》，提出各级政府要创造条件，利用特许经营、投资补助等多种方式，吸引社会资本参与有合理回报和一定投资回收能力的公益事业和公共基础设施项目建设。同时提出放宽社会资本的投资领域，允许社会资本进入法律法规未禁入的基础设施、公用事业及其他行业和领域。逐步理顺公共产品价格，通过注入资本金、贷款贴息、税收优惠等措施，鼓励和引导社会资本以独资、合资、合作、联营、项目融资等方式，参与经营性的公益事业、基础设施项目建设。[①]

2014 年 9 月，鉴于政府性债务审计的风险预警，国务院印发《关于加强地方政府性债务管理的意见》，要求剥离融资平台公司政府融资职能，首次提出“推广使用政府与社会资本合作模式”，吹响了新一轮PPP热潮的号角。此后，国务院和国家部委层面有关PPP政策文件先后发布，特别是《国务院关于创新重点领域投融资机制鼓励社会投资的指导意见》和《国务院办公厅转发财政部发展改革委人民银行关于在公共服务领域推广政府和社会资本合作模式指导意见的通知》等文件发布以后，PPP项目在全国遍地开花。

① 《国务院关于投资体制改革的决定》,《中华人民共和国国务院公报》，2004 年 25 期。

2015年3月，国家发展改革委、国家开发银行联合印发《关于推进开发性金融支持政府和社会资本合作有关工作的通知》，对发挥开发性金融积极作用、推进PPP项目顺利实施等工作提出具体要求：各地发展改革部门要加强协调，积极引入外资企业、民营企业、中央企业、地方国企等各类市场主体，灵活运用基金投资、银行贷款、发行债券等各类金融工具，推进建立多元化、可持续的PPP项目资金保障机制。加强与开发银行等金融机构的沟通合作，及时共享PPP项目信息，协调解决项目融资、建设中存在的问题和困难，为融资工作顺利推进创造条件。

2016年，中共中央、国务院印发《关于深化投融资体制改革的意见》，进一步明确鼓励政府和社会资本合作。各地区各部门可以根据需要和财力状况，通过特许经营、政府购买服务等方式，在交通、环保、医疗、养老等领域采取单个项目、组合项目、连片开发等多种形式，扩大公共产品和服务供给。

二、PPP模式在实践中的发展

从中央政府支持PPP开始，国家发展改革委、财政部相继出台多项政策，各地的PPP项目纷纷上马，发展势头非常迅猛。

从2015年初到2015年11月底，国家发展改革委公开推介的第一批1043个PPP项目中，已签约项目达到329个，占推介项目数量的比例为31.5%。2016—2017年，PPP项目快速发展，入库项目总数和投资总额放量增长。当然，发展过快也带来一些问题。为此，财政部出台政策，对入库项目进行清理，制定更加严格的合作细则。2018年，我国PPP项目进入整顿期。从项目入库数、项目投资总额两个维度上来看，2016—2018 年是我国PPP迅速发展时期，2016 年PPP项目数由 6997 个增长到 11260 个，近乎翻倍；2017 年达到 14424 个，是历史最高值；2018—2019 年，PPP项目数呈下降趋势；进入 2020 年后缓慢回升。项目投资总额与项目数量的趋势一致，2017 年达到最高，2018—2019 年略微下降，2020 年开始缓慢上升，截至 2020 年 7 月，PPP项目总入库数达到 12925 个，PPP项目总投资额 186967.5 亿元。

从PPP项目落地率来看，这一数据逐年提高，虽然投资总额与项目入库数下降，但是实际投资建设运营的项目占比逐年提高，随着《关于规范政府和社会资本合作（PPP）综合信息平台项目库管理的通知》的出台，清库工作使在库项目的存量与增量项目的质量均得到保证，PPP项目的立项运营更加成熟。

综上所述，我国PPP模式的整体发展，经历了爆发式增长、政府主管部门整顿和规范、再进入稳定发展的过程。这一模式在我国地方基础设施建设、推动经济发展、实现政府和社会资本双赢的道路上发挥了重要作用，未来也将不断地进行模式和机制的调整与完善。

第四节　国债管理制度改革

自 1959 年起，全国性经济建设公债停止发行。1968—1980 年，我国成为“既无外债，又无内债”的国家。随着改革开放的推进，政府对国债的认识、理论和管理体制都发生转变。在社会主义市场经济条件下，政府财政平衡状况发生了改变，没有赤字的财政收支基本平衡状态转变为政府财政赤字成为常态的状况。与此同时，政府财政赤字的弥补方式必须由行政式的向人民银行透支做法转变为政府通过市场发行国债来弥补赤字，由此带来了国债管理制度的一系列改革。

一、1981 年恢复国债发行

为了弥补财政赤字，筹集政府建设投资所需的资金，1981 年初，国务院决定发行国库券和借用地方财力来弥补中央财政赤字。1981 年 1 月，国务院会议通过《中华人民共和国国库券条例》，从当年开始发行国债。此次发行国债的主要目的是把对地方放权而分散的财力重新集中回来，因此发行对象主要是国营企业和单位。1981 年计划发行 40 亿元，实际完成 48 亿元，其中有 1000 多万元是个人购买的。1981—1984 年，国库券每年发行额为 40 多亿元，1985 年发行额增加到 60 亿元。

国库券发行到 1987 年，发行中存在的问题越发凸显。国库券发行是以政治动员和行政手段为主的推销方式，已经不能适应市场化改革的形势。一方面，国库券发行销售渠道不顺畅，随着发行规模的扩大，对国库券的购买力疲软；另一方面，没有建立起国债流通的二级市场，国库券流通受限，也反过来影响到国库券增量的发行。因此，为了国债的持续发行，国债发行和流通市场的建立成为必须解决的问题。

二、建立国债二级流通市场

1988 年，为了改变国库券行政性发行方式，我国将财政部发行的重点建设债券（国债的具体名称）进行柜台上销售的尝试，但是计划发行 70 亿元，实际上只发行了 30 亿元。关键原因是没有国债的二级市场，国债持有人感到债券难以流通，影响了国库券的发行。

为了解决国债变现难的问题，1988 年 4 月，财政部在 7 个城市进行国库券流通试点。1988 年 6 月，在第一批试点取得初步经验的基础上，中国人民银行、财政部联合发出《关于第二批开放国库券转让市场试点实施方案》，决定进行第二批开放国库券转让市场的试点。第二批试点城市包括北京市、天津市和 52 个省辖市共计 54 个城市，加上 4 月的 7 个试点城市，共计 61 个城市进行了国库券转让市场试点。到 1990 年，试点扩大到全国 400 个左右中等城市。第二批试点的成功推进，标志着我国国债的二级市场先于一级（发行）市场初步建立起来。

三、建立国债一级市场

1991 年，财政部决定开始在小范围进行国库券承购包销试点，并全面开放地市级以上城市的国债流通市场。当年 4 月 20 日，财政部国债司与全国 58 家金融机构组成 1991 年国债承销团，承销团承销当年的 25 亿元国库券。

由于中央承购包销和地方的承购包销之间存在“条块”的矛盾，1992 年，财政部将全部发行任务分解到各省、自治区、直辖市，由各地的财政厅局和所在地的证券中介机构签订承购包销合同，但这样的发行方式依然带有行政性管理的特点。1993 年推进建立一级自营商制度，国库券发行以一级自营商为主，组织银行、非银行的金融机构参加全国性国债承购包销团，共有 19 家一级自营商参与了当年第三期国债的承销。

1995 年 8 月，根据市场条件，我国第一次进行国债招投标发行的试点。试行技术认购、竞价招标的发行方式，向市场化发行国债又迈出了一步，试点获得很大成功。1996 年，国债发行全面采取招标方式，并实现从零售市场向批发市场的转变，可以按月滚动发行，提高国债的发行效率，支持中央银行的公开市场操作。

1996 年，中央国债登记结算有限公司成立，朝着建立全国统一、安全、高效的国债登记结算系统迈出重要一步。到 1996 年底，我国初步形成以一级自营商及银行、证券机构为主体，以国债服务部及其他机构投资人为基础的市场中介体系，构成较为完整的国债一级市场。

国债一、二级市场的形成，构成场内挂牌分销和场外协议分销相结合的国债销售渠道通过银行和证券中介机构的柜台形成全国性的分销网络；形成个人投资人为主，金融机构、企业和机构投资人为辅的投资人体系。由此，我国国债市场化改革的体制和制度基本成形。

随着市场化改革的深入，国债发行流通一、二级市场的建立，奠定国债的制度基础，国债事业进入发展壮大和可持续的阶段。国债不再仅仅被动地弥补财政赤字，而成为政府筹措长期建设投资资金的重要渠道，同时在政府宏观调控中发挥间接和直接影响经济增长、调节经济结构的重要政策工具。

20 世纪 90 年代以后，根据宏观经济形势变化，我国在 1993 年、1998 年、2005 年分别实施适度从紧、积极扩张和稳健中性三次不同财政政策，国债作为财政政策工具发挥了重要作用。

以 1998 年应对亚洲金融危机的宏观调控为例，为了应对亚洲金融危机对我国金融和经济的冲击，当时货币政策已经难以发挥作用，并需要财政采取扩张性政策加以应对。政府当年决定发行 1000 亿元国债，拉动经济增长，防止经济衰退和金融风险。1998—2004 年，共发行 9100 亿元长期建设国债，有效带动了地方、部门、企业配套资金和银行贷款，建设了上万个有利于扩大内需和结构调整的工程项目，成功抵御了亚洲金融危机和世界经济增长减速对我国经济的冲击和影响。[①]

四、2006 年实行国债余额管理

在每年财政都需要发行国债来筹措资金的情况下，如何控制国债的发行规模，防止形成债务风险和金融风险，成为一个宏观决策必须解决的重要问题。研究国债发行的警戒线成为当时智库研究的重要课题。根据对国际经验和教训的考察，将欧盟的《马斯特里赫特条约》中财政赤字占GDP比重不超过 3%，债务余额占GDP比重不超过 60%的标准作为参照系，采取债务余额管理方法来控制国债发行规模。

所谓国债余额，是指中央政府历年的预算差额，即预算赤字和

① 刘克崮、贾康主编：《中国财税改革三十年：亲历与回顾》，北京：经济科学出版社 2008 年版，第 182 页。

预算盈余相互冲抵后的赤字累计额和经全国人民代表大会常委会批准的特别国债的累计额。自 1981 年恢复发行国债以来，我国一直采取逐年审批年度发行额的方式管理国债。

2005 年 12 月 16 日，第十届全国人民代表大会常委会第四十次委员长会议通过全国人民代表大会常委会预算工作委员会关于实行国债余额管理的意见。这意味着自 2006 年起，我国将参照国际通行做法，采取国债余额管理方式管理国债发行活动，科学地管理国债规模，有效防范财政风险。

全国人民代表大会常委会预算工作委员会关于实行国债余额管理的意见，同意了国务院提出的五条建议：一是在每年向全国人民代表大会作预算报告时，报告当年年度预算赤字和年末国债余额限额，全国人民代表大会予以审批；一般情况下，年度预算赤字即为当年年度新增国债限额。二是在年度预算执行中，如出现特殊情况需要增加年度预算赤字或发行特别国债，由国务院提请全国人民代表大会常委会审议批准，相应追加年末国债余额限额。三是当年期末国债余额不得突破年末国债余额限额。四是国债借新还旧部分由国务院授权财政部自行运作。财政部每半年向全国人民代表大会有关专门委员会书面报告一次国债发行和兑付等情况。五是每年一季度在中央预算批准前，由财政部在该季度到期国债还本数额以内合理安排国债发行数额。

第五节　地方政府债务管理体制改革

政府债务收入是财政收入除了税收和非税收入之外的一种重要

形式，也是政府融资活动的一种重要方式。改革开放以后，中央财政出现赤字，并运用政府债务收入形式弥补赤字逐渐成为常态。这种形式被 1994 年的《中华人民共和国预算法》所确认，并允许发行国债弥补赤字。但是，对于地方政府财政的债务管理问题，却经历了一个管理体制改革的过程，从不允许地方政府发债转化允许地方政府规范发债和规范使用地方债券。

一、不允许地方政府发债的历史

在我国，地方政府财政的发债要求早已存在。1985 年 9 月，国务院办公厅发出《关于暂不发行地方政府债券的通知》，针对有些地方政府提出的发行地方政府债券来解决基本建设资金不足的问题，明确表示发行地方政府债券将会扩大固定资产投资总规模，继续加大已经膨胀了的固定资产投资。

当时，我国经济形势中存在的主要问题是国民经济增长速度过快，固定资产投资增加过猛，如不加以控制，就会超过国家财力和物力的承受能力，导致大量增发货币冲击市场，造成物价上涨，直接影响国民经济的健康发展和经济体制改革的顺利进行。为此，国务院要求各地政府当时不要发行地方政府债券并严格执行。

1994 年制定的《中华人民共和国预算法》明确规定，地方各级预算按照量入为出、收支平衡的原则编制，不列赤字。除法律和国务院另有规定外，地方政府不得发行地方政府债券。

二、地方政府运用地方融资平台进行投融资的风险问题

在明确规定地方政府不能进行债务融资的情况下，为了筹措地方政府的建设资金，地方财政采取多种其他方式进行融资，其中发展迅猛的是地方融资平台。

地方融资平台的发展实质上形成了大量的地方政府显性和隐性债务。2013 年 8—9 月，国家审计署组织全国审计机关 5.44 万名审计人员，按照“见人、见账、见物，逐笔、逐项审核”的原则，对中央、31 个省（自治区、直辖市）和 5 个计划单列市、391 个市（地、州、盟、区）、2778 个县（市、区、旗）、33091 个乡（镇、苏木）的政府性债务情况进行了全面审计。审计内容包括政府负有偿还责任的债务，以及债务人出现债务偿还困难时，政府需履行担保责任的债务和债务人出现债务偿还困难时，政府可能承担一定救助责任的债务。截至 2013 年 6 月底，全国各级政府负有偿还责任的债务 20.69 万亿元。其中，中央政府债务 9.81 万亿元，地方政府债务 10.88 万亿元（见表 10–2）。

表 10–2　全国政府性债务规模情况表

单位：亿元

时间	政府层级	政府负有偿还责任的债务	政府或有债务	
			政府负有担保责任的债务	政府可能承担一定救助责任的债务
2012 年底	中央	94376.72	2835.71	21621.16
	地方	96261.87	24891.29	37705.16
	合计	190658.6	27707	59326.32

续表

时间	政府层级	政府负有偿还责任的债务	政府或有债务	
			政府负有担保责任的债务	政府可能承担一定救助责任的债务
2013年6月底	中央	98129.48	2600.72	23110.84
	地方	108659.2	26655.77	43393.72
	合计	206988.7	29256.49	66504.56

资料来源：《各级政府负有偿还责任的债务20万亿》，国家审计署网站，2013年12月30日。

审计结果表明，政府性债务是经过多年形成的，在我国经济社会发展、加快基础设施建设和改善民生等方面发挥了重要作用。同时，从我国经济发展水平、政府性债务现状和资产与负债的相互关系看，我国政府性债务风险总体可控，但有的地方也存在一定的风险隐患。

上述情况表明，对于政府性债务的治理，必须从体制改革入手，寻求根本性的制度性的解决之道。

三、地方政府性债务管理体制改革过程

对于地方政府性债务如何管理这一问题，党中央、国务院高度重视。2010年6月，国务院出台《关于加强地方政府融资平台公司管理有关问题的通知》，要求地方政府对融资平台公司进行清理规范。各地按照国务院要求，通过增加注册资本、注入优质资产、改制重组和完善法人治理结构等方式，提高融资平台公司的资产质量和偿债能力。

2011年以后，国务院有关部门和地方政府出台多项制度，规范和加强政府性债务管理。财政部完善了国债和地方政府债券发

行相关管理办法，组织清理规范了地方政府融资平台公司，建立了地方政府性债务统计报告制度，动态监控地方政府性债务情况；金融监管部门加强了对地方政府及融资平台公司的信贷管理，贷款规模得到有效控制；地方各级政府相继出台债务举借、偿还、使用和管理等方面制度2793项。截至2013年6月底，有23个省级、298个市级、1736个县级（分别占省级、市级、县级总个数的63.89%、76.21%和62.49%）出台了综合性的政府性债务管理制度。18个省级、156个市级、935个县级建立了债务风险预警制度；28个省级、254个市级、755个县级建立了偿债准备金制度，准备金余额为3265.50亿元。同时，中央和地方政府采取明确偿债责任、建立财政奖补机制等措施化解存量债务，其中通过对公益性乡村历史债务的清理，化解农村义务教育债务973.89亿元。

综上所述，解决地方政府性债务的根本之道是建立规范的政府举债融资机制，健全政府性债务管理制度；建立健全地方政府性债务管理责任制，严肃责任追究；进一步转变政府职能，稳步推进投融资、财税等体制机制改革。

四、试点发行地方债券

在地方政府可以发行地方债券之前，发行地方政府债券的试点工作经历了三个阶段：代发代还、自发代还和自发自还。

第一阶段：代发代还——中央财政代地方财政发债并还债。2009年2月，财政部印发《2009年地方政府债券预算管理办法》，指出地方政府债券收入可以用于省级（包括计划单列市）直接支出，也可以转贷市、县级政府使用。地方政府债券收支实行预算管理。

2009年3月27日，第一只地方债发行。债券全称为“2009年新疆维吾尔自治区政府债券（一期）”，债券规模30亿元，期限3年，发行人是中华人民共和国财政部。

第二阶段：自发代还——在国务院规定的额度内，由地方政府自行发债，由财政部代办还本付息。2011年10月17日，财政部发布《2011年地方政府自行发债试点办法》。该文指出，经国务院批准，2011年上海市、浙江省、广东省、深圳市开展地方政府自行发债试点。自行发债是指试点省（市）在国务院批准的发债规模限额内，自行组织发行本省（市）政府债券的发债机制。2011年试点省（市）政府债券由财政部代办还本付息。试点省（市）发行政府债券实行年度发行额管理，2011年度发债规模限额当年有效，不得结转下年。2011年政府债券期限分为3年和5年，期限结构为3年债券发行额和5年债券发行额分别占国务院批准的发债规模的50%。

2011年11月15日，第一只自发代还地方债发行。债券全称为“2011年上海市政府债券（一期）”，债券规模36亿元，期限3年，发行人是上海市人民政府。2013年自发代还地方债券的试点范围扩大到江苏省和山东省。

第三阶段：自发自还阶段——在国务院批准的发债规模限额内，自行组织本地区政府债券发行、支付利息和偿还本金。2014年5月19日，财政部印发《2014年地方政府债券自发自还试点办法》，该文指出：经国务院批准，2014年上海、浙江、广东、深圳、江苏、山东、北京、江西、宁夏、青岛试点地方政府债券自发自还。试点地区发行政府债券实行年度发行额管理，全年发行债券总量不得超过国务院批准的当年发债规模限额。2014年度发债规模限额当年有效，不得结转下年。2014年政府债券期限为5年、7年和10年，结构比例为4∶3∶3。

2014年6月23日，第一只自发自还地方债发行。债券全称“2014年广东省政府债券（一期）”，债券规模59.2亿元，期限5年，发行人是广东省人民政府。

从2014年开始，地方政府性债务管理体制进入快车道。2014年8月31日，《中华人民共和国预算法》（2014年修正）颁布，自2015年1月1日起施行。在这次的修正案中，最大的亮点之一是为地方政府发行债券打开了“前门”。

2014年《预算法》规定：经国务院批准的省、自治区、直辖市的预算中必需的建设投资的部分资金，可以在国务院确定的限额内，通过发行地方政府债券举借债务的方式筹措。举借债务的规模，由国务院报全国人民代表大会或者全国人民代表大会常务委员会批准。省、自治区、直辖市依照国务院下达的限额举借的债务，列入本级预算调整方案，报本级人民代表大会常务委员会批准。举借的债务应当有偿还计划和稳定的偿还资金来源，只能用于公益性资本支出，不得用于经常性支出。

除上述规定外，地方政府及其所属部门不得以任何其他方式举借债务。除法律另有规定外，地方政府及其所属部门不得为任何单位和个人的债务以任何方式提供担保。国务院建立地方政府债务风险评估和预警机制、应急处置机制以及责任追究制度。国务院财政部门对地方政府债务实施监督。

五、全面加强地方政府性债务管理

2014 年 9 月，国务院印发《关于加强地方政府性债务管理的意见》，提出解决地方政府性债务的体制改革举措，即建立规范的地方政府举债融资机制。

（1）赋予地方政府依法适度举债权限。经国务院批准，省、自治区、直辖市政府可以适度举借债务，市县级政府确需举借债务的由省、自治区、直辖市政府代为举借。明确划清政府与企业界限，政府债务只能通过政府及其部门举借，不得通过企事业单位等举借。

（2）建立规范的地方政府举债融资机制。地方政府举债采取政府债券方式。没有收益的公益性事业发展确需政府举借一般债务的，由地方政府发行一般债券融资，主要以一般公共预算收入偿还。有一定收益的公益性事业发展确需政府举借专项债务的，由地方政府通过发行专项债券融资，以对应的政府性基金或专项收入偿还。

（3）推广使用政府与社会资本合作模式。鼓励社会资本通过特许经营等方式，参与城市基础设施等有一定收益的公益性事业投资和运营。政府通过特许经营权、合理定价、财政补贴等事先公开的收益约定规则，使投资者有长期稳定收益。投资者按照市场化原则出资，按约定规则独自或与政府共同成立特别目的公司建设和运营合作项目。投资者或特别目的公司可以通过银行贷款、企业债、项目收益债券、资产证券化等市场化方式举债并承担偿债责任。政府对投资者或特别目的公司按约定规则依法承担特许经营权、合理定价、财政补贴等相关责任，不承担投资者或特别目的公司的偿债责任。

（4）加强政府或有债务监管。剥离融资平台公司政府融资职能，融资平台公司不得新增政府债务。地方政府新发生或有债务，要严格限定在依法担保的范围内，并根据担保合同依法承担相关责任。地方政府要加强对或有债务的统计分析和风险防控，做好相关监管工作。

综上所述，对于地方政府性债务的治理，乃至通过体制和机制改革规范地方政府发债活动，都是政府投融资体制改革的重要组成部分。历经了多次的改革探索，政府投融资活动才逐步走上规范和法制的轨道。

第六节　政府引导基金

根据中国的特殊国情，同时也借鉴美国、英国、以色列等国家政府的经验做法，政府在一些重要领域依然需要发挥引导作用。在中国产业升级、风险投资、科技创新活动中，活跃着数量庞大的政府引导基金。

政府引导基金又称创业引导基金，是指由政府出资，并吸引有关地方政府、金融、投资机构和社会资本，不以营利为目的，以股权或债权等方式投资于创业风险投资机构或新设创业风险投资基金，以支持创业企业发展的专项资金。

我国的政府引导基金以2002年中关村创业投资引导资金的成立为开端，2015年至2016年，政府引导基金在全国各地呈现爆发式增长。清科研究中心在2019年10月发布的《2019年中国政府引导基金发展研究报告》显示，截至2019上半年，国内共设立政府引导基金1686只，基金目标总规模为10.12万亿元，已到位资金规模为4.13万亿元。

国家级政府引导基金可以分为三类：一是国资委发起基金，主要针对国企改革，包括国企改革两大基金和协同创新四大基金，其资金规模几乎占了一半；二是各部委主导基金，联合各大央企发起；三是各央企主导发起基金（见表 10–3）。

表 10–3 国家级政府引导基金（部分）

所属部委	基金名称	目标规模（亿元）	备注
国资委	中国国有企业结构调整基金	3500	国企改革基金
	中国国有资本风险投资基金	2000	国企改革基金
	国协基金	300	协同创新基金
	国同基金	1500	协同创新基金
	国创基金	1500	协同创新基金
	国新基金	1500	协同创新基金
发改委	国家新兴产业创业投资引导基金	400	—
	国家战略性新兴产业发展基金	3000	—
财政部	国家集成电路产业投资基金	一期 1300 二期 2000	—
	中国农垦产业发展基金	首期 100	—
	国家军民融合产业基金	总规模 1500 首期 560	财政部与国防科工局发起
	国家制造业转型升级基金	1472	财政部与国开金融等多家央企发起设立
工信部	国家中小企业发展基金	600	—
	安全产业发展投资基金	500（拟设立）	—
科技部 商务部	国家科技成果转化引导基金	247	—
	国家级服务贸易创新发展引导基金	300	—
网信办	中国互联网投资基金	1000	—
中国环境与发展国际合作委员会	长江经济带生态基金	3000	—

续表

所属部委	基金名称	目标规模（亿元）	备注
各大央企主导发起基金	—	—	—

资料来源：刘元军《地方政府产业引导基金的投资后监管与效果评价》，《现代营销（经营版）》，2019年10期。

政府引导基金发展迅速，规模很大，除了国家级政府引导基金，地方政府层面还有很多地方政府引导基金，目标资金总规模10万亿元以上。政府引导基金本质上是政府与社会资本结合的一种投融资方式，用较少量的政府资金吸引大量的社会资本，投入到战略性新兴产业和高科技产业。政府用这种方式引导整个社会投资方向，同时用这种市场运作方式，提高政府资金的使用效益。这是政府与市场结合的产物，既要防止计划经济中的政府直接投资的低效率，也要避免市场失灵的弊端。因此，政府引导基金也需要政府的监管。

第七节　改革评析

投融资体制改革就是一种制度创新性的改革。在计划经济时期，政府是社会投资的主体。我国在经济体制改革过程中，政府逐步退出了社会投资主体角色，演变为社会投融资的引导者。

一、投融资体制中的政企分开

2004年是投融资体制改革的一个转折时间点。在2004年之前，投融资体制改革的思路是围绕着政府如何管理社会投资，从计划的行政手段管理转变为市场的经济手段管理，但是一直坚持政府在投融资领域的主体地位。

2004 年以后，我国改革的思路发生重大改变，改变的重点是用“政企分离”的思路，区分政府和企业的投融资活动范围，将企业的营利性投融资活动交由市场调节和配置，政府逐步退出对企业投融资活动的干预，只对企业投融资进行监督和宏观调节。政府只对市场失灵部分的公益性公共品进行投融资。

然而在改革实践中，在政府投融资与市场投融资各自活动领域之间，还存在着很大一部分准公共品领域，比如部分交通设施、部分医疗卫生服务、部分文化设施等，这些领域的投融资活动可以不追求高的营利，但是通过收费，需要实现财务上的基本平衡，略有微利。这一领域的投融资活动可以采取政府与社会资本合作的方式，既可以解决政府对这类准公共品的投资不足问题，又可以使得社会资本投资获得稳定的有现金流的收益。

二、国家政策性金融独特的重要作用

1994 年成立的国家政策性金融是政府投融资体系中的一种重要方式。作为政策性金融的重要代表，国家开放银行肩负了国家中长期融资的任务，通过把零散资金转化为长期大额资金，支持国家重点领域和薄弱环节的发展，弥补商业银行在长期融资领域的缺失和资本市场的缺陷。

国家开发银行在政府与市场之间搭建了一个具有特殊功能的投融资体制，对我国促进城乡基本设施建设发挥了不可替代的作用。

国家开发银行等政府投融资体制是基本建设投资增长的重要动力源之一。

三、政府投融资体制需要完善

经过40多年的改革，适应社会主义市场经济体制的政府投融资体制已经基本建立起来。但是，在实践中依然还存在很多问题："融资难、融资贵"与"放贷难"并存，社会融资渠道需要进一步畅通；投融资创新难度加大，政府投资引导带动方式有待进一步优化；政府职能需要改变，"放管服"改革有待进一步提升完善；民间投资比重下滑，企业投资主体地位有待进一步确立；社会投资信心不足，政府和社会资本合作模式有待加速推广和规范等。因此，要真正建立起科学、规范、运转顺畅、效益良好的政府投融资体制还任重道远。

第十一章

深化预算管理制度改革：预算公开与绩效预算

▼

财政是依照国家公权力进行的一项资源配置，预算管理制度是规范财政收支的一项重要制度，其透明程度直接影响着公民的权利。预算管理制度作为我国财税体制的重要组成部分，重点改革的几大步是在完善和深化社会主义市场经济体制的两个阶段中进行的。随着依法治国进程的不断推进，财政预算公开与绩效预算作为财政透明的重要内容，也是衡量一个国家健全财政体制的标准之一。

第一节　预算公开改革历程

一、改革背景

1994 年财税体制改革初步建立了社会主义市场经济体制的财税体制框架。2003 年中央提出完善社会主义市场经济体制的任务。2013 年以后，进入全面深化社会主义市场经济体制的阶段。

预算管理制度作为财税体制的重要组成部分，重点改革的几个步骤是在完善和深化社会主义市场经济体制的两个阶段中进行的。

到21世纪前10年，由“三公经费”的公开与整顿引发的预算公开改革，以及绩效预算改革成为预算管理制度深化改革的重要内容。

在整顿之前，政府行政事业单位的公车私用、公款吃喝、公费出国的问题屡见不鲜，暴露出一些严重的问题。以公车消费为例，2004年全国有公车400万辆，支出4000亿元，占全国财政收入的13%。2004年，我国政府采购规模达2200亿元，其中汽车采购额高达500亿元。2005年以来，我国财政行政事业公用经费支出每年增加1000多亿元，2007年以来，该项经费支出已接近9000亿元，其中公务用车消费占比较高。每年公务用车购置费支出增长率为20%以上。

清理整顿“三公经费”首先就是要实行预算公开，将政府预算放在阳光之下，让公众和人大代表能够了解和监督财政资金的支出去向和使用效果。2013年11月，党的十八届三中全会做出《中共中央关于全面深化改革若干重大问题的决定》，提出全面深化改革的总目标是完善和发展中国特色社会主义制度，推进国家治理体系和治理能力现代化。其中在深化财税体制改革的内容中，明确要求改进预算管理制度，实施全面规范、公开透明的预算制度。

二、预算公开的历程

（一）预算公开改革的启动

2007年4月，中华人民共和国国务院令第492号《中华人民共和国政府信息公开条例》公布，自2008年5月1日起实施。条例中要求：提高政府工作的透明度，促进依法行政，充分发挥政府信息对人民群众生产、生活和经济社会活动的服务作用。条例第十条重点公开的政府信息中，明确列举了包括财政预算、决算报告。自此，我国财政预算信息公开步伐启动。

2008 年，中央预算率先公开。财政部首度开始向全社会公布月度财政收支情况。2009 年，财政部将经全国人民代表大会批准的“中央财政收入预算表”等 4 张中央财政预算表格首次向社会公开。在此基础上，2010 年公开的中央财政预算表格增加到 12 张，中央本级支出预算表以及中央对地方税收返还和转移支付预算表，基本上细化到款级科目。此外，75 个中央预算部门向社会公开了部门收支预算总表和财政拨款支出预算表，实现了中央部门预算首次向社会公开。2011 年在进一步细化中央预算编制的基础上，继续加大财政信息公开力度，扩大公开范围，细化公开内容，尤其是中央公共财政预算支出中部分重点支出和 2010 年度中央财政总决算将公开到项级科目。

（二）预算公开迈出实质性步伐

2011 年 5 月，国务院办公厅发出《关于进一步做好部门预算公开工作的通知》（以下简称《通知》），指出党中央、国务院高度重视预算公开工作，先后作出一系列决策部署，各部门按照有关部署以及财政部关于做好预算信息公开工作的有关文件要求，积极稳妥推进预算公开工作。2010 年，75 个中央部门公开了经全国人民代表大会审查批准的部门收支预算总表和财政拨款支出预算表，多个部门还增加了公开内容。2011 年已有 88 个中央部门公开了经全国人民代表大会审查批准的 2011 年部门收支预算总表和财政拨款支出预算表，有的部门还将支出预算细化到项级科目。国务院廉政工作会议和国务院常务会议对深化政务公开、做好预算公开工作作出部署，要求建立健全公开机制，扩大公开范围，细化公开内容，不断提高依法行政、依法理财水平。

《通知》还要求加快部门预算公开进度，扩大公开范围。报送全国人民代表大会审查部门预算的国务院部门和单位，2011 年要主动公开经全国人民代表大会审查批准的部门收支预算总表和财政拨款支出预算表。同时，要积极创造条件增加公开表格的数量，细化公开的内容。2012 年，要力争公开全部预算表格并细化至款级科目。其中涉及教育、医疗卫生、社会保障和就业、“三农”、保障性住房等相关支出的部门预算表格，要争取将可公开内容细化到项级科目。要在做好以上工作基础上，进一步细化公开内容，尽可能将可公开的内容按项级科目细化。其他部门也要结合自身情况，积极推进部门预算的公开。

三、将预算公开写入《预算法》

2014 年 8 月，全国人民代表大会常委会通过《关于修改〈中华人民共和国预算法〉的决定》，规定建立健全全面规范、公开透明的预算制度。经本级人民代表大会或者本级人民代表大会常务委员会批准的预算、预算调整、决算、预算执行情况的报告及报表，应当在批准后 20 日内由本级政府财政部门向社会公开。经本级政府财政部门批复的部门预算、决算及报表，应当在批复后 20 日内由各部门向社会公开。未依照《预算法》规定对有关预算事项进行公开和说明应当追究责任人员责任。

为进一步推动法律法规贯彻落实。2014 年 9 月，国务院印发《关于深化预算管理制度改革的决定》，明确除涉密信息外，政府预决算和部门预决算全部细化公开到功能分类项级科目，专项转移支付预算按项目按地区公开。所有财政资金安排的“三公”经费都要公开。2016 年 2 月，中共中央办公厅、国务院办公厅印发《关于进一步推进预算公开工作的意见》，要求各地区、各部门强化主动公开意识，扩大公开范围、细化公开内容、规范公开方式，进一步推进预算公开工作。此外，财政部出台了一系列指导地方预算公开的办法，推动地方预算公开。地方制定了相关制度，规范本地区预算公开工作。

为了使预算看得懂、能监督，财政部不断改进中央政府预算公开工作，将中央一般公共预算、政府性基金预算、国有资本经营预算全部上报全国人民代表大会审议并向社会公开。在公开预算收入总额的同时，公开中央预算收入构成，其中，税收收入分增值税、消费税、企业所得税等税种公开，非税收入按行政事业性收费、罚没收入、专项收入等项目公开，政府性基金收入按基金项目逐项公开，国有资本经营预算中国有企业上缴利润分行业公开。

在公开预算支出总额的同时，细化公开内容。一般公共预算在按教育、科技、节能环保等 22 个大的功能分类公开后，再细化到类下的款、项两个层次，如教育支出细化公开到普通教育和职业教育等 7 个款类，学前教育、小学教育、初中教育等 21 个项类，基本支出进一步细化到工资、津贴、办公、差旅等 58 个经济分类科目，政府性基金除逐项公开每项基金支出情况外，也细化到项，说明政府的财政资金运用的具体情况。

对于社会普遍关注的中央对地方转移支付、地方政府债务等情况，财政部进一步改进工作，将专项转移支付按项目公开、分地区公开。公开中央基本建设支出、地方政府一般债务余额、专项债务余额情况，回应社会对转移支付、政府投资和财政风险的关注。

四、预算公开的进展

经过多年的努力，我国预算公开改革取得实质性进展。取得的改革成果主要包括：一是预算公开法制框架基本确立。初步形成了以《预算法》《政府信息公开条例》为统领，以《国务院关于深化预算管理制度改革的决定》和《中共中央办公厅、国务院办公厅关于进一步推进预算公开工作的意见》为指南，涵盖政府预算、部门预算和转移支付预算多层次、多方位、具有中国特色的预算公开法制模式。二是预算公开体系基本形成。构成了由财政部门公开政府预算、转移支付预算，各部门公开部门预算的预算公开体系。在此基础上，各级财政部门、各部门按照谁制作、谁公开的要求，主动公开预算管理法规和政策、预算编制办法及流程等，进一步充实了预算公开信息。三是预算公开方式日益完善。形成了以表格、文字、视频等为主要公开内容，以政府网站为主体，政府公报、报刊、广播、电视、实体政务服务中心为补充，政府网站与新闻网站、商业网站等合作协同的多平台、多渠道公开格局，公开和获取预算信息更加快捷、便利。

到 2016 年，共有 102 个中央部门依照《预算法》规定的时间、内容等公开部门预算，包括部门收支总体情况和财政拨款收支情况。此外，公开了部门职责、机构设置、机关运行经费安排、政府采购、国有资产占用、预算绩效等情况。财政部汇总公开了中央本级“三公”经费预算安排情况。与 2010 年中央部门首次向社会公开部门预算相比，2016 年部门预算公开取得显著成效。

到2019年，首次分中央和地方列报社会保险基金预算执行情况，加上一般公共预算、政府性基金预算和国有资本经营预算，四本预算全部实现分中央、地方和全国三个层面报告。

2021年与2020年相比，预算公开着重公布了财政部门落实过紧日子要求以及压减一般性支出情况，并加大项目支出预算公开力度。项目支出预算是部门支出预算的重要部分，推进项目支出预算公开，有利于督促各部门改进预算编制、优化支出结构、提高资金使用效益。2021年中央部门在公开预算时，继续对提交全国人民代表大会审议的项目等情况进行说明。公开的项目内容包含项目概述、立项依据、实施主体、实施方案、实施周期、年度预算安排、绩效目标等。

政府预算公开为公众对政府财政进行民主监督奠定了坚实基础，是防止腐败、提高财政资金使用效益的制度保证。

第二节　绩效预算管理改革历程

绩效预算的概念来自经济发达国家20世纪70年代的公共管理运动，指预算应提交所需资金的使用目的和目标，以及用来实现其目的和目标的成本，并测量每个项目成绩和已完成工作情况的定量数据。绩效预算与传统预算的区别在于，预算管理按照绩效进行预算分配，并在预算资金使用之后，要考察预算资金使用是否达到了预算使用的目的和目标。

我国在改革开放以后，在理论界就引入了绩效预算的概念，并在一些高等财经院校组织了研究团队，探索绩效预算管理在实践中的运用。

综观绩效预算改革在我国的实践，经历了先是由一些地方政府的财政预算管理应用，然后由中央决策层加以肯定并且成为政府财政预算深化改革的一致行动。2019年以后，绩效预算成为各级政府预算改革的主要内容和持续坚持的改革任务。

一、绩效预算探索

党的十八大以后，按照党中央、国务院有关要求和《预算法》规定，财政部积极深化预算绩效管理改革，财政资金使用绩效不断提升，中央财政已经初步构建起以项目支出为主的一般公共预算绩效管理体系，部分地方政府也结合实际作出有益探索，为全面实施预算绩效管理奠定了良好基础。据财政部数据显示，2016年以来，累计46个中央部门重点项目和所有中央对地方专项转移支付绩效目标、30个重点民生政策和重大项目绩效评价结果、293个项目绩效自评结果提交全国人民代表大会常委会参阅或审议，上述绩效信息大部分已经向社会公开。

我国最早开展预算绩效管理工作的广东省，从2004年开始，一直将所有财政重点绩效评价报告抄送省人民代表大会财经委和预算工委，并在省人代会上随同预算报告一起供省人大代表查阅。2017年，广东省财政向广东省人民代表大会报送的部门预算500万元以上项目支出绩效目标达到1500多项、省级财政专项资金总体绩效目标48项、省级一般公共预算转移支付资金总体绩效目标140项。

但是，预算绩效管理在2018年以前还没有成为预算管理改革的全面行动，并且仍然存在一些突出问题，主要是绩效理念尚未牢固树立，绩效管理广度和深度不足，绩效激励约束作用不强，预算绩效管理对提高财政资源配置效率和使用效益的作用没有充分发挥。为此，绩效预算管理改革还需要继续推动和深化。

二、全面实施预算绩效管理的中央决策

2018 年 7 月 6 日，习近平总书记主持召开中央全面深化改革委员会第三次会议，审议通过《关于全面实施预算绩效管理的意见》（以下简称《意见》）。《意见》指出，全面实施预算绩效管理是政府治理方式的深刻变革。要牢固树立正确政绩观，创新预算管理方式，突出绩效导向，落实主体责任，通过全方位、全过程、全覆盖实施预算绩效管理，实现预算和绩效管理一体化，着力提高财政资源配置效率和使用效益。

《意见》还强调，要以全面实施预算绩效管理为关键点和突破口，解决好绩效管理中存在的突出问题，推动财政资金聚力增效，提高公共服务供给质量，增强政府公信力和执行力。

《意见》中关于构建全方位预算绩效管理格局的系统要求包括：

（1）将各级政府收支预算全面纳入绩效管理。各级政府预算收入要实事求是、积极稳妥、讲求质量，必须与经济社会发展水平相适应，严格落实各项减税降费政策，严禁脱离实际制定增长目标，严禁虚收空转、收取过头税费，严禁超出限额举借政府债务。各级政府预算支出要统筹兼顾、突出重点、量力而行，着力支持国家重大发展战略和重点领域改革，提高保障和改善民生水平，同时不得设定过高民生标准和擅自扩大保障范围，确保财政资源高效配置，

增强财政可持续性。

（2）将部门和单位预算收支全面纳入绩效管理，赋予部门和资金使用单位更多的管理自主权，围绕部门和单位职责、行业发展规划，以预算资金管理为主线，统筹考虑资产和业务活动，从运行成本、管理效率、履职效能、社会效应、可持续发展能力和服务对象满意度等方面，衡量部门和单位整体及核心业务实施效果，推动提高部门和单位整体绩效水平。

（3）将政策和项目全面纳入绩效管理，从数量、质量、时效、成本、效益等方面，综合衡量政策和项目预算资金使用效果。对实施期超过一年的重大政策和项目实行全周期跟踪问效，建立动态评价调整机制，政策到期、绩效低下的政策和项目要及时清理退出。

（4）建立绩效评估机制。各部门各单位要结合预算评审、项目审批等，对新出台重大政策、项目开展事前绩效评估，重点论证立项必要性、投入经济性、绩效目标合理性、实施方案可行性、筹资合规性等，投资主管部门要加强基建投资绩效评估，评估结果作为申请预算的必备要件。各级财政部门要加强新增重大政策和项目预算审核，必要时可以组织第三方机构独立开展绩效评估，审核和评估结果作为预算安排的重要参考依据。

（5）强化绩效目标管理。各地区各部门编制预算时要贯彻落实党中央、国务院各项决策部署，分解细化各项工作要求，结合本地区本部门实际情况，全面设置部门和单位整体绩效目标、政策及项目绩效目标。绩效目标不仅要包括产出、成本，还要包括经济效益、社会效益、生态效益、可持续影响和服务对象满意度等绩效指标。各级财政部门要将绩效目标设置作为预算安排的前置条件，加强绩效目标审核，将绩效目标与预算同步批复下达。

（6）做好绩效运行监控。各级政府和各部门各单位对绩效目标实现程度和预算执行进度实行“双监控”，发现问题要及时纠正，确保绩效目标如期保质保量实现。各级财政部门建立重大政策、项目绩效跟踪机制，对存在严重问题的政策、项目要暂缓或停止预算拨款，督促及时整改落实。各级财政部门要按照预算绩效管理要求，加强国库现金管理，降低资金运行成本。

三、全面推进绩效预算改革的实践

2018 年 9 月 1 日，中共中央办公厅、国务院办公厅印发《关于全面实施预算绩效管理的意见》，预算管理制度改革的重点集中在绩效预算管理方面。按照党中央、国务院决策部署，财政部大力推动中央部门预算绩效管理改革，基本实现了中央部门项目支出绩效目标管理全覆盖，绩效目标公开工作也取得显著进展。重点项目绩效目标公开范围逐年扩大，2017 年部分中央部门随同部门预算首次公开了 10 个重点项目绩效目标表，到 2021 年公开数量已增加到 128 个。

从各地财政部门关于绩效预算改革的情况来看，绩效预算改革推进比较迅速，各地根据自己的情况，创造绩效预算实施的具体办法和步骤。由于预算的绩效管理专业性、技术性较强，因此加强制度建设是全面实施预算绩效管理的基础。在这种背景下，湖南省财政厅积极探索，认真研究，将建章立制放在首要位置。通过实践交流和理论研究，逐步建立起一套完善的规章制度。一是加强顶层设计，推动出台《中共湖南省委办公厅湖南省人民政府办公厅关于全面实施预算绩效管理的实施意见》，明确预算绩效管理的总体目标、主要任务、工作步骤和保障措施。二是强化操作细则，针对各类财政资金不同特点和绩效管理要求，制定了不同专项资金的绩效管理办法和实施细则十余项。同时进行了一系列业务规范，使预算绩效管理工作有章可循、有规可依。三是研究绩效指标体系，在财政部建立通用指标体系基础上，着力加强分行业、分领域、分类别的个性指标研究，建成了涉及各类财政支出 18 类 70 款、包含 218 套专项指标 5220 条明细指标的个性指标库，供省直部门和市县财政局以及中介机构选择。

第三节　改革评析

一、绩效预算管理改革的重要意义

预算管理制度的改革是政府财政自身的制度改革，是政府实现全过程民主化和法治化的基础性工程。预算公开和绩效预算管理改革，不仅进一步提高了财税体制改革的现代化和国际化水平，也为国家治理的现代化和科学化提供了有力支撑。

全面实施预算绩效管理是政府治理方式的深刻变革，也是更高要求的改革举措。预算是政府活动和宏观政策的集中反映，也是规范政府行为的有效手段。预算绩效是衡量政府绩效的主要指标之一，本质上反映的是各级政府、各部门的工作绩效。全面实施预算绩效管理，着重解决财政资源配置和使用中的低效无效问题，有利于夯实各地区各部门各单位绩效主体责任，推动政府效能提升，加快实现国家治理体系和治理能力现代化。

从 2020 年以来，面对国际经济形势的新变化和新冠肺炎的冲击，为了使企业渡过经营困难，政府提出财政要过紧日子的要求。在这样的形势下，绩效预算改革恰恰能够起到政府过紧日子时，更加集中财政资金，以最少的投入，取得最大的支出成效的作用。

二、预算公开和绩效预算改革有待完善

我国预算公开和绩效预算的改革取得明显成效，但是在改革实践中，依然存在一些问题，完善改革的空间还很大。

首先，预算的透明度还有提高的空间。提高预算透明度，一是有利于促进政府职能的转变。建设服务型政府要求政府从管理体制、运行机制等各个方面，实现政府职能的转变。二是有利于绩效预算工作的开展，提高资金使用效率，为公众提供更加科学完善的公共服务。其次，预算公开的目的是为了让公众能够了解和监督政府财政预算活动，对于基层政府财政来说尤为重要。就目前的现实来看，公众对基层政府的直接监督机制还需要通过预算公开的方式实质性地建立起来。最后，绩效预算改革的推进需要进行扎扎实实的工作，将有实效的做法进行总结和推广。对于确实可行有普遍意义的措施通过立法将其固定下来，将行政规范转化为法治化规范。

第十二章
全面推进财税法治化和国际税收发展

▼

改革开放以来，随着我国财税体制改革的推进，民主法治健全的进程，财税法律法规体系由计划经济时期的以行政法规为主的法规体系逐步走向以法律体系为主导的法律法规体系。我国对外开放程度逐步扩大和深化，税收国际化程度也越来越高。改革开放初期的涉外税收逐步转向国际税收，我国财税部门已经深度参与世界国际税收活动之中。

第一节　预算管理与税制的法治化进程

一、预算管理的法治化进程

广义的预算管理包括了预算管理制度和中央、地方财政管理体制。狭义的预算管理只包括预算管理制度，不包括中央、地方财政管理体制。预算管理的法律法规体系基本上使用的是广义预算管理，即既包括预算管理制度，又包括中央和地方财政管理体制。

（一）《国家预算管理条例》公布

1993年以前，我国预算管理按照行政管理法规方式进行管理。1951年8月，政务院颁布《预算决算暂行条例》。40年后，1991年10月，国务院公布《国家预算管理条例》，自1992年1月1日起实施，1995年1月1日废止，被全国人民代表大会立法的《预算法》所取代。

《国家预算管理条例》为《中华人民共和国预算法》的制定奠定了基础，其基本框架和部分内容构成《预算法》的主要内容。《预算法》以及修订内容都是在此基础上，根据体制改革的进程进行相应的法律条款补充和修订。

（二）《中华人民共和国预算法》的颁布及修订

1994年《预算法》的制定和颁布标志着我国预算管理由行政法规提升到了国家法律层面。在1994年财税体制实行系统的重大改革以后，将“分税制”改革的内容通过《预算法》规定下来。自此之后，预算管理改革的进程基本上都体现在《预算法》之中。

2014年，《预算法》进行了一次比较大的修订（见表12-1）。

表12-1　新《预算法》修改和补充的主要内容

条款	内容	备注
第四条	政府的全部收入和支出都应当纳入预算。	反映了预算外资金管理改革。
第五条	预算包括一般公共预算、政府性基金预算、国有资本经营预算、社会保险基金预算。 一般公共预算、政府性基金预算、国有资本经营预算、社会保险基金预算应当保持完整、独立。政府性基金预算、国有资本经营预算、社会保险基金预算应当与一般公共预算相衔接。	补充内容。

续表

条款	内容	备注
第六条	一般公共预算是对以税收为主体的财政收入，安排用于保障和改善民生、推动经济社会发展、维护国家安全、维持国家机构正常运转等方面的收支预算。 中央一般公共预算包括中央各部门（含直属单位，下同）的预算和中央对地方的税收返还、转移支付预算。 中央一般公共预算收入包括中央本级收入和地方向中央的上解收入。中央一般公共预算支出包括中央本级支出、中央对地方的税收返还和转移支付。	补充内容。
第七条	地方各级一般公共预算包括本级各部门（含直属单位，下同）的预算和税收返还、转移支付预算。 地方各级一般公共预算收入包括地方本级收入、上级政府对本级政府的税收返还和转移支付、下级政府的上解收入。地方各级一般公共预算支出包括地方本级支出、对上级政府的上解支出、对下级政府的税收返还和转移支付。	—
第八条	各部门预算由本部门及其所属各单位预算组成。	反映了部门预算改革
第九条	政府性基金预算是对依照法律、行政法规的规定在一定期限内向特定对象征收、收取或者以其他方式筹集的资金，专项用于特定公共事业发展的收支预算。 政府性基金预算应当根据基金项目收入情况和实际支出需要，按基金项目编制，做到以收定支。	第九至十一条款反映了复式预算改革的最新举措
第十条	国有资本经营预算是对国有资本收益作出支出安排的收支预算。 国有资本经营预算应当按照收支平衡的原则编制，不列赤字，并安排资金调入一般公共预算。	—
第十一条	社会保险基金预算是对社会保险缴款、一般公共预算安排和其他方式筹集的资金，专项用于社会保险的收支预算。 社会保险基金预算应当按照统筹层次和社会保险项目分别编制，做到收支平衡。	—
第十六条	国家实行财政转移支付制度。财政转移支付应当规范、公平、公开，以推进地区间基本公共服务均等化为主要目标。 财政转移支付包括中央对地方的转移支付和地方上级政府对下级政府的转移支付，以为均衡地区间基本财力、由下级政府统筹安排使用的一般性转移支付为主体。	反映了政府间转移支付制度改革举措。

续表

条款	内容	备注
第十六条	按照法律、行政法规和国务院的规定可以设立专项转移支付，用于办理特定事项。建立健全专项转移支付定期评估和退出机制。市场竞争机制能够有效调节的事项不得设立专项转移支付。上级政府在安排专项转移支付时，不得要求下级政府承担配套资金。但是，按照国务院的规定应当由上下级政府共同承担的事项除外。	反映了政府间转移支付制度改革举措。
第十七条	各级预算的编制、执行应当建立健全相互制约、相互协调的机制。	反映了预算管理制度改革。
第三十四条	中央一般公共预算必需的部分资金，可以通过举借国内和国外债务等方式筹措，举借债务应当控制适当的规模，保持合理的结构。 对中央一般公共预算中举借的债务实行余额管理，余额的规模不得超过全国人民代表大会批准的限额。	反映了债务管理制度改革。
第三十五条	地方各级预算按照量入为出、收支平衡的原则编制，除本法另有规定外，不列赤字。 经国务院批准的省、自治区、直辖市的预算中必需的建设投资的部分资金，可以在国务院确定的限额内，通过发行地方政府债券举借债务的方式筹措。举借债务的规模，由国务院报全国人民代表大会或者全国人民代表大会常务委员会批准。省、自治区、直辖市依照国务院下达的限额举借的债务，列入本级预算调整方案，报本级人民代表大会常务委员会批准。举借的债务应当有偿还计划和稳定的偿还资金来源，只能用于公益性资本支出，不得用于经常性支出。 除前款规定外，地方政府及其所属部门不得以任何方式举借债务。 除法律另有规定外，地方政府及其所属部门不得为任何单位和个人的债务以任何方式提供担保。 国务院建立地方政府债务风险评估和预警机制、应急处置机制以及责任追究制度。国务院财政部门对地方政府债务实施监督。	此条款内容反映了地方政府债务管理改革的成果。
第三十八条	一般性转移支付应当按照国务院规定的基本标准和计算方法编制。专项转移支付应当分地区、分项目编制。	反映了转移支付制度改革的成果。
第九十七条	各级政府财政部门应当按年度编制以权责发生制为基础的政府综合财务报告，报告政府整体财务状况、运行情况和财政中长期可持续性，报本级人民代表大会常务委员会备案。	深化预算管理改革的举措。

资料来源：根据《中华人民共和国预算法》（2014修正本）相关内容整理。

2014年的《预算法》相比1994年的《预算法》，由79条增加到101条，其中修改内容的有56条，新增了28条，全面反映了自完善和深化财税体制改革以来，体制改革的举措和成果，具有预算管理法治化的里程碑意义。

（三）2020年《预算法实施条例》的修改和公布

2020年8月3日，修订后的《中华人民共和国预算法实施条例》（以下简称《条例》）公布，自2020年10月1日起施行。

《条例》在2014年《预算法》的基础上，又进一步完善。《条例》修订的主要原则：一是体现深化财税体制改革的成果，将《预算法》实施后出台的国务院关于深化预算管理制度改革等有关规定法治化。二是细化明确《预算法》有关规定，对授权国务院规定的事项作出具体规定。三是满足预算管理实际需要，根据近年来的实践对预算收支范围、转移支付、地方政府债务等事项作出相应规定。《条例》主要从三个方面对预算编制作了细化规定：一是明确预算草案编制时间。《条例》分别规定了财政部和地方财政部门编制预算草案的时间。二是规范收入预算编制。为提高收入预算编制的科学性、准确性，体现收入预算从约束性转向预期性的要求，《条例》规定，各级政府财政部门编制收入预算草案时，应当征求税务、海关等预算收入征收部门和单位的意见；预算收入征收部门和单位应当按照财政部门的要求提供下一年度预算收入征收预测情况，并与相关财政部门建立收入征管信息共享机制。三是明确预算收支编制内容。《条例》对中央和地方一般公共预算、政府性基金预算、国有资本经营预算、社会保险基金预算和各部门、各单位预算的编制内容作了规定。此外，《条例》对制定预算支出标准、编制社会保险基金预算草案、制定预算草案编制规程等作出规定。这些规定使各级预算编制的具体程序和要求更加明确，有利于更好地规范预算编制，确保预算编制工作顺利进行。

二、税制的法治化进程

作为税收制度的实体法，自 1994 年税制改革以后，除了个人所得税等少数税种经过全国人民代表大会立法之外，绝大多数税种是国务院颁布的暂行条例，还没有完成税种的立法。2012 年之后，税收制度的法治化进程加快，截至 2021 年末，我国 18 个税种中，已经完成 12 个税种的立法工作（见表 12–2 和图 12–1）。

表 12–2　我国已完成立法的 12 个税种

时间	税种	备注
2008 年 1 月 1 日起施行	《中华人民共和国企业所得税法》	2018 年 12 月修订。
2012 年 1 月 1 日起施行	《中华人民共和国车船税法》	2019 年 4 月修正
2018 年 1 月 1 日起施行	《中华人民共和国环境保护税法》	—
2018 年 7 月 1 日起施行	《中华人民共和国烟叶税法》	—
2018 年 7 月 1 日起施行	《中华人民共和国船舶吨税法》	—
2019 年 1 月 1 日起施行	《中华人民共和国个人所得税法》	—
2019 年 7 月 1 日起施行	《中华人民共和国车辆购置税法》	—
2019 年 9 月 1 日起施行	《中华人民共和国耕地占用税法》	—
2020 年 9 月 1 日起施行	《中华人民共和国资源税法》	—
2021 年 9 月 1 日起施行	《中华人民共和国契税法》	—
2021 年 9 月 1 日起施行	《中华人民共和国城市维护建设税法》	—
2022 年 7 月 1 日起施行	《中华人民共和国印花税法》	—

资料来源：根据我国历年税种相关资料整理。

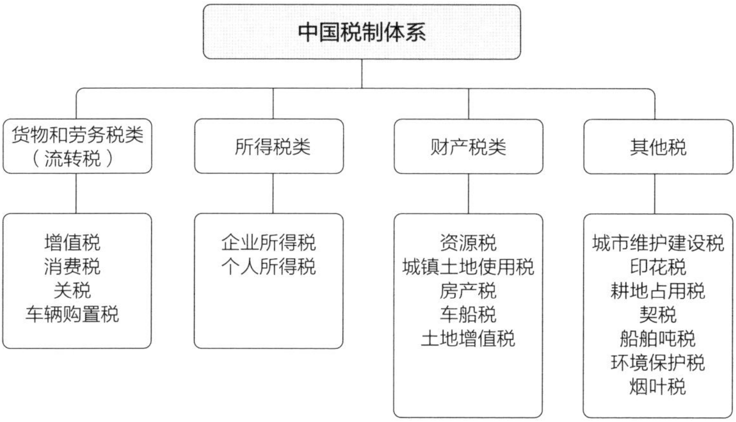

图 12-1　中国现行税制体系（18 个税种）

资料来源：根据我国历年税制相关资料整理。

已经完成立法的 12 个税种的特点是：两个所得税类税种——企业所得税和个人所得税，立法时间比较早，相对比较成熟；其余的税种大多是地方相对较小的税种，立法相对容易。现在尚没有立法的 6 个税种是：增值税、消费税、城镇土地使用税、房产税、土地增值税和关税(《关税法》于 2024 年 4 月完成立法)。尽管如此，自 2008 年以来，我国税制的实体法部分的法治化步伐已经迈出了坚实的一大步。

第二节　税收征管的法治化

税收征管法属于税收法体系中的程序法，作为一部税收程序性法律，税收征管法与税收实体法建设一样，在我国经历了一个较长的探索和不断完善的过程，至今税收征管法的修订仍在比较艰难的推进之中。

一、《税收征收管理法》的立法

为了配合税制改革，针对税收征管工作中出现的新情况，1985年5月，全国第一次税收征管工作会议召开，拉开我国税收征管立法的序幕。这次会议确定建立科学严密征管体系的战略目标，并修改了《工商税收征管条例（草案）》。1986年4月，国务院公布《中华人民共和国税收征收管理暂行条例》，自1986年7月1日起施行。该条例的公布，使税收征管有了统一、规范的标准和方法，为加强税收征收管理的法制建设奠定了基础。但是，条例本身存在一些不完善的地方，再加上社会经济的不断发展变化，其弱点逐渐显现出来。

从1989年开始，国家税务局便开始研究通过人民代表大会立法解决税收征管中存在的问题。经过几年的准备工作，国务院于1992年提请全国人民代表大会常委会审议《税收征管法（草案）》。同年9月，第七届全国人民代表大会常委会第二十七次会议审议通过《中华人民共和国税收征收管理法》。《税收征收管理法》的制定和实施是我国税收法制建设的重大突破，标志着依法治税前进了一大步，这对于更好地发挥税收的职能作用，促进改革开放和经济建设具有重要的意义。

二、《税收征收管理法》的四次修订

《中华人民共和国税收征收管理法》自1992年立法后，由于税制改革的不断推进和税收征管新情况的出现，分别于1995年2月28日、2001年4月28日、2013年6月29日、2015年4月24日进行了四次修订。其中 2001 年和 2015 年修订力度较大。

1995 年 2 月 28 日，第八届全国人民代表大会常委会第十二次会议对《税收征收管理法》的个别条款作了修改，而大规模修订《税收征收管理法》的调研工作于 1996 年下半年展开。

经过反复论证和修改，2001 年 4 月 28 日，第九届全国人民代表大会常委会第二十一次会议对《税收征收管理法》作出较大幅度的修订。此次修订贯彻了加强征管、堵塞漏洞、惩治腐败、清缴欠税的精神，修订后的《税收征收管理法》在内容上有五大变化：一是增加了有效的税源管理措施。二是进一步明确了税务机关执法主体的地位，强化了执法手段和措施。三是增加了防范涉税违法行为的措施，加大了打击偷逃骗税的力度。四是大量增加了保护纳税人合法权益和纳税人依法享有权利的内容和条款。五是进一步规范税务机关的执法行为，明确了税务机关和税务人员违法行为的法律责任。

这部法律对于保障国家税收，促进经济和社会的发展，调节收入分配的差距，都具有重大的意义。经过此次修订，我国已基本形成以《税收征收管理法》为核心，以《税收征收管理法实施细则》为辅助，以国务院有关部委、直属机构制定的部门规章和规范性文件为补充的税收征管法律体系。

2001 年修正的《税收征收管理法》施行以后，对于规范税收征收和缴纳行为，保障国家税收收入，保护纳税人合法权益，促进经济和社会发展，发挥了积极作用。但随着我国改革开放的不断深化，社会经济生活已发生深刻变化，经济全球化、社会信息化趋势日益明显，纳税人的涉税活动更为复杂，纳税人权益意识不断增强，当时的《税收征收管理法》已经难以适应税收征纳环境的变化。此外，随着中国特色社会主义法律体系的形成和进一步完善，《税收征收管理法》与新近实施的相关法律制度不衔接的问题也日益突出，再一次修改《税收征收管理法》已经势在必行。

2013 年 6 月，第十二届全国人民代表大会常委会第三次会议通过《全国人民代表大会常务委员会关于修改〈中华人民共和国文物保护法〉等十二部法律的决定》。其中，将《税收征收管理法》的第十五条第一款修改为：企业，企业在外地设立的分支机构和从事生产、经营的场所，个体工商户和从事生产、经营的事业单位（以下统称从事生产、经营的纳税人）自领取营业执照之日起 30 日内，持有关证件，向税务机关申报办理税务登记。税务机关应当于收到申报的当日办理登记并发给税务登记证件。

2014 年 6 月，中共中央政治局审议通过《深化财税体制改革总体方案》。此次税制改革将主要围绕“六税一法”*进行，2014 年 9 月，《税收征收管理法》开始启动修订，此次修改主要增加了个税改革部分，将自然人纳入征管体系，以后个人工资、薪酬、不动产、银行存款、证券、保险等信息将被税务部门掌握。自然人将和企业一样适用税收强制措施。个人所得的透明化，将为提高直接税比重铺平道路。

* “六税”分别是增值税、资源税、消费税、环境保护税、房地产税和个人所得税，“一法”是《税收征收管理法》。

2015 年 4 月，第十二届全国人民代表大会常委会第十四次会议通过修改《税收征收管理法》的决定，将第三十三条修改为：纳税人依照法律、行政法规的规定办理减税、免税。地方各级人民政府、各级人民政府主管部门、单位和个人违反法律、行政法规规定，擅自作出的减税、免税决定无效，税务机关不得执行，并向上级税务机关报告。此次修改后，纳税人可以直接依照法律、行政法规的规定办理减税、免税，不需要向税务机关书面申请、经税务机关审批。

三、2021年《关于进一步深化税收征管改革的意见》

从2015年开始，伴随着数字经济发展为丰富税收征管的手段提供了科技支撑，税收征管改革以最快速度转向智慧税收建设。

2021年，中共中央办公厅、国务院办公厅印发《关于进一步深化税收征管改革的意见》（以下简称《意见》），指出深化税收征管改革的指导思想是，着力建设以服务纳税人缴费人为中心、以发票电子化改革为突破口、以税收大数据为驱动力的具有高集成功能、高安全性能、高应用效能的智慧税务。深入推进精确执法、精细服务、精准监管、精诚共治，大幅提高税法遵从度和社会满意度，明显降低征纳成本，充分发挥税收在国家治理中的基础性、支柱性、保障性作用，为推动高质量发展提供有力支撑。

《意见》提出的主要目标是，到2022年，在税务执法规范性、税费服务便捷性、税务监管精准性上取得重要进展。到2023年，基本建成“无风险不打扰、有违法要追究、全过程强智控”的税务执法新体系，实现从经验式执法向科学精确执法转变；基本建成“线下服务无死角、线上服务不打烊、定制服务广覆盖”的税费服务新体系，实现从无差别服务向精细化、智能化、个性化服务转变；基本建成以“双随机、一公开”监管和“互联网+监管”为基本手段、以重点监管为补充、以“信用+风险”监管为基础的税务监管新体系，实现从“以票管税”向“以数治税”分类精准监管转变。到2025年，深化税收征管制度改革取得显著成效，基本建成功能强大的智慧税务，形成国内一流的智能化行政应用系统，全方位提高税务执法、服务、监管能力。

实现上述目标的主要举措是全面推进税收征管数字化升级和智

能化改造。主要包括三个方面内容：

（1）加快推进智慧税务建设。充分运用大数据、云计算、人工智能、移动互联网等现代信息技术，着力推进内外部涉税数据汇聚联通、线上线下有机贯通，驱动税务执法、服务、监管制度创新和业务变革，进一步优化组织体系和资源配置。2022 年基本实现法人税费信息“一户式”、自然人税费信息“一人式”智能归集 2023 年基本实现税务机关信息“一局式”、税务人员信息“一员式”智能归集，深入推进对纳税人缴费人行为的自动分析管理、对税务人员履责的全过程自控考核考评、对税务决策信息和任务的自主分类推送。2025 年实现税务执法、服务、监管与大数据智能化应用深度融合、高效联动、全面升级。

（2）稳步实施发票电子化改革。2021 年建成全国统一的电子发票服务平台，24 小时在线免费为纳税人提供电子发票申领、开具、交付、查验等服务。制定出台电子发票国家标准，有序推进铁路、民航等领域发票电子化，2025 年基本实现发票全领域、全环节、全要素电子化，着力降低制度性交易成本。

（3）深化税收大数据共享应用。探索区块链技术在社会保险费征收、房地产交易和不动产登记等方面的应用，并持续拓展在促进涉税涉费信息共享等领域的应用。不断完善税收大数据云平台，加强数据资源开发利用，持续推进与国家及有关部门信息系统互联互通。2025 年建成税务部门与相关部门常态化、制度化数据共享协调机制，依法保障涉税涉费必要信息获取；健全涉税涉费信息对外提供机制，打造规模大、类型多、价值高、颗粒度细的税收大数据，高效发挥数据要素驱动作用。完善税收大数据安全治理体系和管理制度，加强安全态势感知平台建设，常态化开展数据安全风险评估和检查，健全监测预警和应急处置机制，确保数据全生命周期安全。加强智能化税收大数据分析，不断强化税收大数据在经济运行研判和社会管理等领域的深层次应用。

第三节　国际税收发展进程

改革开放初期，我国经历了建立和完善涉外税收制度的阶段。涉外税收主要集中在对引进外资的企业和个人实行特殊税收政策和制度。随后，转入同等国民待遇阶段，逐步统一内外企业的所有税收制度。

中国税收的国际化进程大致分为两个阶段：第一阶段是2001—2007年，涉外税收向国际税收转型，并走上发展快车道。第二阶段是2008—2018年，基本建成国际税收体系。中国税收国际化进程对于国内财税体制改革与国际接轨有着重要意义，因为建立现代财税体制必须要有国际视野，并与世界前沿财税制度改革保持同步协调。

一、涉外税收转向国际税收

以中国加入WTO为起点和标志，中国经济社会更加快速、深入和全面地融入世界经济大格局之中。原有主要服务于引入外资的政策和制度，以外资企业日常税收管理为重点的涉外税收，已经不能适应对外开放和社会经济发展需要。随着中国对外投资的发展，税收工作又必须服务于对外投资中的涉税服务。在这样的新形势下，税收工作迫切需要借鉴国际上的通行做法，实现国际税收事项的专业化管理，参与国际税收规则的制定，以维护国家的税收权益，并积极融入国际税收的各项活动之中。

2002 年，国家税务总局发出《关于规范和加强国际税务管理工作的通知》，明确改革试点地区国际（涉外）税务管理机构六项主要工作内容：税收协定执行、反避税实施、外国居民税收监管、情报交换、国际税务管理合作，以及当时涉外税收政策组织实施，体现了这一阶段从涉外税收向国际税务专业化管理的转变。

从实际工作来看，首先，对外国居民的税收通过售付汇税务证明进行有效管理，为系统性地制定外国居民税收制度并开展非居民税收管理打下了基础。其次，反避税领域不断拓展，反避税的理念和方法更加科学，反避税的法规制度逐步完善。再次，2005 年 4 月，国家税务总局与日本国税厅在北京共同签署了关于该企业与其日本关联公司关联交易的预约定价安排，这是我国第一个双边预约定价安排，它的签署反映了我国国际税收管理与国际规则的接轨，以及中国投资环境的不断完善，具有里程碑的意义。最后，税收协定内容日益丰富。截至 2017 年底，我国签署的税收协定累计达到 105 个（含内地与香港、澳门签署的税收安排以及大陆与台湾签署的税收协议）。

二、基本建成国际税收体系

2008 年以后，国际税收工作进入全面构建国际税收体系的新阶段。在国家扩大对外开放和参与国际经济秩序规则制定的大战略下，税收工作服务于“引进来”和“走出去”，积极参与国际税收规则制定，加强国际税收合作，在全面的积极参与中，提升了中国在世界税收领域的影响力，同时构建起具有中国特色的国际税收体系。

（一）积极参与国际税收规则的制定

2013 年 9 月，二十国集团在圣彼得堡峰会上正式启动税基侵蚀和利润转移行动计划，旨在建立一个全球公平和现代化的国际税收体系，这是近百年来国际税收体系的最大变革，标志着各国在完善和协调所得税税收政策方面迈出了历史性的重要一步。自二十国集团委托OECD（Organization for Economic Co-operation and Development，经济合作与发展组织）组织实施税基侵蚀和利润转移行动计划以来，作为二十国集团的创始成员国，中国以此为契机，深度参与到国际税制改革之中。国家税务总局以OECD合作伙伴身份全程参与BEPS项目，参加相关会议和谈判，提交立场声明和意见，在指导原则、数字经济、无形资产等重要领域作出了特殊贡献。

与此同时，我国以联合国国际税收合作专家委员会委员的身份参与《联合国税收协定范本》修订，以及《联合国发展中国家转让定价实用手册》编纂；以副主席国身份参与税收信息交换全球论坛有关工作，在国际税收规则体系重塑中持续发挥重要作用。

（二）反避税防控体系基本建成

我国基本建立“管理、服务和调查”三位一体反避税防控体系，由过去的偏重反避税事后调查，转变为管理、服务、调查并重的管理模式。为把好立案和结案两个关键环节的质量关，国家税务总局建立“主管税务机关集体办案、省级税务机关集中审案、重大案件全国专家会审”的三个层级集体办案制度和重大案件会审制度，以及反避税全国联查机制，着重提高调查规范程度，加强案件质量监控，取得显著成效。

（三）税收协议谈签与执行水平明显提高

根据商务部数据，2014 年我国实际对外投资规模首次超过利用外资规模，成为资本净输出国。这一历史性的转变要求我国税务机关要进一步扩大税收协定网络，并在税收协定谈签过程将定位从来源国向居民国转换，努力为“走出去”企业在东道国创造确定、公平的税收环境。

截至 2021 年 12 月底，我国已与 109 个国家（地区）正式签署了避免双重征税协定，其中与 102 个国家（地区）的协定已生效，和香港、澳门两个特别行政区签署了税收安排，与台湾签署了税收协议。“十三五”时期，税收协议网络覆盖总计 111 个国家和地区，协定规模位居全球第四位。同时，我国先后更新发布覆盖 104 个国家（地区）的投资税收指南，与 18 个国家的税务部门签署双边合作备忘录，助力“走出去”企业行稳致远。[①]

（四）“走出去”税收管理与服务更加完善

为了适应中国对外投资的快速增长，给“走出去”企业提供税收服务，国家税务总局于 2012 年专门在国际税务司成立了协调机构“境外税收管理小组”，配备相应人员，专职处理“走出去”

① 李华林:《为国际合作贡献“中国智慧”》,《经济日报》，2021 年 6 月 22 日。

企业税收服务于管理。2015 年 1 月，国家税务总局党组正式决定在国际税务司设立境外税务处，专司对外投资税收服务与管理。此外，国家税务总局还向一些国家的使领馆派驻税务官员。截至 2019 年初，已经向美国、印度、日本、德国等 27 个国家使领馆派驻了税务官员。及时响应“走出去”企业诉求，促进税收政策沟通，推动税收领域务实合作，维护企业税收权益，服务我国对外投资和国际经济技术合作。

（五）国际税收征管协作进一步加强

在国际税收征管协作领域，我国的行动积极并富有成效（见表 12–3）。

表 12–3　国际税收征管协作行动一览表

时间	内容	备注
2009—2014 年	与 10 个国家和地区，如英属维尔京群岛政府、开曼群岛政府、百慕大群岛政府等缔结了税收情报交换协定。	双边条约累计共 100 余个。
2010 年	国务院批准国家税务总局加入国际联合反避税信息中心，提高了我国获取境外税收情报的效率。	
2013 年	我国签署了《多边税收征管互助公约》，这是我国加入的第一个多边税收条约。	
2015 年 12 月	我国签署了《金融账户涉税信息自动交换多边主管当局间协议》，为我国与其他国家（地区）间相互交换金融账户涉税信息提供了操作层面的依据。	

资料来源：根据2009—2015年国际税收管协作相关资料整理。

（六）国际税收合作日益活跃

我国不断加强与国际组织的合作。国家税务总局与联合国、经济合作与发展组织、国际货币基金组织等主要国际组织以及主要区

字经济带来的商业模式的改变给税收制度和税收征管带来挑战；另一方面，数字经济又为提高财政管理和税收征管的效率奠定了科技基础。

数字经济对于国际税收的挑战率先引起国际社会的关注。数字经济中的电子商务活动，改变了传统商业模式，跨境交易和商品流通更加便捷。与此同时，电商平台对各国征税带来了挑战，由于纳税主体的确定难度很大，计税依据难以测度和计算，各个国家对国际电子商务活动的征税需要进行新的制度创新。2013 年，国际上开始热烈讨论数字经济对税收的调整，各国政府也密切关注电子商务对本国税收权益构成的挑战，并积极研究相应的对策。由二十国集团委托经合组织研究并提出应对税基侵蚀和利润转移的行动计划开始启动，目前已经有取得初步共识的一些措施建议。

数字经济引发的税收问题，在国内也高度关注。很多国内研究机构数字经济下的税收制度和税收征管问题，研究讨论它们所带来的挑战以及应对措施。

（二）新冠肺炎和逆全球化影响世界经济并构成对财税政策的挑战

全球新冠肺炎和逆全球化潮流对世界经济构成了巨大的历史性冲击。我国经济在这样严峻的外部环境下，还面临着经济方式转变等约束条件，经济增长压力加大，企业经营主体承受着比较严峻的市场环境。

2012 年以来，为了应对经济转型和国际外部趋紧的环境，我国政府选择了积极财税政策，持续采取减税降费政策，并在 2016 年加大了政策力度。这一轮减税降费政策的特点是通过财税制度的改革，在改革中实施减税政策，比如营改增和个人所得税制综合与分项计征相结合的改革等。

持续采取减税降费政策对财税的可持续发展构成了新挑战，如何在减税政策长期使用中，兼顾财政发展的可持续性，对财税体制的改革是一种新考验。

（三）中国现代税制结构调整的挑战

我国由计划经济体制转轨到社会主义市场经济体制，现行税制中仍然还有尚未完成的体制改革任务。这一未完成的任务表现在税制结构中，我国现行税制仍然是以企业为纳税人主体。因此，税收征管制度的安排，主要是对企业法人的征管，而不是对自然人的税收征管。

未来我国建立现代税制如何调整？要降低现行税制结构中的间接税比重，也就是降低对企业法人征收流转税的比重；提高直接税——个人所得税、财产税等的比重，也就是要增加对自然人的征税。这样的结构调整对下一步财税体制改革构成挑战。

（四）财政收支缺口扩大风险的挑战

随着我国经济下行压力加大，以及减税降费政策的实施，近十年来财政（仅指一般公共预算）收入基本告别了两位数的高速增长。而财政支出逐年攀升，财政收支缺口总体呈现扩大趋势，财政收支矛盾不断加大。

2020 年受全球新冠肺炎冲击，财政减收扩支，收支缺口达到 6.27 万亿元历史峰值。结果显示，除了受 2020 年低基数等影响，2021 年财政收入增速显著提升外，“十四五”期间财政收入增速继续放缓。但财政支出仍保持一定增长，平均财政支出增速将在7.5%以上。相比于2020年，2021年的中国财政政策报告在不考虑改革的情形下预测，2021年财政收支缺口会缩窄至约4.7万亿元，但此后几年缺口规模将呈扩大趋势，2025年预计达到约10.7万亿元。[①]

应对财政收支趋紧，财政收支缺口不断扩大的风险，未来我国要提前准备应对预案，尽量留有政策余地，把握好积极财政政策力度与财政保持可持续之间的平衡点。

二、启动应对挑战的财税改革行动

为了应对挑战，我国针对国际、国内的改革正在持续推进之中。

（一）国际上的BEPS行动计划取得进展

2021年10月8日，OECD发布《关于应对经济数字化税收挑战“双支柱”方案的声明》，有137个包容性框架成员就“双支柱方案”达成全面共识协议，标志着自1923年起已运行近百年的国际税制体系迈出实质性改革步伐。2021年10月31日，二十国集团领导人峰会一致同意为双支柱方案作出政治背书。2021年12月20日，OECD发布《应对经济数字化税收挑战——支柱二全球反税基侵蚀立法模板》，意味着税率为15%的支柱二全球最低税的设计基本完成。2022年2月4日，OECD发布《支柱一金额A的联结度

① 陈益刊：《财科院报告：2025年财政收支缺口或突破10万亿》，第一财经网，2021年9月2日。

与收入来源确定示范规则》，向所有利益相关者公开征询意见建议。

目前我国双支柱方案的计划时间表是，支柱一的金额A将通过签订多边公约实施，2022 年上半年完成多边公约文本和解释性声明；2022 年中期开放多边公约签署，2023 年完成全部立法程序并生效执行；金额B的相关工作在 2022 年底前完成。关于支柱二，2021 年 12 月 20 日，OECD发布全球最低税立法模板，但协定条款设计并未发布；此外，支柱二还要在 2022 年中期完成应税规则的多边工具开发，2022 年底之前建立协调各国实施全球反税基侵蚀规则审计机制等实施框架。这一时间表是经 2021 年 10 月二十国集团财长和央行行长会议审议的，并得到二十国集团领导人的核准。

（二）中国税制结构继续调整，房地产税试点启动

2021 年 10 月，第十三届全国人民代表大会常委会第三十一次会议审议通过《关于授权国务院在部分地区开展房地产税改革试点工作的决定》，指出为积极稳妥推进房地产税立法与改革，引导住房合理消费和土地资源节约集约利用，促进房地产市场平稳健康发展，会议决定，授权国务院在部分地区开展房地产税改革试点工作。2021 年 12 月，全国人民代表大会对《关于授权国务院在部分地区开展房地产税改革试点工作的决定（草案）》做了说明。[①]

草案的主要内容如下：

（1）征税对象和纳税人。试点地区的房地产税征税对象为居住用和非居住用等各类房地产，土地使用权人、房屋所有权人为房地

① 《对〈关于授权国务院在部分地区开展房地产税改革试点工作的决定（草案）〉的说明》，中国人大网，2021 年 12 月 13 日。

产税的纳税人。考虑到目前我国城乡经济社会发展和居民收入水平总体上仍有较大差距，为减少试点对农村居民的影响，对依法拥有的农村宅基地及其上住宅不纳入试点征税范围。为避免对企业生产经营带来影响，此次试点对非居住用房地产继续按照《中华人民共和国房产税暂行条例》《中华人民共和国城镇土地使用税暂行条例》执行，征税范围、计税依据、税率、税收优惠和征收管理等维持现行制度不变，确保试点期间税负平移。

（2）制定房地产税试点办法和具体实施细则。全国人民代表大会常委会授权后，国务院将制定房地产税试点办法，明确具体试点政策。试点地区人民政府制定具体实施细则，细化改革试点落地措施。房地产税征管涉及大量自然人，为确保有效征管并优化纳税服务，国务院及其有关部门、试点地区人民政府将构建科学可行的征管模式和程序。

（3）试点地区的确定。国务院按照积极稳妥的原则，统筹考虑深化试点与统一立法、促进房地产市场平稳健康发展等情况确定试点地区，报全国人民代表大会常委会备案。

（4）试点期限和启动时间。试点期限为五年。试点过程中，国务院及时总结试点经验，在授权期限届满的六个月以前，向全国人民代表大会常委会报告试点情况，需要继续授权的，可以提出相关意见，由全国人民代表大会常委会决定。条件成熟时，及时制定法律。试点实施启动时间由国务院确定。

启动房地产税制试点，标志着酝酿了多年的房地产税制改革的正式启动。房地产税虽然不是一个大税种，但是具有牵一发而动全身的作用。从财税体制改革角度看，至少有五个方面的作用：一是整合财产税制，实行现代国际通行的财产税制；二是对居民个人征收房地产税，在自然人征税管理上将实现突破性进展；三是从调整税制结构上，有提高直接税比重的作用；四是房地产税是地方税种，这对于完善地方税体系，调动地方政府积极性，调整中央与地方政府的财政关系会有积极作用；五是对居民房地产征税，有利于调节来自财产的收入差距。

到 2022 年 3 月，房地产税改革试点已经在一些城市开展了调查摸底和初步研究，综合考虑各方面情况，2022 年内不具备扩大房地产税改革试点城市的条件。

（三）新一轮税收征管改革寻求突破

我国新一轮税收征管的改革，其中一大特点就是税收治理实现数字化、智能化、智慧化的突破。要以发票电子化改革为突破口、以税收大数据为驱动力，建成具有高集成功能、高安全性能、高应用效能的智慧税务，全面推进税收征管数字化升级和智能化改造。

为了实现这一突破，我国启动金税四期工程。与金税三期比较，金税四期在政府部门信息共享、非税收入的管理、云数据的运用等方面将有更大提高。

我国这一轮税收征管体制以电子发票为突破口，实现“以票管税”转变为“以数管税”。一旦实现“以数管税”，整个微观经济活动的生产流通活动，将通过云数据呈现在税务机关的数字系统中，税收征管将实现便捷化和准确化。

第二节　财税体制需要创新性改革

一、适应中国社会主义市场经济的财税体制需要创新

从全世界范围来看，经济发达国家的财税制度和体制也受到数字经济、新冠肺炎以及旧体制的挑战。许多经济发达的政府债务不断攀高，都面临着财政经济可持续发展问题。加上人口老龄化社会等问题的挑战，传统的财税体制都需要改革创新。

中国要与国际社会共同努力，在财税体制的共性领域寻求解决问题的体制创新之道。中国还有自身的国情，即如何利用好生产资料公有制的优势，来解决财政的可持续问题。我国目前财政预算的四本预算之间具有一定的可调节性，税收和收费之间也存在相互转换的可能，究竟从体制机制上如何安排，才能更有利于财政收支提高效率，并尽量减少对市场机制的不必要扰动，这都需要在创新性理念下，寻求更有效的改革之道。

二、数字经济下的税制和税收征管体制创新

我国数字经济下的税制改革如何进行？目前还处于理论研究和讨论的初级阶段。在改革实践中，对于电子商务涉及的线上销售、快递业务、灵活用工、共享经济活动的相关税收，有相关法律上的笼统规定，但是没有具体的实施细则，在税收征管上也是良莠不齐。

从 2021 年开始，税务机关通过对一些电商直播带货的主播进了偷逃税款的处罚，涉及金额由几千万到上亿元不等。通过这些案例，给我们如下启示：第一，新的商业模式带来了新的税收问题，

无论对税务机关，还是对纳税人来讲，都需要引起高度重视。第二，由于是新问题，因此采取的是事后监察和处罚的办法解决问题，这样解决问题的办法不宜作为常规管理方式。第三，要从完善税制和征管服务上总结经验，进行事前的税收宣传和辅导，纳税人也应该提高纳税遵从度，立足合法经营和纳税，摈弃避税理念。

税务机关的纳税服务和征管服务要着重在事前和事中，尽量避免在事后进行处罚。因此，面对新的商业模式，我国税收制度的改革还有不少新问题需要应对，需要通过不断创新性的改革来解决。

三、预算管理体制创新

在改革开放 40 多年中，我国预算管理体制改革借鉴了国际现代管理经验。在与我国国情相结合的过程中，还有许多新的课题需要突破和创新。例如，我国财政预算现在是由四本预算构成，这四本预算的管理办法有共性，但也有各自的特性。如何管理好这四本预算，还需要制度上的创新改革。在预算支出中，文化、教育、科技支出占据很大比重，对此类事业性支出的管理还有许多需要探索的地方。

除了这四本预算之外，政府还有规模庞大的国有资产、政府引导基金等，这种政府投资、市场化运作的管理体制，还需要在创新中进行不断完善。

四、中央与地方财政管理体制创新

我国国情的特点是国土面积广大，区域间的经济社会发展差距依然显著。2020年各个地区之间的人均GDP，最高地区（北京，164904.05元）是最低地区（甘肃，36038.21元）的4.58倍。

从全国财政收入的地区构成来看，2020年31个省（市）中只有8个地区是财力净上缴中央税收的省（市），其余23个省（市）都是财力补贴地区。有些地区的财力补贴数量规模还很大。这一方面反映出地区之间的经济和财政差距，另一方面也反映出财政体制上的问题和不足。

从中长期发展来看，中央与地方财政管理体制的改革应更加注重对地方政府的激励，而不是增加地方政府对中央政府的依赖程度。因此，财政体制的改革需要以“而今迈步从头越”的精神，加以探索研究，坚持体制创新，以推进现代财税体制的建设。

主要参考资料

1. 本书编写组. 中国共产党简史[M]. 北京：人民出版社、中共党史出版社，2021.
2. 本书编写组. 改革开放简史[M]. 北京：人民出版社、中国社会科学出版社，2021.
3. 中国国际税收研究会. 中国国际税收 40 年[M]. 北京：中国税务出版社，2018.
4. 刘国光. 财税体制突破与利益重组[M]. 北京：中国财政经济出版社，1993.
5. 赵梦涵. 中华人民共和国财政税收史论纲[M]. 济南：山东大学出版社，1993.
6. 刘仲藜、桂世镛、项怀诚等. 中国财税改革与发展[M]. 北京：中国财政经济出版社，1998.
7. 叶振鹏、梁尚敏. 中国财政改革二十年回顾[M]. 北京：中国财政经济出版社，1999.
8. 李萍. 中国政府间财政关系图解[M]. 北京：中国财政经济出版社，2006.
9. 高培勇. 中国财税体制改革 30 年研究—奔向公共化的中国财税改革[M]. 北京：经济管理出版社，2008.
10. 刘克崮、贾康. 中国财税改革三十年：亲历与回顾[M]. 北京：经济科学出版社，2008.
11. 俞光远. 中国财税改革和财税法制建设 30 年回顾与展望[M]. 北京：中国税务出版社，2009.
12. 刘佐. 新中国税制 60 年[M]. 北京：中国财政经济出版社，

2009.
13. 卢仁法. 中国税法大典[M]. 北京：人民出版社，2011.
14. 陈元. 政府与市场之间—开发性金融的中国探索[M]. 北京：中信出版社，2012.
15. 胡怡建. 2013 年中国财政发展报告—促进发展方式转变“营改增”研究[M]. 北京：北京大学出版社，2013.
16. 刘尚希、梁季等. 中国政府收入全景图解 2021[M]. 北京：中国财政经济出版社，2021 年.
17. 邓子基. 国营企业实行利改税的理论与实践[J]. 中国经济问题，1983（06）.
18. 袁振宇. 试论利改税的必要性[J]. 经济理论与经济管理，1984（03）.
19. 何振一. 评利改税[J]. 改革，1988（02）.
20. 安体福. 公共财政的实质及其构建[J]. 当代财经，1999（09）.
21. 高培勇. 市场经济体制与公共财政框架[J]. 税务研究，2000（03）.
22. 马珺. 公共财政：理想与现实[J]. 财政研究，2000（04）.
23. 刘尚希. 公共财政，我的一点看法[J]. 经济管理，2000（05）.
24. 杨之刚. 中国分税财政体制：问题成因和改革建议[J]. 财贸经济，2004（01）.
25. 杨斌. 经济全球化的本质分析和治税策略选择[J]. 涉外税务，2004（08）.
26. 张晏、龚六堂. 分税制改革、财政分权与中国经济增长[J]. 经济学（季刊），2005（04）.
27. 李俊生. 以全球化视野观察我国财政发展[J]. 中国财政，2006（03）.
28. 马蔡琛. 论阳光财政视野中的公共预算绩效管理[J]. 现代财经，2006（03）.
29. 周飞舟. 分税制十年：制度及其影响[J]. 中国社会科学，2006（06）.
30. 杨志勇. 中国财政体制改革理论的回顾与展望[J]. 财经问题研究，2006（07）.
31. 项怀诚. 中国财税体制改革回顾[J]. 上海财经大学学报，2007（06）.
32. 夏杰长. 财政向民生倾斜的理论依据、重点领域和政策思路[J]. 经济学动态，2007（11）.
33. 贾康. 中国财税改革30年：简要回顾与评述[J]. 财政研究，2008（10）.
34. 刘卓珺、于长革. 中国财政分权演进轨迹及其创新路径[J]. 改革，2010（06）.
35. 田志伟、胡怡建. "营改增"对财政经济的动态影响：基于CGE模型的分析[J]. 财经研究，2014（02）.
36. 马海涛、任强. 迈入新阶段的中国税制改革：回顾、借鉴及展望[J]. 会计之友，2015（07）.
37. 卢洪友、王云霄. "营改增"的财政体制影响效应研究[J]. 经济社会体制比较，2016（03）.
38. 范子英、彭飞. "营改增"的减税效应和分工效应：基于产业互联的视角[J]. 经济研究，2017（02）.

39. 袁建国、胡明生. 营改增对企业技术创新的激励效应[J]. 税务研究，2018（03）.
40. 李永友、严岑. 服务业“营改增”能带动制造业升级吗？[J]. 经济研究，2018（04）.
41. 倪红日. 改革开放以来中央与地方财政关系的演进与展望[J]. 经济纵横，2018（06）.
42. 许晖、岳树民.“营改增”的经济效应与增值税制度完善[J]. 财经论丛，2018（06）.
43. 刘植才. 我国增值税制度回顾与展望税务研究[J]. 2018（10）.
44. 朱光. 我国包干财政体制的改革过程及其启示研究[J]. 经济研究导刊，2019（05）.
45. 高利芳、张东旭. 营改增对企业税负的影响研究[J]. 税务研究，2019（07）.
46. 乔俊峰、张春雷.“营改增”、税收征管行为和企业流转税税负—来自中国上市公司的证据[J]. 财政研究，2019（07）.
47. 肖剑. 地方政府债务发展历程、风险测度及防范[J]. 青年与社会，2019（11）.
48. 吴素芳. 努力探索具有北京特色的全面预算绩效管理体系[J]. 中国财政，2020（01）.
49. 楼继伟. 坚持现代财政制度主线，完善中央地方财政关系[J]. 财政研究，2020（02）.
50. 樊勇、李昊南. 税收征管、纳税遵从与税收优惠—对金税三期工程的政策效应评估[J]. 财贸经济，2020（05）.
51. 李建强、朱军、张淑翠. 政府债务何去何从：中国财政整顿的逻辑与出路[J]. 管理世界，2020（07）.

52. 席鹏辉、黄晓虹. 财政压力与地方政府行为—基于教育事权改革的准自然实验[J]. 财贸经济，2020（07）.

53. 王振宇、司亚伟、成丹. 基层财政“三保压力”：历史演进、现实症结与长效机制构建[J]. 财政研究，2020（08）.

54. 吕炜. 理解中国改革，一种财政的视角和方法[J]. 财政研究，2020（11）.

55. 彭飞、许文立. 未预期的非税负担冲击：基于“营改增”的研究[J]. 经济研究，2020（11）.

56. 程瑜、张学升. 生态补偿领域PPP模式的合作机制构建[J]. 中国财政，2020（14）.

57. 苏梽芳、陈昌楠.“营改增”与劳动收入份额：来自中国上市公司的证据[J]. 财贸经济，2021（01）.

58. 强国令、王梦月.“营改增”与企业金融化—来自制造业的经验证据[J]. 金融论坛，2021（02）.

59. 邓金钱、张娜. 中国财政体制改革的历史方位、逻辑主线与“十四五”取向[J]. 经济体制改革，2021（03）.

60. 谭珩. 推动税收征管变革的纲领性文件[J]. 税务研究，2021（06）.

61. 杨灿明. 中国共产党领导下的百年财税改革历程、趋势和启示[J]. 中南财经政法大学学报，2021（06）.

62. 罗秦、曾帅. 走向国际化的中国税收：“入世”二十周年的视角[J]. 税务研究，2021（11）.

第二部分

史料篇

政策法规

▼

国务院关于实行“划分收支、分级包干”财政管理体制的通知①

（1980 年 2 月 1 日）

各省、市、自治区人民政府（革命委员会），国务院各部委、各直属机构：

为了贯彻落实“调整、改革、整顿、提高”的方针，充分发挥中央和地方两个积极性，适应逐步实现四个现代化的需要，国务院决定，从 1980 年起，实行“划分收支、分级包干”的财政管理体制。各地区财政收支包干的基数，收入上缴和留用的比例，以及受补助地区的固定补助数额，已在最近全国计划会议讨论确定。现将《关于实行“划分收支、分级包干”财政管理体制的暂行规定》发给你们，希望你们按照执行。

实行“划分收支、分级包干”，是国家财政管理体制的重大改

---

① 《国务院关于实行“划分收支、分级包干”财政管理体制的通知》，《中华人民共和国国务院公报》，1980 年 01 期。

革。它不仅涉及到财政收支结构、财权划分和财力分配的调整和改进，而且也涉及到计划、基建、物资、企业、事业等管理体制的调整和改进。认真搞好这次改革工作，对于促进国民经济的发展和逐步实现四个现代化，有着重要的意义。各地区、各部门必须高度重视，加强领导并教育干部顾全大局，正确处理全局与局部、“条条”与“块块”的关系。要结合这次改革，相应地调整和改进经济管理方面的有关制度和规定，使各方面的工作紧紧跟上去。在实行新的财政体制过程中，要及时了解情况，总结经验，研究解决出现的新问题，把改革财政管理体制的工作做得更好。

附：关于实行“划分收支、分级包干”财政管理体制的暂行规定

为了贯彻落实“调整、改革、整顿、提高”的方针，适应逐步实现四个现代化的需要，从 1980 年起，国家对省、市、自治区实行“划分收支、分级包干”的财政管理体制。基本原则是：在巩固中央统一领导和统一计划，确保中央必不可少的开支的前提下，明确各级财政的权利和责任，作到权责结合，各行其职，各负其责，充分发挥中央和地方两个积极性。

一、按照经济管理体制规定的隶属关系，明确划分中央和地方财政的收支范围。

收入：中央所属企业的收入、关税收入和中央其他收入，归中央财政，作为中央财政的固定收入；地方所属企业的收入、盐税、农牧业税、工商所得税、地方税和地方其他收入，归地方财政，作为地方财政的固定收入。经国务院批准，上划给中央部门直接管理的企业，其收入作为固定比例分成收入，80%归中央财政，20%归地方财政。工商税作为中央和地方的调剂收入。

支出：中央的基本建设投资，中央企业的流动资金、挖潜改造资金和新产品试制费，地质勘探费，国防战备费，对外援助支出，国家物资储备支出，以及中央级的文教卫生科学事业费，农林、水利、气象等事业费，工业、交通、商业部门的事业费和行政管理费等，归中央财政支出；地方的基本建设投资，地方企业的流动资金（包括中央代建项目的流动资金）、挖潜改造资金和新产品试制费，支援农村人民公社支出，农林、水利、气象等事业费，工业、交通、商业部门的事业费，城市维护费，人防经费，城镇人口下乡经费，文教卫生科学事业费，抚恤和社会救济费，行政管理费等，归地方财政支出。

少数专项财政支出，如特大自然灾害救济费、特大抗旱防汛补助费、支援经济不发达地区的发展资金等，由中央专案拨款，不列入地方财政包干范围。

二、地方财政收支的包干基数，按照上述划分收支的范围，以 1979 年财政收支预计执行数为基础，经过适当调整后，计算确定。凡是地方收入大于支出的地区，多余部分按一定的比例上缴；支出大于收入的地区，不足部分从工商税中按一定的比例留给地方，作为调剂收入；有些地区，工商税全部留给地方，收入仍然小于支出的，不足部分由中央财政给予定额补助。分成比例或补助数额确定以后，原则上 5 年不变，地方多收了可以多支出。

“划分收支、分级包干”以后，在执行过程中，因企业、事业的隶属关系发生变化，新投产的大型企业下放给地方管理，或者开征新的税种，对中央和地方收支影响较大时，应当相应地调整分成比例或补助数额，或者由中央同地方单独结算。根据中央的决定而采取的其他经济措施，包括调整价格、增加职工工资、调整税率和减免税，除另有规定者外，都不再调整比例和补助数额。地方遇有不可抗拒的特大自然灾害时，由中央酌情帮助。

三、对于边远地区、少数民族自治地方、老革命根据地和经济基础比较差的地区，为了帮助他们加快发展生产，中央财政根据国家财力的可能，设立支援经济不发达地区的发展资金。此项资金占国家财政支出总额的比例，应当逐步达到2%，并由财政部掌握分配，实行专案拨款，有重点地使用。

四、民族自治区仍然实行民族自治地方的财政管理体制，保留原来对民族自治地区财政所作的某些特殊规定。但是，中央对民族自治地区的补助数额，由1年一定改为一定5年不变，实行包干的办法。5年内收入增长的部分，全部留给地方。同时，为了照顾民族自治地区发展生产建设和文化教育事业的需要，中央对民族自治区的补助数额每年递增10%。

五、财政管理体制改革以后，各省、市、自治区应当根据国家的方针、政策和统一的计划，统筹安排本地区的生产建设事业和财政支出。地方预算的安排，要瞻前顾后，量力而行，坚持收支平衡、略有结余的原则。不得打赤字预算，不得寅吃卯粮，不得发地方公债，不得搞平调摊派。地方财政预算由地方编制，经财政部汇总审核后，报国务院审定。

中央各企业、事业主管部门，对于应当由地方安排的各项事业，不再归口安排支出，也不再向地方分配财政支出指标。但是，中央各部门仍应提出指导方针和工作方向，制定政策措施，检查经济效果，帮助地方把事情办好。各省、市、自治区应当顾全大局，尊重各部门的意见。对于某些已包干给地方的涉及为全国或地区生产建设事业服务的开支，在地方预算中必须予以安排；国家确定的调出物资和商品，地方必须保证完成。

六、不论中央预算和地方预算的执行，都必须坚持收入按政策、支出按预算、追加按程序的原则。凡是应当纳入预算的收入，都要纳入预算。凡是涉及全国性的重大问题，如税收制度、物价政策、公债发行、工资奖金标准、企业成本开支范围和专项基金提取比例以及重要的开支标准等，各地区、各部门都必须执行全国统一的规定，未经批准，不得变动。要严格执行财经纪律，严禁超越国家规定权限，随意减免税收，或者挤占国家财政收入。各地区、各部门都要努力增加生产，厉行节约，增收节支，保证完成规定的财政收支任务，为国家多做贡献。

七、省、市、自治区对县、市实行什么财政管理体制，由省、市、自治区根据本规定的精神自行确定。

国务院批转财政部关于在国营企业推行利改税第二步改革的报告的通知[①]

（1984 年 9 月 18 日）

国务院同意财政部《关于在国营企业推行利改税第二步改革的报告》和《国营企业第二步利改税试行办法》，现转发给你们，从今年十月一日起试行。

利改税第二步改革，是城市经济体制改革的一个重要组成部分。通过这次改革，把国家与企业的分配关系用税的形式固定下来，较好地解决企业吃国家“大锅饭”的问题，为落实企业自主权提供了必要条件，使企业逐步做到“独立经营，自负盈亏”，调动企业和职工的积极性。可以预料，这对理顺经济，搞活经济，推动城市经济体制改革，提高社会经济效益，必将发挥重大作用。

利改税第二步改革，涉及面广，政策性强。各地区、各部门一定要加强领导，组成精干的办事机构，把这件事切实办好。各级领导要深入调查研究，及时发现和解决执行中出现的新情况、新问题。重大问题要随时向上反映，有关部门要抓紧研究解决办法。调整税率和增加新税，这是税、利之间的转移，不牵涉物价的变动。所有企业都要努力挖掘内部潜力，增产增收，绝不能以增税为由，自行提高物价或变相涨价。

① 《财政部关于在国营企业推行利改税第二步改革的报告》，《中华人民共和国国务院公报》，1984 年 23 期。

财政部关于在国营企业推行利改税第二步改革的报告

按照国务院的决定，利改税第二步改革将于今年十月一日起在全国试行。在六月底召开的全国第二步利改税工作会议上，详细讨论和修改了《国营企业第二步利改税试行办法》和产品税、增值税、盐税、营业税、资源税、国营企业所得税等六个税收条例（草案），以及国营企业调节税征收办法。现将试行办法报请审批，并就几个主要问题报告如下：

一、暂缓开征地方税。根据国务院领导同志指示精神，确定对城市维护建设税、房产税、土地使用税、车船使用税等四个地方税，保留税种，暂缓开征。何时开征，另行报批。在未经正式颁发以前，除了个别地区在一九八三年已经试行开征的以外，各地都不得开征，也不得以收费等

二、对已经实行利润递增包干等办法的企业，要区别情况进行处理。国务院办公厅已于今年七月十三日发出了《关于今后不再批准企业实行利润递增包干等办法的通知》，各地区、各部门应当严格按照通知的各项规定办理。

三、要加强对这项改革的领导。利改税第二步改革，涉及面广，政策性强，各地区、各部门要加强领导，建议各级政府要有一位领导同志负责抓这项工作。要广泛宣传利改税第二步改革的重大意义，进一步统一思想，提高认识。各地区、各部门要从财政、税务机关抽调精干人员组成利改税办公室，负责办理日常工作。要及早制定本地区、本部门的具体实施方案。企业的调节税税率，要在今年十一月底以前，汇总上报财政部核批。

四、要严格执行国家的价格政策，防止物价波动。这次利改税

第二步改革，调整了部分产品的税率，并开征了一些新税，是为了解决国家与企业的分配关系。要向企业讲清楚，这是税、利之间的转移，不牵涉到价格的变动。任何企业都不准以国家增税为由，自行提高物价，降低产品质量，缺斤少两，变相涨价，损害群众利益。

五、要帮助企业推行内部经济责任制。利改税第二步改革，能不能达到预期目的，还要看国家与企业之间的分配关系问题解决之后，企业能不能在内部认真实行经济责任制，调动广大职工的积极性，解决职工吃企业“大锅饭”的问题。希望各级经委、企业主管部门和财政部门，结合企业整顿，督促企业实行不同形式的经济责任制，在提高经济效益上下功夫。要鼓励企业挖掘内部潜力，增产增收，为企业求发展，为国家作贡献。

六、要严格财政、税务监督。通过这次改革，进一步扩大了企业自主权，国家对企业不必要的行政干预可以大大减少。企业依法纳税后，利润归企业支配。但是，不能认为实行利改税以后，国家就可以不再进行财政监督了。各级财政、税务机关应当根据《国营企业成本管理条例》和国营企业财务会计制度，对企业成本列支范围和成本、利润的计算，进行严格检查监督，防止偷税、漏税等损害国家利益的行为。

以上报告，请审议。如无不妥，请连同《国营企业第二步利改税试行办法》批转各地区、各部门，从一九八四年十月一日起试行。

国营企业第二步利改税试行办法

为了促进城市经济体制改革，进一步搞活经济，调整和完善国家与企业之间的分配关系，保证国家财政收入的稳定增长，并使企业在经营管理和发展上有一定的财力保证和自主权，调动企业和职工的积极性，特制定本办法。

一、第二步利改税，将现行的工商税按照纳税对象，划分为产品税、增值税、盐税和营业税；将第一步利改税设置的所得税和调节税加以改进；增加资源税、城市维护建设税、房产税、土地使用税和车船使用税。国营企业应按照国务院颁布的有关税收条例（草案）和征收办法执行。

（一）产品税。对生产应纳产品税产品的国营企业，在应税产品销售后，应按照规定计算缴纳产品税。

从一九八四年十月一日起，卷烟提价收入部分，也按规定缴纳产品税。原由预算拨补的烟叶提价补贴和名牌烟价外补贴，同时取消。

（二）增值税。对生产应纳增值税产品的国营企业，在应税产品销售后，应按照规定计算缴纳增值税。通过实行增值税，避免重复纳税，促进专业化协作生产的发展，适应调整生产结构的需要。

计算缴纳增值税时应扣除的项目，应按照国家统一规定办理，不得任意扩大或缩小范围。

（三）盐税。对生产、经营和进口盐的国营企业，在销售或进口盐时，应按照规定计算缴纳盐税。

（四）营业税。对从事商业、物资供销、交通运输、建筑安装、金融保险、邮政电讯、公用事业、出版业、娱乐业、加工修理业和其他各种服务业的国营企业，在商品销售或取得营业收入后，应按照规定计算缴纳营业税。

国营商业批发环节的营业税，先在石油和五金、交电、化工行业征收；国营商业其他行业以及物资、供销、医药、文教和县以上供销社等批发环节的营业税，暂缓征收。

国营建筑安装企业承包工程的收入，暂缓征收营业税。

（五）资源税。对从事原油、天然气、煤炭、金属矿产品和其他非金属矿产品资源开发的国营企业，在应税产品销售后，应按照规定计算缴纳资源税。

目前先对原油、天然气、煤炭征收资源税，其余的暂缓开征。

对合理开发资源的矿产企业（包括小煤窑），国家需要扶植发展的，可以给予减税照顾。

（六）城市维护建设税。凡缴纳产品税、增值税、营业税的国营企业，应按照规定计算缴纳城市维护建设税。

（七）房产税。对拥有房产的国营企业，应按照规定计算缴纳房产税。

（八）土地使用税。对使用属于国家所有土地的国营企业，应按照规定计算缴纳土地使用税。

（九）车船使用税。对拥有行驶车船的国营企业，应按照规定计算缴纳车船使用税。

（十）所得税。对盈利的国营大中型企业，应按照55%的固定比例税率计算缴纳所得税；对盈利的国营小型企业，应按照新的八级超额累进税率计算缴纳所得税。

（十一）调节税。盈利的国营大中型企业在缴纳所得税后，应按照核定的调节税税率，计算缴纳调节税。

上述城市维护建设税、房产税，土地使用税和车船使用税，保留税种，暂缓开征。另外，国营企业缴纳的屠宰税、烧油特别税、农（牧）业税、建筑税以及奖金税等，仍按原有规定征收。

二、核定调节税税率时，以企业一九八三年实现的利润为基数，在调整由于变动产品税、增值税、营业税税率以及开征资源税而增减的利润之后，作为核定的基期利润。基期利润扣除按 55%计算的所得税和一九八三年合理留利后的部分，占基期利润的比例，为核定的调节税税率。

在核定国营卷烟企业的调节税税率时，企业一九八三年实现的利润还应加上卷烟提价收入，再扣除卷烟提价收入应纳产品税、烟叶提价补贴、名牌烟价外补贴后的余额，作为核定的基期利润。

凡与其他单位联营的企业，在核定调节税税率时，还要加上按规定从联营单位分得的利润，或减掉分给联营单位的利润，作为核定的基期利润。

核定的基期利润扣除按 55%计算的所得税后，余利达不到一九八三年合理留利的大中型企业，不征调节税，并在一定期限内，经过批准，减征一定数额的所得税。

企业的调节税税率和上述减征的所得税，由财税部门商企业主管部门核定。各省、自治区、直辖市财税部门核定的企业调节税税率和减征的所得税，要汇总报财政部批准。

企业当年利润比核定的基期利润增长部分，减征 70%调节税。利润增长部分按定比计算，一定七年不变。对物资、供销、金融、保险企业、不实行减征 70%调节税的办法。

核定的调节税税率，自一九八五年起执行。

三、国营小型盈利企业，按新的八级超额累进税率缴纳所得税以后，一般由企业自负盈亏，国家不再拨款。但在核定基数时，对税后利润较多的企业，国家可以收取一定数额的承包费，具体办法由各省、自治区、直辖市人民政府确定。税后不足一九八三年合理留利的，经过批准，可在一定期限内减征一定数额的所得税。

京、津、沪三市，固定资产原值不超过四百万元，年利润不超过四十万元，两个条件同时具备的，为国营小型工交企业；其他地区，固定资产原值不超过三百万元，年利润不超过三十万元，两个条件同时具备的，为国营小型工交企业（包括城市公用企业和商办工业、粮办工业、饲料工业、储运企业）。

以独立核算的自然门店为单位，京、津、沪三市，年利润不超过二十万元，职工人数不超过六十人；各省省会、自治区首府所在城市和重庆市，年利润不超过十五万元，职工人数不超过六十人；其他城市，年利润不超过八万元，职工人数不超过三十人的，均为国营小型商业零售企业。小型商业零售企业的标准，利润额的条件必须具备，是否要同时具备职工人数的条件，由各省、自治区、直辖市人民政府自行确定。

各省、自治区、直辖市人民政府可根据本地实际情况，在上述标准范围内，作适当调整。个别城市需要放宽标准的，要报财政部批准。

物资部门所属生产资料服务公司或门市部、煤建公司、废金属回收公司和县物资企业，可比照其他城市小型商业零售企业的标准，划分小型物资企业。

商办农牧企业，一律视为小型企业。

商业批发企业、贸易中心、贸易货栈、侨汇商店、友谊商店、石油商店（包括加油站）、外轮供应公司、自选商店、食品购销站、物资企业（不包括上述划为小型企业的物资企业）和供销企业，不论利润、固定资产和职工人数多少，一律视为大中型企业。

对文教企业，可分别比照小型工交企业和小型商业零售企业的标准，划分小型企业。

小型企业一律按一九八三年的有关数据划分。但对一九八三年实现的利润，应相应调整由于变动税率和开征新税而增减的利润。上述小型企业划分标准和新的八级超额累进所得税税率，均从一九八五年起执行。小型企业划定后，一定七年不变。

四、营业性的宾馆、饭店、招待所和饮食服务企业、都按新的八级超额累进税率缴纳所得税。企业缴纳的所得税，比第一步利改税办法多缴的部分，由同级财政列作预算支出，拨给主管部门用于网点建设、技术改造和重点扶持。

五、军工企业、邮电企业、民航企业、外贸企业、农牧企业和劳改企业，以及少数经批准试行上缴利润递增包干等办法的企业，暂不按本办法缴纳所得税和调节税，但应按有关规定缴纳其他各税。其利润和资金占用费的上缴以及职工福利基金、奖金的列支办法，仍按原规定执行。

六、对亏损企业的微利企业的补贴或减税、免税，按以下办法处理：

（一）凡属国家政策允许的亏损，实行计划补贴办法，超亏不补，减亏分成。补贴数额和减亏分成比例，可一年一定，也可以一定三年不变。

（二）凡属经营管理不善造成的亏损，由企业主管部门责成企业限期扭亏。在规定限期内，由财政部门适当核定亏损补贴，超亏不补，减亏分成；超过限期的，一律不再补贴。到期扭亏为盈的，按本办法实行利改税。

凡在规定扭亏期限内提前扭亏为盈的，当年的亏损补贴照拨，盈利留用；第二年实现的利润，视同减亏，按规定分成。

（三）一九八三年的盈利企业，由于调增税率和开征新税使一九八三年由盈变亏的或利润不足一九八三年合理留利的，可在三年内减征产品税、增值税和营业税。这些企业可视为微利企业，不缴所得税和调节税。在实际执行中，实现利润超过合理留利的，可由国家与企业分成，分成比例一定三年不变。

上述企业一九八三年合理留利和减征各税数额，由财税部门商企业主管部门核定。各省、自治区、直辖市财税部门核定企业的减税数额，要汇总报财政部批准。

七、国营企业的职工福利基金和奖金的列支办法，按照《国营企业成本管理条例》及其实施细则执行。建筑工人、煤矿井下采掘工人和铁路、港口码头装卸工人的计件超额工资，应计入成本。

八、国营企业在申请技措性借款时，借款项目所需资金的10––30%，要用企业专用基金自行解决。在归还技措性借款和基建改扩建项目借款时，经过财政部门批准后，可在缴纳所得税之前，用借款项目投产后新增利润归还。

企业用利润归还上述借款的，可提取职工福利基金和职工奖励基金。

在计算增长利润时，为使口径一致，原则上基期利润可扣除一九八三年归还上述借款的利润和企业单项留利。具体扣除数额，由财政部门批准。

九、实行第二步利改税以后，遇有价格、税率调整，除变动较大，并经国务院专案批准允许适当调整基期利润和调节税税率的以外，一律不作调整。调整基期利润和调节税税率，要按本办法第二条规定报经批准。

企业新建车间投产或全厂性技术改造完成，生产能力扩大，必须报主管部门和同级财政部门，相应调整核定的基期利润。如是借款项目，可在还清借款时进行调整。

十、企业留用利润应合理分配使用。要建立新产品试制基金、生产发展基金、后备期金、职工福利基金和职工奖励基金。职工奖励基金占企业留利的比例，由财政部与各省、自治区，直辖市和企业主管部门商定，并由各地区、各部门层层核定到所属企业。企业从增长利润中留用的利润，一般应将 50%用于生产发展，20%用于职工集体福利，30%用于职工奖励。

十一、在本办法颁发以前，已经实行利润递增包干等办法的企业，应区别情况，按下列规定进行处理：

（一）经国务院或财政部、国家经委批准试行利润递增包干等办法的企业，凡是已经到期的，应改按本办法执行；尚未到期的，继续试行原办法，但到期后必须改过来。

（二）各省、自治区、直辖市人民政府批准试行利润递增包干等办法的企业，各地要进行一次清理。已经到期的，应改按本办法执行。尚未到期的，如果搞得比较好，国家与企业的分配关系比较合理，到期后再改过来，但要补报财政部、国家经委批准；如果分配不合理，各方面看法又不一致的，应当尽快改过来，按本办法执行。

（三）行署和市、县人民政府自行批准搞利润增递包干等办法的，应当坚决改过来，按本办法实行利改税。

（四）凡是经过批准继续实行利润递增包干等办法的企业，从今年第四季度起，都应按照新的税收条例（草案），缴纳产品税、增值税、营业税和资源税。

十二、实行第二步利改税以后，企业主管部门仍可适当集中一部分留利，用于重点技术改造和商业网点、设施的建设，但不得用于主管部门本身的支出。企业主管部门集中的留利，可自行从企业集中，也可采用退库办法解决。

十三、按照《中华人民共和国民族区域自治法》第三十五条的规定，民族自治地方在执行国家税法时，除应由国家统一审批的减免税收项目以外，对某些属于地方财政收入，需要从税收上加以照顾和鼓励的，经省、自治区人民政府批准，可以实行减税、免税。

西藏自治区对本办法如何执行，由自治区人民政府决定。

十四、试行本办法的具体规定，由财政部制定。

十五、本办法自一九八四年十月一日起试行。过去颁布的有关规定与本办法有抵触的，一律以本办法为准。

国务院关于实行“划分税种、核定收支、分级包干”财政管理体制的规定的通知①

（1985年3月21日）

为了贯彻落实党的十二届三中全会《关于经济体制改革的决定》，适应逐步实现四个现代化的需要，国务院决定，从一九八五年起，实行“划分税种、核定收支、分级包干”的财政管理体制。各地区财政收支包干基数，收入上缴和留用的比例，以及受补助地区的定额补助数额，经过去年十二月召开的全国财政工作会议讨论和协商，已经基本确定。现将《关于实行“划分税种、核定收支、分级包干”财政管理体制的规定》发给你们，请遵照执行。

实行“划分税种、核定收支、分级包干”，不仅是国家财政管理体制的一项重要改革，也是国家经济体制改革的重要组成部分。这次改革财政管理体制，总结了现行财政管理体制的经验，继续坚持了“统一领导，分级管理”的原则，进一步明确了各级财政的权利和责任，将有利于进一步发挥中央和地方两个积极性，使财政管理体制更好地体现责权利相结合的原则。各地区、各部门必须教育干部处理好全局和局部的关系，既要适当照顾到地方的利益，又要保证国家重点建设的需要。在实行新体制过程中，各地区要注意调查研究，及时总结经验，解决出现的新问题，把改革财政管理体制工作做深做细做好，为将来过渡到完全以税种划分收入的体制创造条件。

---

① 《国务院关于实行"划分税种、核定收支、分级包干"财政管理体制的规定的通知》，《中华人民共和国国务院公报》，1985年10期。

关于实行“划分税种、核定收支、分级包干”财政管理体制的规定

从一九八三年起，国家对各省、自治区实行了“划分收支、分级包干”的财政管理体制。五年来，效果是好的，对实现财政状况逐步好转，保证国民经济持续发展，起了重要作用。但是，也存在一些问题，需要研究改进。上述体制原定执行五年，现已到期。持别是实行利改税第二步改革后，情况发生很大变化，原体制中的若干规定需要作相应的改进。为了适应逐步实现四个现代化的需要，根据党的十二届三中全会《关于经济体制改革的决定》精神，国务院决定，从一九八五年起，对各省、自治区、直辖市一律实行“划分税种、核定收支、分级包干”的新的财政管理体制。其基本原则是：在总结现行财政管理体制经验的基础上，存利去弊，扬长避短，继续坚持“统一领导，分级管理”的原则，进一步明确各级财政的权利和责任，做到权责结合，充分发挥中央和地方两个积极性。新的财政管理体制的各项规定如下：

一、基本上按照利改税第二步改革以后的税种设置，划分各级财政收入：

（一）中央财政固定收入：中央国营企业的所得税、调节税；铁道部和各银行总行、保险总公司的营业税；军工企业的收入；中央包干企业的收入；粮、棉、油超购加价补贴；烧油特别税；关税和海关代征的产品税、增值税；专项调节税；海洋石油外资、合资企业的工商统一税、所得税和矿区使用费；国库券收入；国家能源交通重点建设基金；其他收入。

石油部、电力部、石化总公司、有色金属总公司所属企业的产

品税、营业税、增值税，以其 73%作为中央财政固定收入。

（二）地方财政固定收入：地方国营企业的所得税、调节税和承包费；集体企业所得税；农牧业税；车船使用牌照税；城市房地产税；屠宰税；牲畜交易税；集市交易税；契税；地方包干企业收入；地方经营的粮食、供销企业亏损；税款滞纳金、补税罚款收入；城市维护建设税和其他收入。尚待开征的土地使用税、房产税和车船使用税，将来也列为地方财政固定收入。

石油部、电力部、石化总公司、有色金属总公司所属企业的产品税、营业税、增值税，以其 33%作为地方财政固定收入。

（三）中央和地方财政共享收入：产品税、营业税、增值税（这三种税均不含石油部、电力部、石化总公司、有色金属总公司四个部门所属企业和铁道部以及各银行总行和保险总公司交纳的部分）；资源税；建筑税；盐税；个人所得税；国营企业奖金税；外资、合资企业的工商统一税、所得税（不含海洋石油企业交纳的部分）。

二、中央财政支出和地方财政支出，仍按隶属关系划分：

（一）中央财政支出：中央基本建设投资；中央企业的挖潜改造资金、新产品试制费和简易建筑费；地质勘探费；国防费；武装警察部队经费；人民防空经费；对外援助支出；外交支出；国家物资储备支出；以及中央级的农林水利事业费，工业、交通、商业部门事业费，文教科学卫生事业费，行政管理费和其他支出。

（二）地方财政支出：地方统筹基本建设投资；地方企业的挖潜改造资金、新产品试制费和简易建筑费；支援农业支出；城市维护建设费；以及地方的农林水利事业费，工业、交通、商业部门事业费，文教科学卫生事业费，抚恤和社会救济费，行政管理费（含公安、安全、司法、检察支出）、民兵事业费和其他支出。

（三）对于不宜实行包干的专项支出，如特大自然灾害救济费、特大抗旱和防汛补助费、支援经济不发达地区的发展资金、边境建设事业补助费等，由中央财政专案拨款，不列入地方财政支出包干范围。

三、各省、自治区、直辖市都要按照本规定划分财政收支范围，凡地方固定收入大于地方支出的，定额上解中央；地方固定收入小于地方支出的，从中央、地方共享收入中确定一个分成比例，留给地方；地方固定收入和中央、地方共享收入全部留给地方，还不足以抵拨其支出的，由中央定额补助。收入的分成比例或上解、补助的数额确定以后，一定五年不变。地方多收入可以多支出，少收入就要少支出，自求收支平衡。

为了适应近两年经济体制改革中变化因素较多的情况，有利于处理中央与地方之间的关系，在一九八五和一九八六两年内，除了中央财政固定收入不参与分成以外，可以把地方财政固定收入和中央、地方财政共享收入加在一起，同地方财政支出挂钩，确定一个分成比例，实行总额分成。

四、关于地方财政收支的核算方法问题。各省、自治区、直辖市的收入基数，以一九八三年决算收入数为基础，按照上述收入划分范围和利改税第二步改革后的收入转移情况，计算确定。

各省、自治区的支出基数，按照一九八三年原决算收入数和现行财政体制确定的分成比例（其中补助地区应加上定额补助数额），以及某些调整因素，计算出地方应得的财力。京、津、沪三大市的支出基数，按照现行“划分收支、分级包干”体制规定的地方财政支出范围，在一九八三年决算基础上调整确定。

根据上述地方收支基数，计算确定地方新的收入分成比例，或上解、补助数额。

广东、福建两省继续实行财政大包干办法。其现行的定额上解或补助数额，应根据上述收支划分范围和利改税第二步改革后的收入转移情况，进行相应的调整。

五、为了照顾民族自治地区发展经济和各项文化教育事业的需要，对民族自治区和视同民族自治区待遇的省，按照中央财政核定的定额补助数额，在最近五年内，继续实行每年递增13%的办法。

六、经国务院批准实行经济体制改革综合试点的重庆、武汉、沈阳、大连、哈尔滨、西安、广州等城市，它们在国家计划中单列以后，也实行全国统一的财政管理体制。这些城市的收支范围和基数的确定，由财政部会同有关省、市共同商量。

七、在财政体制执行过程中，由于企业、事业单位的隶属关系改变，应相应地调整地方的分成比例和上解、补助数额，或者单独进行结算。由于国家调整价格、增加职工工资和其他经济改革措施，而引起财政收支的变动，除国务院另有规定者外，一律不再调整地方的分成比例或上解、补助数额。中央各部门未经国务院批准和财政部同意，均不得对地方自行下达减收增支的措施。

八、各省、自治区、直辖市对所属县、市的财政管理体制，由各省、自治区、直辖市人民政府根据本规定的精神，自行确定。

国务院关于地方实行财政包干办法的决定[①]

（1988年7月28日）

各省、自治区、直辖市、计划单列市人民政府，国务院各部委、各直属机构：

根据党的十二届三中全会《关于经济体制改革的决定》精神，国务院从一九八五年起，对各省、自治区、直辖市实行“划分税种、核定收支、分级包干”的财政管理体制。执行这一体制以来，取得了良好效果，调动了地方增产节约、增收节支的积极性，促进了国民经济的发展。为了稳定中央与地方的财政关系，进一步调动地方的积极性，根据国务院第十二次常务会议决定，从一九八八年到一九九〇年期间，在原定财政体制的基础上，对包干办法作如下改进：

一、全国三十九个省、自治区、直辖市和计划单列市，除广州、西安两市财政关系仍分别与广东、陕西两省联系外，对其余三十七个地区分别实行不同形式的包干办法。

（一）“收入递增包干”办法。这种办法是：以一九八七年决算收入和地方应得的支出财力为基数，参照各地近几年的收入增长情况，确定地方收入递增率（环比）和留成、上解比例。在递增率以内的收入，按确定的留成、上解比例，实行中央与地方分成；超过递增率的收入，全部留给地方；收入达不到递增率，影响上解中央的部分，由地方用自有财力补足。实行这种办法的地区有十个，

① 《国务院关于地方实行财政包干办法的决定》，中国政府网，2011年10月10日。

他们的收入递增率和地方留成比例分别为：北京市4%和50%；河北省4.5%和70%；辽宁省（不包括沈阳市和大连市）3.5%和58.25%；沈阳市4%和30.29%；哈尔滨市5%和45%；江苏省5%和41%；浙江省（不包括宁波市）6.5%和61.47%；宁波市5.3%和27.93%；河南省5%和80%；重庆市4%和33.5%。

（二）“总额分成”办法。这种办法是：根据前两年的财政收支情况，核定收支基数，以地方支出占总收入的比重，确定地方的留成和上解中央比例。实行这个办法的有三个地区，他们的总额分成（地方留用）比例为：天津市46.5%；山西省87.55%；安徽省77.5%。

（三）“总额分成加增长分成”办法。这种办法是：在上述“总额分成”办法的基础上，收入比上年增长的部分，另加分成比例，即每年以上年实际收入为基数，基数部分按总额分成比例分成，实际收入比上年增长的部分，除按总额分成比例分成外，另加增长分成比例。实行这个办法的有三个地区，他们的总额分成比例和增长分成比例分别为：大连市27.74%和27.26%；青岛市16%和34%；武汉市17%和25%。

（四）“上解额递增包干”办法。这种办法是：以一九八七年上解中央的收入为基数，每年按一定比例递增上交。实行这个办法的有两个地区，广东省上解额为十四亿一千三百万元，递增包干比例为9%；湖南省上解额为八亿元，递增包干比例为7%。

（五）“定额上解”办法。这种办法是：按原来核实收支基数，收大于支的部分，确定固定的上解数额。实行这个办法的有三个地区，他们上解的定额为：上海市一百零五亿元；山东省二亿八千九百万元；黑龙江省二亿九千九百万元。

（六）“定额补助”办法。这种办法是：按原来核定的收支基数，支大于收的部分，实行固定数额补助。实行这种办法的有十六个地区，中央对他们的补助数额分别为：吉林省一亿零七百万元；江西省四千五百万元；陕西省一亿二千万元；甘肃省一亿二千五百万元；福建省五千万元（从一九八九年开始）；内蒙古自治区十八亿四千二百万元；广西壮族自治区六亿零八百万元；西藏自治区八亿九千八百万元；宁夏回族自治区五亿三千三百万元；新疆维吾尔自治区十五亿二千九百万元；贵州省七亿四千二百万元；云南省六亿七千三百万元；青海省六亿五千六百万元；海南省一亿三千八百万元。湖北省、四川省划出武汉、重庆两市后，由上解省变为补助省，其支出大于收入的差额，分别由武汉市、重庆市从其收入中上交本省一部分，作为中央对地方的补助。两市上交本省的比例分别为：武汉市 4.78%，重庆市 10.7%。

上述各省、自治区、直辖市和计划单列市的财政包干基数中，都不包括中央对地方的各种专项补助款，这部分资金在每年预算执行过程中，根据专款的用途和各地实际情况进行合理分配。

二、财政包干办法确定之后，各地区应当按照国家政策和计划的要求，努力发展经济，挖掘潜力，开辟财源，增加收入，壮大地方的财力。同时，要厉行节约，压缩支出，保证收支平衡。目前收入下降的地区，要积极采取有效措施，及时改变。各地要认真按照包干办法办事，包盈和包亏都由地方自行负责。地方在预算执行中遇到的问题，除特大自然灾害可由中央适当补助外，都应由地方自己解决。

三、要认真执行现行的预决算制度。实行财政包干办法以后，各地要严格执行国家对地方财政收支范围和收支项目的规定，不得任意采取减收增支措施、提高开支标准和扩大开支范围。在财政包干办法执行过程中，企业、事业单位的隶属关系改变，可在年终由中央与地方单独进行财务结算，一般不调整地方收入留成或上解比例。国家实施调整价格、增加职工工资和其他经济改革措施引起财政收支的变动，除国务院另有规定者外，一律不调整地方收入留成、上解比例及补助数额。中央各部门，未经国务院批准或财政部同意，都不得对地方自行下达减收增支措施。

四、要严格执行财政、财务制度，加强审计监督。各地实行财政包干办法以后，要认真执行国家规定的各种财政、财务制度。凡应当征收的税款要按时、足额收上来，不能违反税收管理权限，擅自减税免税；不能把预算内的收入转移到预算外，或者私设“小金库”；各项开支要严格按照国家有关规定支付，不能违反财务制度、会计制度；所有收支都要按规定如实反映，不得打“埋伏”、报假帐。凡是违反财政纪律或弄虚作假的，审计部门要认真检查处理，问题严重的，要给予纪律处分。

五、各级人民政府领导同志要严格按照国家的方针政策，发展经济，管好财政。要进一步加强全局观点，体谅中央的困难，正确处理中央和地方的利益关系。要加强对财政工作的领导，积极支持财政部门履行自己的职责，严肃财经纪律。各级人民政府要带头执行国家的财经制度，不得越权行事，自作主张，影响全局。

六、各省、自治区、直辖市和计划单列市所属市、县的财政管理体制，由各地人民政府根据本决定的精神和当地的情况，自行研究决定。

国务院关于实行分税制财政管理体制的决定[①]

（1993年12月15日）

各省、自治区、直辖市人民政府，国务院各部委、各直属机构：

根据党的十四届三中全会的决定，为了进一步理顺中央与地方的财政分配关系，更好地发挥国家财政的职能作用，增强中央的宏观调控能力，促进社会主义市场经济体制的建立和国民经济持续、快速、健康的发展，国务院决定，从1994年1月1日起改革现行地方财政包干体制，对各省、自治区、直辖市以及计划单列市实行分税制财政管理体制。

一、分税制改革是发展社会主义市场经济的客观要求

改革财政管理体制是经济体制改革的重要内容。现行财政包干体制，在过去的经济发展中起过积极的作用，但随着市场在资源配置中的作用不断扩大，其弊端日益明显，主要表现在：税收调节功能弱化，影响统一市场的形成和产业结构优化；国家财力偏于分散，制约财政收入合理增长，特别是中央财政收入比重不断下降，弱化了中央政府的宏观调控能力；财政分配体制类型过多，不够规范。从总体上看，现行财政体制已经不适应社会主义市场经济发展的要求，必须尽快改革。

根据建立社会主义市场经济体制的基本要求，并借鉴国外的成功做法，要理顺中央与地方的分配关系，必须进行分税制改革。分

① 《国务院关于实行分税制财政管理体制的决定》，《中华人民共和国国务院公报》，1993年30期。

税制改革的原则和主要内容是：按照中央与地方政府的事权划分，合理确定各级财政的支出范围；根据事权与财权相结合原则，将税种统一划分为中央税、地方税和中央地方共享税，并建立中央税收和地方税收体系，分设中央与地方两套税务机构分别征管；科学核定地方收支数额，逐步实行比较规范的中央财政对地方的税收返还和转移支付制度；建立和健全分级预算制度，硬化各级预算约束。

二、分税制财政体制改革的指导思想

（一）正确处理中央与地方的分配关系，调动两个积极性，促进国家财政收入合理增长。既要考虑地方利益，调动地方发展经济、增收节支的积极性，又要逐步提高中央财政收入的比重，适当增加中央财力，增强中央政府的宏观调控能力。为此，中央要从今后财政收入的增量中适当多得一些，以保证中央财政收入的稳定增长。

（二）合理调节地区之间财力分配。既要有利于经济发达地区继续保持较快的发展势头，又要通过中央财政对地方的税收返还和转移支付，扶持经济不发达地区的发展和老工业基地的改造。同时，促使地方加强对财政支出的约束。

（三）坚持统一政策与分级管理相结合的原则。划分税种不仅要考虑中央与地方的收入分配，还必须考虑税收对经济发展和社会分配的调节作用。中央税、共享税以及地方税的立法权都要集中在中央，以保证中央政令统一，维护全国统一市场和企业平等竞争。税收实行分级征管，中央税和共享税由中央税务机构负责征收，共享税中地方分享的部分，由中央税务机构直接划入地方金库，地方税由地方税务机构负责征收。

（四）坚持整体设计与逐步推进相结合的原则。分税制改革既要借鉴国外经验，又要从我国的实际出发。在明确改革目标的基础上，办法力求规范化，但必须抓住重点，分步实施，逐步完善。当前，要针对收入流失比较严重的状况，通过划分税种和分别征管堵塞漏洞，保证财政收入的合理增长；要先把主要税种划分好，其他收入的划分逐步规范；作为过渡办法，现行的补助、上解和有些结算事项继续按原体制运转；中央财政收入占全部财政收入的比例要逐步提高，对地方利益格局的调整也宜逐步进行。总之，通过渐进式改革先把分税制的基本框架建立起来，在实施中逐步完善。

三、分税制财政管理体制的具体内容

（一）中央与地方事权和支出的划分。

根据现在中央政府与地方政府事权的划分，中央财政主要承担国家安全、外交和中央国家机关运转所需经费，调整国民经济结构、协调地区发展、实施宏观调控所必需的支出以及由中央直接管理的事业发展支出。具体包括：国防费，武警经费、外交和援外支出，中央级行政管理费，中央统管的基本建设投资，中央直属企业的技术改造和新产品试制费，地质勘探费，由中央财政安排的支农支出，由中央负担的国内外债务的还本付息支出，以及中央本级负担的公检法支出和文化、教育、卫生、科学等各项事业费支出。

地方财政主要承担本地区政权机关运转所需支出以及本地区经济、事业发展所需支出。具体包括：地方行政管理费，公检法支出，部分武警经费，民兵事业费，地方统筹的基本建设投资，地方企业的技术改造和新产品试制经费，支农支出，城市维护和建设经费，地方文化、教育、卫生等各项事业费，价格补贴支出以及其他支出。

（二）中央与地方收入的划分。

根据事权与财权相结合的原则，按税种划分中央与地方的收入。将维护国家权益、实施宏观调控所必需的税种划为中央税；将同经济发展直接相关的主要税种划为中央与地方共享税；将适合地方征管的税种划为地方税，并充实地方税税种，增加地方税收入。具体划分如下：

中央固定收入包括：关税，海关代征消费税和增值税，消费税，中央企业所得税，地方银行和外资银行及非银行金融企业所得税，铁道部门、各银行总行、各保险总公司等集中交纳的收入（包括营业税、所得税、利润和城市维护建设税），中央企业上交利润等。外贸企业出口退税，除 1993 年地方已经负担的 20%部分列入地方上交中央基数外，以后发生的出口退税全部由中央财政负担。

地方固定收入包括：营业税（不含铁道部门、各银行总行、各保险总公司集中交纳的营业税），地方企业所得税（不含上述地方银行和外资银行及非银行金融企业所得税），地方企业上交利润，个人所得税，城镇土地使用税，固定资产投资方向调节税，城市维护建设税（不含铁道部门、各银行总行、各保险总公司集中交纳的部分），房产税，车船使用税，印花税，屠宰税，农牧业税，对农业特产收入征收的农业税（简称农业特产税），耕地占用税，契税，遗产和赠予税，土地增值税，国有土地有偿使用收入等。

中央与地方共享收入包括：增值税、资源税、证券交易税。增值税中央分享 75%，地方分享 25%。资源税按不同的资源品种划分，大部分资源税作为地方收入，海洋石油资源税作为中央收入。证券交易税，中央与地方各分享 50%。

（三）中央财政对地方税收返还数额的确定。

为了保持现有地方既得利益格局，逐步达到改革的目标，中央财政对地方税收返还数额以1993年为基期年核定。按照1993年地方实际收入以及税制改革和中央与地方收入划分情况，核定1993年中央从地方净上划的收入数额（即消费税＋75%的增值税－中央下划收入）。1993年中央净上划收入，全额返还地方，保证现有地方既得财力，并以此作为以后中央对地方税收返还基数。1994年以后，税收返还额在1993年基数上逐年递增，递增率按全国增值税和消费税的平均增长率的1∶0.3系数确定，即上述两税全国平均每增长1%，中央财政对地方的税收返还增长0.3%。如若1994年以后中央净上划收入达不到1993年基数，则相应扣减税收返还数额。

（四）原体制中央补助、地方上解以及有关结算事项的处理。

为顺利推行分税制改革，1994年实行分税制以后，原体制的分配格局暂时不变，过渡一段时间再逐步规范化。原体制中央对地方的补助继续按规定补助。原体制地方上解仍按不同体制类型执行：实行递增上解的地区，按原规定继续递增上解；实行定额上解的地区，按原确定的上解额，继续定额上解；实行总额分成的地区和原分税制试点地区，暂按递增上解办法，即按1993年实际上解数，并核定一个递增率，每年递增上解。

原来中央拨给地方的各项专款，该下拨的继续下拨。地方1993年承担的20%部分出口退税以及其他年度结算的上解和补助项目相抵后，确定一个数额，作为一般上解或一般补助处理，以后年度按此定额结算。

四、配套改革和其他政策措施

（一）改革国有企业利润分配制度。根据建立现代企业制度的基本要求，结合税制改革和实施《企业财务通则》、《企业会计准则》，合理调整和规范国家与企业的利润分配关系。从1994年1月1日起，国有企业统一按国家规定的33%税率交纳所得税，取消各种包税的做法。考虑到部分企业利润上交水平较低的现状，作为过渡办法，增设27%和18%两档照顾税率。企业固定资产贷款的利息列入成本，本金一律用企业留用资金归还。取消对国有企业征收的能源交通重点建设基金和预算调节基金。逐步建立国有资产投资收益按股分红、按资分利或税后利润上交的分配制度。作为过渡措施，近期可根据具体情况，对1993年以前注册的多数国有全资老企业实行税后利润不上交的办法，同时，微利企业交纳的所得税也不退库。

（二）同步进行税收管理体制改革。建立以增值税为主体的流转税体系，统一企业所得税制。从1994年1月1日起，在现有税务机构基础上，分设中央税务机构和地方税务机构。在机构分设过程中，要稳定现有税务队伍，保持税收工作的连续性，保证及时足额收税。

（三）改进预算编制办法，硬化预算约束。实行分税制之后，中央财政对地方的税收返还列中央预算支出，地方相应列收入；地方财政对中央的上解列地方预算支出，中央相应列收入。中央与地方财政之间都不得互相挤占收入。改变目前中央代编地方预算的做法，每年由国务院提前向地方提出编制预算的要求。地方编制预算后，报财政部汇总成国家预算。

（四）建立适应分税制需要的国库体系和税收返还制度。根据分税制财政体制的要求，原则上一级政府一级财政，同时，相应要有一级金库。在执行国家统一政策的前提下，中央金库与地方金库分别向中央财政和地方财政负责。实行分税制以后，地方财政支出有一部分要靠中央财政税收返还来安排。为此，要建立中央财政对地方税收返还和转移支付制度，并且逐步规范化，以保证地方财政支出的资金需要。

（五）建立并规范国债市场。为了保证财税改革方案的顺利出台，1994 年国债发行规模要适当增加。为此，中央银行要开展国债市场业务，允许国有商业银行进入国债市场，允许银行和非银行金融机构以国债向中央银行贴现融资。国债发行经常化，国债利率市场化，国债二级市场由有关部门协调管理。

（六）妥善处理原由省级政府批准的减免税政策问题。考虑到有的省、自治区、直辖市政府已经对一些项目和企业作了减免税的决定，为了使这些企业有一个过渡，在制止和取缔越权减免税的同时，对于 1993 年 6 月 30 日前，经省级政府批准实施的未到期地方减免税项目或减免税企业，重新报财政部和国家税务总局审查、确认后，从 1994 年起，对这些没有到期的减免税项目和企业实行先征税后退还的办法。这部分税收中属中央收入部分，由中央财政统一返还给省、自治区、直辖市政府，连同地方收入部分，由省、自治区、直辖市政府按政策规定统筹返还给企业，用于发展生产。这项政策执行到 1995 年。

（七）各地区要进行分税制配套改革。各省、自治区、直辖市以及计划单列市人民政府要根据本决定制定对所属市、县的财政管理体制。凡属中央的收入，不得以任何方式纳入地方收入范围。在分税制财政体制改革的过程中，各地区要注意调查研究，及时总结经验，解决出现的问题，为进一步改进和完善分税制财政管理体制创造条件。

国务院关于加强预算外资金管理的决定①

（1996 年 7 月 6 日）

各省、自治区、直辖市人民政府，国务院各部委、各直属机构：

改革开放以来，预算外资金增长较快，对经济建设和社会事业发展起到了一定的积极作用。但是，近几年来有的地方违反《中华人民共和国预算法》和国务院的有关规定，擅自将财政预算资金通过各种非法手段转为预算外资金，有些部门和单位擅自设立基金或收费项目，导致国家财政收入流失，预算外资金不断膨胀。同时，由于管理制度不健全，预算外资金的使用脱离财政管理和各级人大监督，乱支滥用现象十分严重。这些问题不仅造成了国家财政资金分散和政府公共分配秩序混乱，而且加剧了固定资产投资和消费基金膨胀，助长了不正之风和腐败现象的发生。根据中共中央十四届五中全会精神，现就进一步加强预算外资金管理作出如下决定：

一、严格执行《中华人民共和国预算法》，禁止将预算资金转移到预算外

各级人民政府要严格按照《中华人民共和国预算法》和财政法规的要求，切实加强对财政预算资金和预算外资金的管理，完善对财政资金的监督检查制度。任何地区、部门和单位都不得隐瞒财政收入，将财政预算资金转为预算外资金。财政部门要严格按照“控制规模、限定投向、健全制度、加强监督”的原则，加强财政周转

---

①《国务院关于加强预算外资金管理的决定》，《中华人民共和国国务院公报》，1996 年 21 期。

金管理。各部门、各单位未经财政部门批准，不得擅自将财政拨款转为有偿使用，更不得设置帐外帐和“小金库”。财政部门尤其不能设置“小金库”。

二、将部分预算外资金纳入财政预算管理

各地区、各部门要认真贯彻《中共中央办公厅、国务院办公厅关于转发财政部〈关于对行政性收费、罚没收入实行预算管理的规定〉的通知》精神，将财政部已经规定的83项行政性收费项目纳入财政预算。

从1996年起将养路费、车辆购置附加费、铁路建设基金、电力建设基金、三峡工程建设基金、新菜地开发基金、公路建设基金、民航基础设施建设基金、农村教育事业附加费、邮电附加、港口建设费、市话初装基金、民航机场管理建设费等13项数额较大的政府性基金（收费）纳入财政预算管理。基金（收费）收入要按现行体制及时上缴中央金库或地方金库，使用由主管部门提出计划，财政部门按规定拨付，属于基本建设用途的，由财政部门按计划部门批准的项目计划安排支出，实行收支两条线管理，加强财政、审计监督。基金（收费）收支在预算上单独编列反映，按规定专款专用，不得挪作他用，也不能平衡预算。具体管理办法由财政部会同有关部门制定。

地方财政部门按国家规定收取的各项税费附加，从1996年起统一纳入地方财政预算，作为地方财政的固定收入，不再作为预算外资金管理。

今后要积极创造条件，将应当纳入财政预算管理的预算外资金逐步纳入财政预算管理。

三、预算外资金管理范围

预算外资金，是指国家机关、事业单位和社会团体为履行或代行政府职能，依据国家法律、法规和具有法律效力的规章而收取、提取和安排使用的未纳入国家预算管理的各种财政性资金。其范围主要包括：法律、法规规定的行政事业性收费、基金和附加收入等；国务院或省级人民政府及其财政、计划（物价）部门审批的行政事业性收费；国务院以及财政部审批建立的基金、附加收入等；主管部门从所属单位集中的上缴资金；用于乡镇政府开支的乡自筹和乡统筹资金；其他未纳入预算管理的财政性资金。

社会保障基金在国家财政建立社会保障预算制度以前，先按预算外资金管理制度进行管理，专款专用，加强财政、审计监督。

按照《企业财务通则》和《企业会计准则》的规定，国有企业税后留用资金不再作为预算外资金管理。事业单位和社会团体通过市场取得的不体现政府职能的经营、服务性收入，不作为预算外资金管理，收入可不上缴财政专户，但必须依法纳税，并纳入单位财务收支计划，实行收支统一核算。

四、加强收费、基金管理，严格控制预算外资金规模

收取或提取预算外资金必须依照法律、法规和有法律效力的规章制度所规定的项目、范围、标准和程序执行。

行政事业性收费要严格执行中央、省两级审批的管理制度。收费项目按隶属关系分别报国务院和省、自治区、直辖市人民政府的财政部门会同计划（物价）部门批准；确定和调整收费标准，按隶属关系分别报国务院和省、自治区、直辖市人民政府的计划（物价）部门会同财政部门批准；重要的收费项目和标准制定及调整应

报请国务院或省级人民政府批准。省、自治区、直辖市人民政府批准的行政事业性收费项目和收费标准报财政部、国家计委备案。省、自治区、直辖市以下各级人民政府（包括计划单列市）及其部门无权审批设立行政事业性收费项目或调整收费标准。行政性收费中的管理性收费、资源性收费、全国性的证照收费和公共事业收费，以及涉及中央和其他地区的地方性收费，实行中央一级审批。国家法律、法规中已明确的收费，具体征收管理办法的制定和修改由财政部、国家计委会同有关部门负责。地方性法规中已明确的收费，具体征收管理办法的制定和修改由省级财政、计划（物价）部门会同有关部门负责。未按规定报经批准的或不符合审批规定的各种行政事业性收费，都属乱收费行为，必须停止执行。财政部、国家计委要会同有关部门抓紧起草《行政性收费管理条例》，报国务院审批公布。

征收政府性基金必须严格按国务院规定统一报财政部审批，重要的报国务院审批。基金立项的申请和批准要以国家法律、法规和中共中央、国务院有关文件规定为依据，否则一律不予立项。地方无权批准设立基金项目，也不得以行政事业性收费的名义变相批准设立基金项目。对地方已经设立的基金项目，必须按照《国务院办公厅转发财政部、审计署、监察部对各种基金进行清理登记意见的通知》（国办发〔1995〕25 号）的规定进行清理登记，由财政部负责审查处理，重要的报国务院审批。

财政部门要建立健全行政事业性收费和政府性基金的票据管理与监督制度。各部门和各单位在执收时，必须按隶属关系使用中央或省级财政部门统一印制或监制的票据。

五、预算外资金要上缴财政专户，实行收支两条线管理

预算外资金是国家财政性资金，不是部门和单位自有资金，必须纳入财政管理。财政部门要在银行开设统一的专户，用于预算外资金收入和支出管理。部门和单位的预算外收入必须上缴同级财政专户，支出由同级财政按预算外资金收支计划和单位财务收支计划统筹安排，从财政专户中拨付，实行收支两条线管理。

对部门和单位的预算外资金收支按不同性质实行分类管理。国家机关和受政府委托的部门、单位统一收取和使用的专项用于公共工程和社会公共事业的基金、收费，以及以政府信誉强制建立的社会保障基金等，收入全额缴入同级财政专户，支出按计划和规定用途专款专用，不得挪作他用，收支结余可结转下年度专项使用；各部门和各单位的其他预算外资金，收入缴入同级财政专户，支出由财政结合预算内资金统筹安排，其中少数费用开支有特殊需要的预算外资金，经财政部门核定收支计划后，可按确定的比例或按收支结余的数额定期缴入同级财政专户。

预算外资金结余，除专项资金按规定结转下年度专项使用以外，财政部门经同级政府批准可按隶属关系统筹调剂使用。

有预算外收支活动的部门和单位经财政部门批准可在指定银行开设预算外资金支出帐户，确有必要的，也可再开设一个收入过渡性帐户。未经财政部门审核同意，银行不得为部门和单位开设预算外资金帐户。

部门和单位上缴财政专户的预算外资金，必须按财政部门规定的时间及时缴入财政部门在银行开设的预算外资金专户，不得拖欠、截留和坐收坐支。逾期未缴的，由银行从单位资金帐户中直接划入财政专户。

六、加强预算外资金收支计划管理

财政部门要建立预算外资金预决算管理制度。各部门、各单位要按规定编制预算外资金收支计划和单位财务收支计划，并及时报送同级财政部门，对预算内拨款和预算外收入统一核算，统一管理。财政部门要在认真审核单位预算外资金收支计划和单位财务收支计划的基础上，编制本级预算外资金收支计划，报经同级人民政府批准后组织实施。年度终了，财政部门要审批单位的预算外资金收支决算，编制本级预算外资金收支决算，并报同级政府审批，在此基础上，编制包括预算内、外收支的综合财政计划。

七、严格预算外资金支出管理，严禁违反规定乱支挪用

各部门、各单位要严格按国家规定和经财政部门核定的预算外资金收支计划和单位财务收支计划使用预算外资金。专项用于公共工程、公共事业的基金和收费，以及其他专项资金，要按计划和规定用途专款专用，由财政部门审核后分期拨付资金；用于工资、奖金、补贴、津贴和福利等方面的支出，必须严格执行财政部门核定的项目、范围和标准；用于固定资产投资的支出，要按国家规定立项，纳入国家固定资产投资计划，并按计划部门确定的国家投资计划和工程进度分期拨付；用于购买专项控制商品方面的支出，要报财政部门审查同意后，按国家有关规定办理控购审批手续。严禁将预算外资金转交非财务机构管理、帐外设帐、私设“小金库”和公款私存；严禁用预算外资金搞房地产等计划外投资，从事股票、期货等交易活动以及各种形式的高消费。

财政部门要认真履行职责，建立健全各项管理制度，积极做好各项服务工作，及时拨付预算外资金，切实加强对预算外资金的

管理。

八、建立健全监督检查与处罚制度

各级人民政府要接受同级人民代表大会对预算外资金使用情况的监督。各级财政部门要加强对预算外资金收入和支出的管理，建立健全各项收费、基金的稽查制度，并会同人民银行共同做好预算外资金帐户的开设和管理工作。各级计划（物价）部门要按照收费管理的职责分工，认真做好收费标准的审核工作，严肃查处各种乱收费行为。各级审计、监察等部门要根据国家政策和宏观管理的要求，与财政部门协调配合，对同级各部门和下级政府预算外资金的财务管理进行监督检查，促进资金的合理使用。

对违反预算外资金管理规定者，要依照国家法律、法规予以处罚：

对隐瞒财政预算收入，将预算资金转为预算外的，要将违反规定的收入全部上缴上一级财政。同时，要追究有关部门和本级政府领导人的责任，依据情节轻重给予处分直至撤销其职务。

对违反国家规定擅自设立行政事业性收费、基金项目或扩大范围、提高标准的，违法金额一律没收上缴财政。同时追究有关领导的责任，依据情节轻重给予处分直至撤销其职务。

对用预算外资金私设“小金库”、搞房地产等计划外投资、从事股票、期货交易和不按规定要求开设预算外资金帐户等违反规定的活动，以及滥发奖金和实物的，除责令追回资金上缴同级财政外，还要依照有关规定予以处罚，并依据情节轻重给予当事人和有关领导处分。

对擅自将财政预算拨款挪作他用或转为有偿使用的，其资金一律追回上缴上一级财政，并相应核减以后年度的财政预算拨款，同时给予有关责任人相应的处分。

财政、计划（物价）、银行等部门工作人员在预算外资金管理工作中要忠于职守，秉公办事。对玩忽职守的，由所在单位或上级主管部门给予行政处分。

以上违反规定者，情节严重构成犯罪的，要移送司法机关依法追究刑事责任。

九、各级政府必须重视和加强预算外资金的管理

加强预算外资金管理是当前和今后一个时期各级人民政府的一项重要任务。各级人民政府要根据本决定精神，按照《国务院批转财政部等部门关于清理检查预算外资金意见的通知》（国发〔1996〕12号）要求，立即组织力量对预算外资金认真进行清理整顿，属于国家规定应纳入预算管理的资金，要坚决按规定执行。对不符合国家规定设立的收费和基金项目一律取消。今后国家原则上不再出台新的基金。各级人民政府要把预算外资金管理工作列入重要的议事日程，定期听取有关预算外资金管理情况的汇报，及时解决管理中出现的问题，协调好政府有关部门之间的工作关系，统一认识，密切配合，共同做好预算外资金的管理工作。各级人民政府要按本决定的要求，认真部署，尽快落实。各地区、各部门要在1996年底前将加强预算外资金管理的情况上报国务院，同时抄送财政部。

本决定自发布之日起实行。凡与本决定不一致的政策和规定，一律以本决定为准。

中共中央、国务院关于进行农村税费改革试点工作的通知[①]

（2000 年 3 月 2 日）

各省、自治区、直辖市党委和人民政府，各大军区党委，中央和国家机关各部委，军委各总部、各军兵种常委。各人民团体：

为了贯彻党的十五大和十五届三中全会精神，探索建立规范的农村税费制度、从根本上减轻农民负担的有效办法，党中央、国务院决定进行农村税费改革试点。现就有关事项通知如下：

一、充分认识农村税费改革试点工作的重大意义

农业、农村和农民问题是关系我国改革开放和社会主义现代化建设全局的重大问题。我们党历来十分重视正确处理国家、集体和农民的关系，注意保障农民利益，在农村实行休养生息的政策。特别是改革开放后，通过实行以家庭承包经营为基础、统分结合的双层经营体制，调整农产品价格和购销政策，改善农村分配关系，采取一系列减轻农民负担的政策措施；调动了农民的生产积极性，保持和发展了农村好的形势。

但是，现行的农村税费制度和征收办法还不尽合理，农民负担重、收取税费不规范的问题仍然存在。有些地方和部门不顾国家三令五申，随意向农民伸手；面向农民的各种收费、集资、罚款和摊派项目多，数额大；有些地方虚报农民收入，超标准提取村提留和

① 中共中央文献编译室编：《中共中央、国务院关于进行农村税费改革试点工作的通知》,《十五大以来重要文献选编》（中），北京：人民出版社，2001 年版，第 288–296 页。

乡统筹费；强迫农民以资代劳；有些地方违反国家规定，按田亩或人头平摊征收农业特产税和屠宰税；有些部门要求基层进行的各种名目的达标升级活动屡禁不止，所需资金最后摊派到农民身上；有些地方基层干部采取非法手段强行向农民收钱收物，酿成恶性案件和群体性事件。这些问题，严重侵害了农民的物质利益和民主权利，挫伤了农民的生产积极性，伤害了农民对党和政府的感情，影响了农村社会稳定。对于这些问题，必须通过深化改革，从根本上加以解决。

当前，我国农业和农村经济进入了一个新的发展阶段。农产品供给出现了阶段性、结构性和地区性过剩。农产品卖难，价格下跌，对农民收入影响很大。由于整个国民经济正处在结构调整时期，乡镇企业的发展速度放慢，效益下降，农村劳动力外出务工的难度增大，农民从二、三产业得到的收入也受到影响。在这种情况下；增加农民收入，关键是要适应农业发展新阶段的要求，对农业和农村经济结构进行战略性调整，开辟农民增收的新途径和新领域，但这需要一个较长的过程。因此，为了保护农村生产力，实现农村经济持续发展和社会稳定，必须注意对农民多给予、少索取；整个国民收入分配要在较长的时间内向农民倾斜，并且要突出地抓好减轻农民负担工作。让农民得到更多的实惠。只有减轻农民负担，才有利于农民增收，使农民有能力和积极性进一步增加投入、发展生产；才能真正提高农村购买力，扩大农村需求，促进国民经济持续快速健康发展。

推进农村税费改革，事关 9 亿农民的切身利益，是规范农村分配制度，遏制面向农民的乱收费、乱集资，乱罚款和各种摊派，从根本上解决农民负担问题的一项重大措施。积极稳妥地搞好这项改革，用规范的分配方式控制农民负担，体现农民应尽的义务，既可以把基层干部从收粮收款中解脱出来，改善党群、干群关系，维护农村社会稳定，又有利于贯彻依法治国的基本方略，促进农村基层政府转变职能，精简机构。

各级党委、政府务必从政治和全局的高度充分认识进行农村税费改革的重大意义。农村税费改革是一项十分复杂的工作。涉及各方面利益，是农村分配关系的一次重大调整，必须周密部署，统筹安排。我国地域广袤，各地情况千差万别；农村税费改革不仅要有全国统一的政策；而且要允许各地结合本地情况，实行分散决策。同时，这项改革是在过去问题积累多年、积累较深，在当前农业结构调整和农民增收又很困难的情况下进行的，精简乡镇机构和压缩人员、调整支出结构等许多问题，解决起来有一个过程，不可能一蹴而就、农村税费改革一定要有组织、有步骤地推进；通过试点积累经验，完善政策，为全面实施改革创造条件。

二、农村税费改革试点工作的指导思想和基本原则

农村税费改革试点工作的指导思想是：贯彻党的十五大和十五届三中全会精神，根据社会主义市场经济发展和推进农村民主法制建设的要求，规范农村税费制度，从根本上治理对农民的各种乱收费，切实减轻农民负担，进一步巩固农村基层政权，促进农村经济健康发展和农村社会长期稳定。

按照上述指导思想，农村税费改革试点工作应当遵循以下基本原则：

（一）从轻确定农民负担水平，并保持长期稳定。坚决取消对农民的各种乱收费，保护农民的合法权益。根据农民的承受能力。

从轻确定负担水平；给农民以更多实惠、新的农民负担水平一经正式确定；要保持长期稳定。

（二）妥善处理改革力度与各方面承受能力的关系。在保证农民负担有明显减轻的前提下，注意兼顾其他方面的承受能力，使地方政府特别是乡镇政府和基层组织能够正常运转。

（三）实行科学规范的分配制度和简便易行的征收方式。采取以农业税收为主的方式，把农民负担纳入规范化、法治化的管理轨道。实行符合农民意愿、能够为农民所接受的税收征收办法，便于基层操作和群众监督。

（四）统筹安排，抓好改革试点的配套工作。农村税费改革试点工作要与精简乡镇机构、完善县乡财政体制和健全农民负担监督机制结合进行。试点地区要转变政府职能。精简机构，压缩人员，量入为出，调整支出结构，减少政府开支。

三、农村税费改革试点的主要内容

农村税费改革试点的主要内容是：取消乡统筹费、农村教育集资等专门面向农民征收的行政事业性收费和政府性基金、集资；取消屠宰税；取消统一规定的劳动积累工和义务工；调整农业税和农业特产税政策；改革村提留征收使用办法。

（一）取消乡统筹费、农村教育集资等专门面向农民征收的行政事业性收费和政府性基金、集资。取消乡统筹费后，原由乡统筹费开支的乡村两级九年制义务教育、计划生育、优抚和民兵训练支出，由各级政府通过财政预算安排。修建乡村道路所需资金不再固定向农民收取。村级道路建设资金由村民大会民主协商解决，乡级道路建设资金由政府负责安排。农村卫生医疗事业逐步实行有偿服务，政府适当补助。取消在农村进行教育集资。中小学危房改造资金由财政预算安排。所有专门面向农民征收的行政事业性收费、政府性基金和涉及农民的集资项目，要一律取消。

（二）取消屠宰税。

（三）取消统一规定的劳动积累工和义务工。为了减轻农民的劳务负担，防止强行以资代劳，农村税费改革后取消统一规定的劳动积累工和义务工。村内进行农田水利基本建设、修建村级道路、植树造林等集体生产公益事业所需劳务，实行一事一议，由村民大会民主讨论决定。村内用工实行上限控制。除遇到特大防洪、抢险、抗旱等紧急任务，经县级以上政府批准可临时动用农村劳动力外，任何地方和部门均不得无偿动用农村劳动力。试点地区取消统一规定的劳动积累工和义务工的具体步骤由当地党委、政府根据实际情况决定；可以一步到位，也可以逐步取消。

（四）调整农业税政策。农业税按照农作物的常年产量和规定的税率依法征收。

常年产量以 1998 年前 5 年农作物的平均产量确定，并保持长期稳定。调整农业税税率，将原农业税附加并入新的农业税。新的农业税实行差别税率，最高不超过 7%。试点省份的具体适用税率和农业税征收总额，由国务院确定；省级以下试点地区的具体适用税率和农业税征收总额，由省级和省级以下政府按照比现行农民税费负担明显减轻的原则逐级核定。贫困地区的农业税税率要从低确定。农民承包土地从事农业生产的；计税土地为第二轮承包用于农业生产的土地；其他单位和个人从事农业生产的，计税土地为实际用于农业生产的土地。计税土地发生增减变化，农业税应当及时进行调整。现行农业税减免政策基本维持不变。征收牧业税的地区，取消屠宰税、乡统筹费等税收和行政事业性收费、政府性基金、集资后；牧业税的负担按照略低于新的农业税负担的原则确定。具体办法由试点地区省级政府制定。对不承包耕地的渔民的税费政策调整；由试点地区省级政府参照上述农村税费改革试点工作的指导思想一基本原则制定具体办法。

（五）调整农业特产税政策。按照农业税和农业特产税不重复交叉征收的原则，对在非农业税计税土地上生产的农业特产品，继续征收农业特产税。对在农业税计税土地上生产的农业特产品，可以由试点地区省级政府决定只征收农业税或只征收农业特产税；也可以决定在农业特产品集中产区只征收农业特产税，在其他地区只征收农业税。对部分在生产、收购两个环节征税的农业特产品，要积极创造条件，合并在生产或收购一个环节征收。农业特产税税率按照略高于农业税税率的原则进行适当调整。

（六）改革村提留征收使用办法。村干部报酬、五保户供养、办公经费，除原由集体经营收入开支的仍继续保留外；凡由农民上缴村提留开支的；采用新的农业税附加方式统一收取。农业税附加比例最高不超过农业税正税的20%，具体附加比例由省级和省级以下政府逐级核定。用农业税附加方式收取的村提留属于集体资金；实行乡管村用，由乡镇经营管理部门监督管理。村内兴办其他集体生产公益事业所需资金，不再固定向农民收取村提留，实行一事一议，由村民大会民主讨论决定，实行村务公开、村民监督和上级审计。对村内一事一议的集体生产公益事业筹资，实行上限控制。原由乡村集体经营收入负担村提留和乡统筹费的，农村税费改革后可以采取适当方式继续实行以工补农。对不承包土地并从事工商业活动的农村居民，可以按照权利义务对等的原则，经过村民大会民主讨论确定；在原乡统筹费和新的农业税附加的负担水平内向其收取一定数额的资金，用于对内集体公益事业。农业税及其附加是征收实物还是征收代金，由试点地区省级政府自行确定，并在一定时期内保持相对稳定。农业税及其附加统一由财政或税务征收机关负责征收，也可以由粮食部门在收购粮食、结算粮款时代扣代缴。

四、农村税费改革试点的配套措施

（一）规范农村收费管理。试点地区要对现行涉及农民负担的各种收费项目进行全面清理整顿。今后，地方和部门无权设立涉及农民负担的行政事业性收费和政府性基金、集资项目。坚决取消涉及农民的各种摊派和达标升级活动。对农村经营服务性收费进行整顿，建立规范的管理制度。对村内兴办集体生产公益事业筹资筹劳，要制定专门管理办法。

（二）精简乡镇机构和压缩人员。农村税费改革后，县一乡政府因收入减少影响的开支，主要通过转变政府职能、精简机构一压缩财政供养人员、调整支出结构等途径解决。要按照政企分开和精简、效能的原则，合理设置乡镇机构，严格核定人员编制，提倡党政干部交叉任职。适当合并现有乡村学校，对教师队伍进行必要的整顿和压缩。

（三）改革和完善县、乡财政管理体制。根据分税制财政体制的要求，明确划分县、乡政府事权和财权。新增的农业税收入原则上留给乡镇财政，省、市财政要加大对财政困难和贫困地区县、乡财政的转移支付力度，保障基层政府履行职能所需支出。

（四）建立健全农民负担监督机制。要向社会公布取消专门面向农民的各种行政事业性收费、政府性基金和涉及农民的集资项目。对涉及农民的收费，要公布项目和收取标准，接受农民和社会监督。取消各种不利于控制和减轻农民负担的干部考核制度和考核指标。加强对违反规定加重农民负担行为的社会舆论监督。制定加重农民负担的处罚办法；严肃查处各种违法违纪行为。

（五）抓紧制定改革的配套文件。有关部门和地区要制定相应的配套文件，保证农村税费改革试点工作的顺利进行。在试点期间，要抓紧做好有关法律法规的修改准备工作。

五、加强对农村税费改革试点工作的领导

搞好农村税费改革试点工作意义重大。各级党委、政府要统一思想，充分认识农村税费改革的重要性、紧迫性和复杂性，充分估计试点过程中的工作难度；切实加强对试点工作的领导。党政一把手要亲自抓，负起全面责任。试点地区的政府要专门成立农村税费改革工作领导小组及其办公室，抽调得力人员，专管这项工作。要在深入调查研究、广泛听取基层和农民意见的基础上，按照本通知精神制定切实可行的具体改革试点方案，将各项政策措施落到实处。

中央和国家机关各部门要带头贯彻落实中央关于农村税费改革的精神，积极支持和配合搞好试点工作。要适应改革要求，及时调整工作思路、工作方法和有关政策；坚持一切从实际出发、量力而行的方针，可办可不办的事情不办，能缓办的事情缓办，决不能用牺牲农民利益的办法求得事业发展。

中央确定在安徽省以省为单位进行农村税费改革试点。其他省、自治区、直辖市可根据实际情况选择少数县（市）试点，具体试点工作由省、自治区、直辖市党委、政府决定和负责，试点方案报中央备案。全国农村税费改革工作在试点的基础上摸清情况，积累经验，逐步推开。暂未实行农村税费改革的地方，要继续严格执行国家现行有关税费政策和中央关于减轻农民负担的各项规定；进一步稳定并降低农民的现有负担水平。国务院农村税费改革工作小组及其办公室要认真审核试点省份的改革试点方案，加强对各地农村税费改革工作的指导，并做好组织实施工作。各级党委、政府和有关部门要认真做好农村税费改革的宣传和干部培训工作。进行农村税费改革试点的地方；要采取多种形式向社会特别是广大农民进行深入宣传，做到家喻户晓；使这项改革得到社会各方面的理解和支持，使农民能够依法保护自己的合法权益；要对干部进行培训，使他们准确地掌握中央的政策；严格依法办事，确保农村税费改革试点工作顺利进行。

国务院关于全面推进农村税费改革试点工作的意见①

（2003 年 3 月 27 日）

各省、自治区、直辖市人民政府，国务院各部委、各直属机构：

按照国务院统一部署，2002 年全国有 20 个省（自治区、直辖市，下同）以省为单位进行了农村税费改革试点，其他省继续在部分县（市）进行试点。地方各级党委、政府高度重视并精心组织试点工作，中央各有关部门注意加强配合和指导，及时处理改革中遇到的矛盾和问题，试点工作进展顺利，取得了明显成效，为全面推进改革积累了经验。实践证明，农村税费改革是现阶段减轻农民负担的治本之策，不仅有力地促进了农民收入恢复性增长，得到了广大农民群众的衷心拥护，而且带动了农村各项改革，推进了农村经济的持续发展和农村社会的全面进步，是农村工作实践“三个代表”重要思想的具体体现。但也要看到，各地区还不同程度地存在基础工作不扎实，政策宣传不深入，执行政策不到位，配套改革力度不平衡等问题，切实做到“三个确保”和巩固改革成果的任务仍相当艰巨。按照党的十六大以及中央经济工作会议和中央农村工作会议精神，国务院决定，2003 年在进一步总结经验、完善政策的基础上，全面推进农村税费改革试点工作。现就有关问题提出以下意见：

---

① 《国务院关于全面推进农村税费改革试点工作的意见》，《中华人民共和国国务院公报》，2003 年 14 期。

一、全面推进农村税费改革试点工作

2003年农村税费改革试点工作的总体要求是：总结经验，完善政策；全面推进，分类指导；巩固改革成果，防止负担反弹。已先行试点的地方，要进一步落实好各项改革政策，加快推进各项配套改革，建立健全确保农村基层组织正常运转和农村义务教育必要经费投入的保障制度，完善改革后农民负担监督管理约束机制，防止农民负担反弹。目前尚未以省为单位实施改革试点的省，今年是否进行全省范围的改革试点，由各省根据本地实际情况自主决定；准备进行试点的省，要按照中央有关文件要求，抓紧做好试点的各项基础工作，认真制定本省试点方案，并于2003年4月15日前报国务院审批。中央财政继续安排一定资金支持地方试点工作，试点地区省级财政和有条件的市、县财政，都要加大对改革试点的支持力度，千方百计安排足够资金支持农村税费改革，实行专款专用，确保顺利推进试点工作。

二、切实做到“三个确保”

确保改革后农民负担明显减轻、不反弹，确保乡镇机构和村级组织正常运转，确保农村义务教育经费正常需要，是衡量农村税费改革是否成功的重要标志，也是顺利推进试点工作，巩固改革成果的必然要求。

在试点地区，无论是一个省、一个县，还是一个乡、一个村，从总体上计算，改革后的农民负担要比改革前有较大幅度的减轻，做到村村减负，户户受益。对承包土地较多、改革后负担有所增加的农户，要通过减免等办法，把负担减下来。要建立有效的农民负担监督管理约束机制，确保农民负担减轻后保持长期稳定、不反弹。

乡镇机构和村级组织要通过精简机构，转变职能，减少财政供养人员，大力压缩开支，确保正常运转。应调整和完善县乡财政体制，乡镇财政首先要保运转，本级财力不足的，上级财政要加大转移支付力度。对财政收入规模较小的乡，可由上一级财政统筹安排其必要的开支。应加强村级组织建设，完善村民自治制度，大力压缩村级开支。在此基础上，村级三项费用不足部分，财政要给予适当补助。不得把经费缺口留在基层。

改革后农村义务教育的投入，要确保不低于改革前乡统筹费中的农村教育附加、经国家批准的农村教育集资以及正常财政投入的总体水平，并逐步有所增长，实现“保工资、保运转、保安全”的基本目标。要将农村中小学教师工资发放工作上收到县，设立教师工资专户，按国家规定标准及时足额发放，不准发生新的拖欠；学校收取的杂费要全部用作学校正常的办公经费，不得用于发放工资或福利。农村中小学正常运转所需公用经费的不足部分，由县级财政给予补助；建立健全农村中小学正常的危房改造资金保障渠道，省级财政应根据本地实际情况，从农村税费改革专项转移支付资金中，每年安排一定资金用于学校危房改造，确保师生安全。要加快推进农村义务教育管理体制改革，精简教师队伍，调整教育布局，提高教学质量。

三、进一步调整完善有关农业税收政策

试点地区应进一步完善和落实二轮土地承包制度，稳定党在农村的基本政策。农业税征收机关在核定农业税计税面积时，对因自然灾害、合法征占减少的耕地，应据实核减。对未经合法审批，因长期建设占地、农村兴办公益事业占地等因素减少的计税土地，应

先据实核减，并由占地单位按规定补办审批手续和补缴税款；确有困难的，应先登记造册，暂不纳入计税面积，另行处理，不得将这部分面积计算的农业税负担平摊到农民头上。新增试点地区核定常年产量，可依据改革前连续 5 年实际平均产量，并充分考虑当地实际情况，征求农民意见，得到农民认可。村与村之间自然条件有明显差异的，核定的常年产量应有所区别，防止搞“一刀切”。农业税计税价格由各省级人民政府综合考虑本地区粮食市场价、保护价和农民承受能力等因素合理确定，并注意与毗邻地区衔接。计税价格明显偏高的地方，应实事求是地进行调减。除国家政策调整外，一经正式确定的农业税负担要保持长期稳定。

各地区应结合实际，逐步缩小农业特产税征收范围，降低税率，为最终取消这一税种创造条件。

四、加强和规范农业税及其附加征收工作

试点地区要实行农业税征收机关负责征税、聘请协税员协税的农业税收征管制度。乡镇政府和村级组织应积极协助征收机关做好农业税及其附加征管工作，但不得代行执法权。非农业税征收人员不得直接收取税款。农业税征收机关要坚持依法征收，规范农业税收征管程序，建立健全纳税登记、纳税申报、纳税通知制度，逐步实现农业税收征收方式由上门征收向定点常年征收转变。要加强税收宣传工作，引导农民积极依法纳税，履行应尽义务。农业税附加、农业特产税附加由农业税征收机关与正税同步征收，实行乡管村用，由乡镇经营管理部门监督管理，只能用于村级组织正常运转需要，任何单位和个人不得截留、平调。要加强农业税征管机构队伍建设，配备必要的征管人员。必需聘请的协税员，应通过岗前培训，持证上岗。加快农业税收征管计算机信息系统建设，努力提高工作质量和服务水平。

五、健全和完善农业税减免制度

农业税（包括农业税附加）灾歉减免应坚持“轻灾少减，重灾多减，特重全免”的原则。认真落实农村各项社会减免政策，加大对革命老区、贫困地区、少数民族地区，以及革命烈士家属、在乡革命残废军人的农业税减免力度。改进农业税减免方式。灾歉减免应尽量做到先减免后征收，社会减免必须实行先减免后征收，确保减免政策及时兑现到户。要适应农村税费改革后的新情况，建立稳定的农业税减免资金渠道。中央和省级财政每年应在预算中安排一定资金用于农业税减免，省级以下各级财政应从农业税征收总额中预留一定的减免机动资金，或在预算中安排相当数量的资金用于农业税减免，实行滚动使用。

六、妥善处理农民公平负担问题

农村税费改革后，由于农业税及其附加按照土地面积和粮食产量计税，客观上会造成一部分种地多的农民负担增加。因此，各地区在试点过程中，要结合本地实际，制定减免税等优惠政策，把因种地多出现农业税收负担高于改革前的负担部分切实减下来，以调动粮食主产区种粮农民的积极性。应注意解决好毗邻地区同等耕种条件土地的农业税负担相差过于悬殊的问题，促进农业税负担公平合理。中央和省两级财政安排的农村税费改革专项转移支付资金，要重点向农业主产区特别是粮食主产区倾斜。结合深化粮食流通体制改革和农村税费改革试点工作，借鉴国际通行做法，进行调整政府对农业和农民的补贴方式试点，逐步建立和完善直接补贴农民的办法。

七、严格执行村内“一事一议”筹资投劳政策

村内“一事一议”筹资投劳制度是农村基层民主政治建设的重要内容，必须长期坚持。各地区要适应新形势，转变观念，统筹安排农村集体公益事业发展，坚持走群众路线，及时制定和完善“一事一议”的议事程序、议事范围和上限标准。村内事业发展要坚持量力而行的原则，充分考虑农民的经济承受能力，有多少钱办多少事；充分尊重农民的民主权利，多数农民同意的事就办，不同意的就不办；决不能把“一事一议”筹资投劳变成农民负担的固定项目。

农业综合开发中农民筹资投劳，应纳入村内“一事一议”范畴，实行专项管理。其范围只限于受益村改善农业生产条件的建设项目，并与农民商议，由农民签字认可，实行民主决策、数量控制、以村为单位统一组织，不准搞强迫命令。确需农民投劳进行农业综合开发的项目，农民只出工，不得要求农民以资代劳，不得跨村筹劳；确需跨村使用劳动力的，应采取借工、换工或有偿用工等形式，不能平调使用农村劳动力。要逐步降低农民筹资投劳在农业综合开发中的比例。

暂停执行对不承包土地并从事工商业活动的农村居民收取资金用于村内公益事业的政策。已经收取的地方，要做好善后工作。

八、切实加强涉农收费管理

这是深化农村税费改革、从根本上减轻农民负担的一项重要内容。各地区和有关部门要进一步清理整顿涉农收费项目，加强对农村中小学生就学、计划生育指标审批、农村结婚登记、农民建房、农民外出务工等方面乱收费的专项治理。按照国家规定权限批准保留的行政事业性收费项目，必须在规定环节、范围和标准内收费，不得超范围、超标准收费或搭车收费。农村经营服务性收费，应按照自愿、有偿原则向农民收取，并实行公示制度；不准强制服务、强行收费，或只收费不服务。其中，向农民收取水费、电费等跨区域共同生产费用，要严格执行“受益缴费，计量收费”的原则，因大面积抗旱、排涝难以做到计量收费的，应按直接受益原则据实分摊，不得提前预收。今后，任何地方和部门一律不得出台涉及农民负担的行政事业性收费和政府性基金、集资项目。有关部门要切实加强农村税费改革后对农民负担的监督管理工作。

九、积极探索化解乡村债务的措施和办法

各地区要通过加快发展农村经济、深化农村改革，积极探索通过债权债务抵冲、依法削减高利贷、加强内部控制、节约开支、盘活集体存量资产等有效办法逐步化解乡村债务。乡镇机构的债务，要靠发展经济，完善财政体制等办法妥善解决；村级组织的债务，要在防止发生新债的基础上，摸清底数，分清责任，结合实际制订办法，逐步化解。

各地区要暂停向农民收缴农村税费改革前的税费尾欠。对改革前农民的税费尾欠，要进行核实、登记、归类；对不符合有关政策规定的，要予以核销，不得再向农民追缴；对符合减免规定的税费尾欠，要给予减免；对农民历年形成的农业税收及符合政策规定的乡统筹和村提留费尾欠，采取先挂账的办法，待农村经济进一步发展、农民承受能力明显增强后再作处理。

十、加强督促检查，严肃改革纪律

各地区要建立健全督查制度，改进督查方式，采取日常检查与重点督查、定期检查与随机抽查、明查与暗访相结合的方式，加大督促检查力度。对执行政策中出现的偏差，应及时纠正；对农民反映的问题，要认真对待，及时处理。地方各级人民政府都要建立健全税费改革群众信访查处反馈制度，向社会公开政策咨询和群众举报电话，定期通报有关情况，自觉接受社会监督。要建立健全税费改革工作责任追究制度，对违反农村税费改革政策特别是顶风违纪行为，必须依法严肃处理，重大案（事）件要公开曝光。要认真落实涉及农民负担案（事）件责任追究制。今后，凡是发现违反有关规定乱收费，或者歪曲中央改革政策加重农民负担的，不仅要追究县、乡党政主要领导的责任，而且中央财政要相应扣减给该地区的转移支付资金。

各地区和有关部门要注意研究农村税费改革试点中出现的新矛盾和新问题，加强专题调查，及时提出切实可行的解决办法。通过不断调整和完善收入分配政策，逐步实行城乡统一的税费制度，进一步解放和发展农村生产力；同时，加大对农村社会事业发展的财政支持力度，促进城乡经济和社会协调发展，加快全面建设小康社会的步伐。

以前农村税费改革有关政策规定与本意见不一致的，以本意见为准。

国务院关于推进中央与地方财政事权和支出责任划分改革的指导意见[①]

（2016 年 8 月 16 日）

各省、自治区、直辖市人民政府，国务院各部委、各直属机构：

合理划分中央与地方财政事权和支出责任是政府有效提供基本公共服务的前提和保障，是建立现代财政制度的重要内容，是推进国家治理体系和治理能力现代化的客观需要。根据党的十八大和十八届三中、四中、五中全会提出的建立事权和支出责任相适应的制度、适度加强中央事权和支出责任、推进各级政府事权规范化法律化的要求，按照党中央、国务院决策部署，现就推进中央与地方财政事权和支出责任划分改革提出如下指导意见。

一、推进财政事权和支出责任划分改革的必要性

财政事权是一级政府应承担的运用财政资金提供基本公共服务的任务和职责，支出责任是政府履行财政事权的支出义务和保障。改革开放以来，中央与地方财政关系经历了从高度集中的统收统支到“分灶吃饭”、包干制，再到分税制财政体制的变化，财政事权和支出责任划分逐渐明确，特别是 1994 年实施的分税制改革，初步构建了中国特色社会主义制度下中央与地方财政事权和支出责任划分的体系框架，为我国建立现代财政制度奠定了良好基础。总体看，我国财政事权和支出责任划分为坚持党的领导、人民主体地

① 《国务院关于推进中央与地方财政事权和支出责任划分改革的指导意见》，《中华人民共和国国务院公报》，2016 年 26 期。

位、依法治国提供了有效保障，调动了各方面的积极性，对完善社会主义市场经济体制、保障和改善民生、促进社会公平正义，以及解决经济社会发展中的突出矛盾和问题发挥了重要作用。

但也要看到，新的形势下，现行的中央与地方财政事权和支出责任划分还不同程度存在不清晰、不合理、不规范等问题，主要表现在：政府职能定位不清，一些本可由市场调节或社会提供的事务，财政包揽过多，同时一些本应由政府承担的基本公共服务，财政承担不够；中央与地方财政事权和支出责任划分不尽合理，一些本应由中央直接负责的事务交给地方承担，一些宜由地方负责的事务，中央承担过多，地方没有担负起相应的支出责任；不少中央和地方提供基本公共服务的职责交叉重叠，共同承担的事项较多；省以下财政事权和支出责任划分不尽规范；有的财政事权和支出责任划分缺乏法律依据，法治化、规范化程度不高。

这种状况不利于充分发挥市场在资源配置中的决定性作用，不利于政府有效提供基本公共服务，与建立健全现代财政制度、推动国家治理体系和治理能力现代化的要求不相适应，必须积极推进中央与地方财政事权和支出责任划分改革。

二、指导思想、总体要求和划分原则

（一）指导思想。

高举中国特色社会主义伟大旗帜，全面贯彻党的十八大和十八届三中、四中、五中全会精神，深入贯彻习近平总书记系列重要讲话精神，适应、把握和引领经济发展新常态，坚持“五位一体”总体布局和“四个全面”战略布局，牢固树立和贯彻落实创新、协调、绿色、开放、共享的发展理念，遵循宪法和政府组织法的相关规定，按照完善社会主义市场经济体制总体要求和深化财税体制改革总体方案，立足全局、着眼长远、统筹规划、分步实施，科学合理划分中央与地方财政事权和支出责任，形成中央领导、合理授权、依法规范、运转高效的财政事权和支出责任划分模式，落实基本公共服务提供责任，提高基本公共服务供给效率，促进各级政府更好履职尽责。

（二）总体要求。

1. 坚持中国特色社会主义道路和党的领导。通过合理划分中央与地方在基本公共服务提供方面的任务和职责，形成科学合理、职责明确的财政事权和支出责任划分体系，充分发挥中国特色社会主义制度在维护社会公平正义和促进共同富裕方面的优势，确保党的路线、方针、政策得到贯彻落实，为加强和改善党的领导提供更好保障。

2. 坚持财政事权由中央决定。在完善中央决策、地方执行的机制基础上，明确中央在财政事权确认和划分上的决定权，适度加强中央政府承担基本公共服务的职责和能力，维护中央权威。要切实落实地方政府在中央授权范围内履行财政事权的责任，最大限度减少中央对微观事务的直接管理，发挥地方政府因地制宜加强区域内事务管理的优势，调动和保护地方干事创业的积极性和主动性。

3. 坚持有利于健全社会主义市场经济体制。要正确处理政府与市场、政府与社会的关系，合理确定政府提供基本公共服务的范围和方式，将应由市场或社会承担的事务，交由市场主体或社会力量承担；对应由政府提供的基本公共服务，要明确承担财政事权和支出责任的相应政府层级，促进社会主义市场经济体制不断完善，使市场在资源配置中的决定性作用得到充分发挥。

4．坚持法治化规范化道路。要将中央与地方财政事权和支出责任划分基本规范以法律和行政法规的形式规定，将地方各级政府间的财政事权和支出责任划分相关制度以地方性法规、政府规章的形式规定，逐步实现政府间财政事权和支出责任划分法治化、规范化，让行政权力在法律和制度的框架内运行，加快推进依法治国、依法行政。

5．坚持积极稳妥统筹推进。要从积极稳妥推进中央与地方事权和支出责任划分改革的全局出发，先在财政事权和支出责任划分上突破，为建立科学规范的政府间关系创造基础性条件。要处理好改革与稳定发展、总体设计与分步实施、当前与长远的关系，准确把握各项改革措施出台的时机、力度和节奏，加强中央与地方之间以及各部门之间的协同合作，形成合力，确保改革扎实推进，务求实效。

（三）划分原则。

1．体现基本公共服务受益范围。体现国家主权、维护统一市场以及受益范围覆盖全国的基本公共服务由中央负责，地区性基本公共服务由地方负责，跨省（区、市）的基本公共服务由中央与地方共同负责。

2．兼顾政府职能和行政效率。结合我国现有中央与地方政府职能配置和机构设置，更多、更好发挥地方政府尤其是县级政府组织能力强、贴近基层、获取信息便利的优势，将所需信息量大、信息复杂且获取困难的基本公共服务优先作为地方的财政事权，提高行政效率，降低行政成本。信息比较容易获取和甄别的全国性基本公共服务宜作为中央的财政事权。

3．实现权、责、利相统一。在中央统一领导下，适宜由中央承担的财政事权执行权要上划，加强中央的财政事权执行能力；适宜由地方承担的财政事权决策权要下放，减少中央部门代地方决策事项，保证地方有效管理区域内事务。要明确共同财政事权中央与地方各自承担的职责，将财政事权履行涉及的战略规划、政策决定、执行实施、监督评价等各环节在中央与地方间作出合理安排，做到财政事权履行权责明确和全过程覆盖。

4．激励地方政府主动作为。通过有效授权，合理确定地方财政事权，使基本公共服务受益范围与政府管辖区域保持一致，激励地方各级政府尽力做好辖区范围内的基本公共服务提供和保障，避免出现地方政府不作为或因追求局部利益而损害其他地区利益或整体利益的行为。

5．做到支出责任与财政事权相适应。按照“谁的财政事权谁承担支出责任”的原则，确定各级政府支出责任。对属于中央并由中央组织实施的财政事权，原则上由中央承担支出责任；对属于地方并由地方组织实施的财政事权，原则上由地方承担支出责任；对属于中央与地方共同财政事权，根据基本公共服务的受益范围、影响程度，区分情况确定中央和地方的支出责任以及承担方式。

三、改革的主要内容

（一）推进中央与地方财政事权划分。

1．适度加强中央的财政事权。坚持基本公共服务的普惠性、保基本、均等化方向，加强中央在保障国家安全、维护全国统一市场、体现社会公平正义、推动区域协调发展等方面的财政事权。强化中央的财政事权履行责任，中央的财政事权原则上由中央直接行使。中央的财政事权确需委托地方行使的，报经党中央、国务院批准后，由有关职能部门委托地方行使，并制定相应的法律法规予以明确。对中央委托地方行使的财政事权，受委托地方在委托范围内，以委托单位的名义行使职权，承担相应的法律责任，并接受委托单位的监督。

要逐步将国防、外交、国家安全、出入境管理、国防公路、国界河湖治理、全国性重大传染病防治、全国性大通道、全国性战略性自然资源使用和保护等基本公共服务确定或上划为中央的财政事权。

2. 保障地方履行财政事权。加强地方政府公共服务、社会管理等职责。将直接面向基层、量大面广、与当地居民密切相关、由地方提供更方便有效的基本公共服务确定为地方的财政事权，赋予地方政府充分自主权，依法保障地方的财政事权履行，更好地满足地方基本公共服务需求。地方的财政事权由地方行使，中央对地方的财政事权履行提出规范性要求，并通过法律法规的形式予以明确。

要逐步将社会治安、市政交通、农村公路、城乡社区事务等受益范围地域性强、信息较为复杂且主要与当地居民密切相关的基本公共服务确定为地方的财政事权。

3. 减少并规范中央与地方共同财政事权。考虑到我国人口和民族众多、幅员辽阔、发展不平衡的国情和经济社会发展的阶段性要求，需要更多发挥中央在保障公民基本权利、提供基本公共服务方面的作用，因此应保有比成熟市场经济国家相对多一些的中央与地方共同财政事权。但在现阶段，针对中央与地方共同财政事权过多且不规范的情况，必须逐步减少并规范中央与地方共同财政事权，并根据基本公共服务的受益范围、影响程度，按事权构成要素、实施环节，分解细化各级政府承担的职责，避免由于职责不清造成互相推诿。

要逐步将义务教育、高等教育、科技研发、公共文化、基本养老保险、基本医疗和公共卫生、城乡居民基本医疗保险、就业、粮食安全、跨省（区、市）重大基础设施项目建设和环境保护与治理等体现中央战略意图、跨省（区、市）且具有地域管理信息优势的基本公共服务确定为中央与地方共同财政事权，并明确各承担主体的职责。

4．建立财政事权划分动态调整机制。财政事权划分要根据客观条件变化进行动态调整。在条件成熟时，将全国范围内环境质量监测和对全国生态具有基础性、战略性作用的生态环境保护等基本公共服务，逐步上划为中央的财政事权。对新增及尚未明确划分的基本公共服务，要根据社会主义市场经济体制改革进展、经济社会发展需求以及各级政府财力增长情况，将应由市场或社会承担的事务交由市场主体或社会力量承担，将应由政府提供的基本公共服务统筹研究划分为中央财政事权、地方财政事权或中央与地方共同财政事权。

（二）完善中央与地方支出责任划分。

1．中央的财政事权由中央承担支出责任。属于中央的财政事权，应当由中央财政安排经费，中央各职能部门和直属机构不得要求地方安排配套资金。中央的财政事权如委托地方行使，要通过中央专项转移支付安排相应经费。

2．地方的财政事权由地方承担支出责任。属于地方的财政事权原则上由地方通过自有财力安排。对地方政府履行财政事权、落实支出责任存在的收支缺口，除部分资本性支出通过依法发行政府性债券等方式安排外，主要通过上级政府给予的一般性转移支付弥补。地方的财政事权如委托中央机构行使，地方政府应负担相应经费。

3．中央与地方共同财政事权区分情况划分支出责任。根据基本公共服务的属性，体现国民待遇和公民权利、涉及全国统一市场和要素自由流动的财政事权，如基本养老保险、基本公共卫生服务、义务教育等，可以研究制定全国统一标准，并由中央与地方按比例或以中央为主承担支出责任；对受益范围较广、信息相对复杂的财政事权，如跨省（区、市）重大基础设施项目建设、环境保护与治理、公共文化等，根据财政事权外溢程度，由中央和地方按比例或中央给予适当补助方式承担支出责任；对中央和地方有各自机构承担相应职责的财政事权，如科技研发、高等教育等，中央和地方各自承担相应支出责任；对中央承担监督管理、出台规划、制定标准等职责，地方承担具体执行等职责的财政事权，中央与地方各自承担相应支出责任。

（三）加快省以下财政事权和支出责任划分。

省级政府要参照中央做法，结合当地实际，按照财政事权划分原则合理确定省以下政府间财政事权。将部分适宜由更高一级政府承担的基本公共服务职能上移，明确省级政府在保持区域内经济社会稳定、促进经济协调发展、推进区域内基本公共服务均等化等方面的职责。将有关居民生活、社会治安、城乡建设、公共设施管理等适宜由基层政府发挥信息、管理优势的基本公共服务职能下移，强化基层政府贯彻执行国家政策和上级政府政策的责任。

省级政府要根据省以下财政事权划分、财政体制及基层政府财力状况，合理确定省以下各级政府的支出责任，避免将过多支出责任交给基层政府承担。

四、保障和配套措施

（一）加强与相关改革的协同配套。

财政事权和支出责任划分与教育、社会保障、医疗卫生等各项改革紧密相连、不可分割。要将财政事权和支出责任划分改革与加快推进相关领域改革相结合，既通过相关领域改革为推进财政事权和支出责任划分创造条件，又将财政事权和支出责任划分改革体现和充实到各领域改革中，形成良性互动、协同推进的局面。

（二）明确政府间财政事权划分争议的处理。

中央与地方财政事权划分争议由中央裁定，已明确属于省以下的财政事权划分争议由省级政府裁定。明确中央与地方共同财政事权和中央委托地方行使的财政事权设置的原则、程序、范围和责任，减少划分中的争议。

（三）完善中央与地方收入划分和对地方转移支付制度。

加快研究制定中央与地方收入划分总体方案，推动进一步理顺中央与地方的财政分配关系，形成财力与事权相匹配的财政体制。进一步完善中央对地方转移支付制度，清理整合与财政事权划分不相匹配的中央对地方转移支付，增强财力薄弱地区尤其是老少边穷地区的财力。严格控制引导类、救济类、应急类专项转移支付，对保留的专项转移支付进行甄别，属于地方财政事权的划入一般性转移支付。

（四）及时推动相关部门职责调整。

按照一项财政事权归口一个部门牵头负责的原则，合理划分部门职责，理顺部门分工，妥善解决跨部门财政事权划分不清晰和重复交叉问题，处理好中央和省级政府垂直管理机构与地方政府的职责关系，为更好履行政府公共服务职能提供保障。

（五）督促地方切实履行财政事权。

随着中央与地方财政事权和支出责任划分改革的推进，地方的财政事权将逐渐明确。对属于地方的财政事权，地方政府必须履行到位，确保基本公共服务的有效提供。中央要在法律法规的框架下加强监督考核和绩效评价，强化地方政府履行财政事权的责任。

五、职责分工和时间安排

（一）职责分工。

财政部、中央编办等有关部门主要负责组织、协调、指导、督促推进中央与地方财政事权和支出责任划分改革工作。各职能部门要落实部门主体责任，根据本指导意见，在广泛征求有关部门和地方意见基础上，研究提出本部门所涉及的基本公共服务领域改革具体实施方案，按程序报请党中央、国务院批准后实施。

在改革实施过程中，有关部门要妥善处理中央与地方财政事权和支出责任划分带来的职能调整以及人员、资产划转等事项，积极配合推动制订或修改相关法律、行政法规中关于财政事权和支出责任划分的规定。

各省级人民政府要参照本指导意见的总体要求和基本原则，根据本地实际情况，结合财税体制改革要求和中央与地方财政事权和支出责任划分改革的进程，制定省以下财政事权和支出责任划分改革方案，组织推动本地区省以下财政事权和支出责任划分改革工作。

（二）时间安排。

1.2016年。有关部门要按照本指导意见要求，研究制定相关基本公共服务领域改革具体实施方案。选取国防、国家安全、外交、公共安全等基本公共服务领域率先启动财政事权和支出责任划分改革。同时，部署推进省以下相关领域财政事权和支出责任划分改革。

2.2017—2018年。总结相关领域中央与地方财政事权和支出责任划分改革经验，结合实际、循序渐进，争取在教育、医疗卫生、环境保护、交通运输等基本公共服务领域取得突破性进展。参照中央改革进程，加快推进省以下相关领域财政事权和支出责任划分改革。

3.2019—2020年。基本完成主要领域改革，形成中央与地方财政事权和支出责任划分的清晰框架。及时总结改革成果，梳理需要上升为法律法规的内容，适时制修订相关法律、行政法规，研究起草政府间财政关系法，推动形成保障财政事权和支出责任划分科学合理的法律体系。督促地方完成主要领域改革，形成省以下财政事权和支出责任划分的清晰框架。

中央与地方财政事权和支出责任划分改革是建立科学规范政府间关系的核心内容，是完善国家治理结构的一项基础性、系统性工程，对全面深化经济体制改革具有重要的推动作用。各地区、各部门要充分认识推进这项改革工作的重要性、紧迫性、艰巨性，把思想和行动统一到党中央、国务院决策部署上来，以高度的责任感、使命感和改革创新精神，周密安排部署，切实履行职责，密切协调配合，积极稳妥推进中央与地方财政事权和支出责任划分改革，为建立健全现代财政制度、推进国家治理体系和治理能力现代化、落实“四个全面”战略布局提供有力保障。

国务院关于加强地方政府性债务管理的意见①

（2014 年 9 月 21 日）

各省、自治区、直辖市人民政府，国务院各部委、各直属机构：

为加强地方政府性债务管理，促进国民经济持续健康发展，根据党的十八大、十八届三中全会精神，现提出以下意见：

一、总体要求

（一）指导思想。以邓小平理论、“三个代表”重要思想、科学发展观为指导，全面贯彻落实党的十八大、十八届三中全会精神，按照党中央、国务院决策部署，建立“借、用、还”相统一的地方政府性债务管理机制，有效发挥地方政府规范举债的积极作用，切实防范化解财政金融风险，促进国民经济持续健康发展。

（二）基本原则。

疏堵结合。修明渠、堵暗道，赋予地方政府依法适度举债融资权限，加快建立规范的地方政府举债融资机制。同时，坚决制止地方政府违法违规举债。

分清责任。明确政府和企业的责任，政府债务不得通过企业举借，企业债务不得推给政府偿还，切实做到谁借谁还、风险自担。政府与社会资本合作的，按约定规则依法承担相关责任。

规范管理。对地方政府债务实行规模控制，严格限定政府举债程序和资金用途，把地方政府债务分门别类纳入全口径预算管理，

① 《国务院印发〈关于加强地方政府性债务管理的意见〉》，中国政府网，2014 年 10 月 2 日。

实现“借、用、还”相统一。

防范风险。牢牢守住不发生区域性和系统性风险的底线，切实防范和化解财政金融风险。

稳步推进。加强债务管理，既要积极推进，又要谨慎稳健。在规范管理的同时，要妥善处理存量债务，确保在建项目有序推进。

二、加快建立规范的地方政府举债融资机制

（一）赋予地方政府依法适度举债权限。经国务院批准，省、自治区、直辖市政府可以适度举借债务，市县级政府确需举借债务的由省、自治区、直辖市政府代为举借。明确划清政府与企业界限，政府债务只能通过政府及其部门举借，不得通过企事业单位等举借。

（二）建立规范的地方政府举债融资机制。地方政府举债采取政府债券方式。没有收益的公益性事业发展确需政府举借一般债务的，由地方政府发行一般债券融资，主要以一般公共预算收入偿还。有一定收益的公益性事业发展确需政府举借专项债务的，由地方政府通过发行专项债券融资，以对应的政府性基金或专项收入偿还。

（三）推广使用政府与社会资本合作模式。鼓励社会资本通过特许经营等方式，参与城市基础设施等有一定收益的公益性事业投资和运营。政府通过特许经营权、合理定价、财政补贴等事先公开的收益约定规则，使投资者有长期稳定收益。投资者按照市场化原则出资，按约定规则独自或与政府共同成立特别目的公司建设和运营合作项目。投资者或特别目的公司可以通过银行贷款、企业债、项目收益债券、资产证券化等市场化方式举债并承担偿债责任。政府对投资者或特别目的公司按约定规则依法承担特许经营权、合理

定价、财政补贴等相关责任，不承担投资者或特别目的公司的偿债责任。

（四）加强政府或有债务监管。剥离融资平台公司政府融资职能，融资平台公司不得新增政府债务。地方政府新发生或有债务，要严格限定在依法担保的范围内，并根据担保合同依法承担相关责任。地方政府要加强对或有债务的统计分析和风险防控，做好相关监管工作。

三、对地方政府债务实行规模控制和预算管理

（一）对地方政府债务实行规模控制。地方政府债务规模实行限额管理，地方政府举债不得突破批准的限额。地方政府一般债务和专项债务规模纳入限额管理，由国务院确定并报全国人大或其常委会批准，分地区限额由财政部在全国人大或其常委会批准的地方政府债务规模内根据各地区债务风险、财力状况等因素测算并报国务院批准。

（二）严格限定地方政府举债程序和资金用途。地方政府在国务院批准的分地区限额内举借债务，必须报本级人大或其常委会批准。地方政府不得通过企事业单位等举借债务。地方政府举借债务要遵循市场化原则。建立地方政府信用评级制度，逐步完善地方政府债券市场。地方政府举借的债务，只能用于公益性资本支出和适度归还存量债务，不得用于经常性支出。

（三）把地方政府债务分门别类纳入全口径预算管理。地方政府要将一般债务收支纳入一般公共预算管理，将专项债务收支纳入政府性基金预算管理，将政府与社会资本合作项目中的财政补贴等支出按性质纳入相应政府预算管理。地方政府各部门、各单位要将债务收支纳入部门和单位预算管理。或有债务确需地方政府或其部门、单位依法承担偿债责任的，偿债资金要纳入相应预算管理。

四、控制和化解地方政府性债务风险

（一）建立地方政府性债务风险预警机制。财政部根据各地区一般债务、专项债务、或有债务等情况，测算债务率、新增债务率、偿债率、逾期债务率等指标，评估各地区债务风险状况，对债务高风险地区进行风险预警。列入风险预警范围的债务高风险地区，要积极采取措施，逐步降低风险。债务风险相对较低的地区，要合理控制债务余额的规模和增长速度。

（二）建立债务风险应急处置机制。要硬化预算约束，防范道德风险，地方政府对其举借的债务负有偿还责任，中央政府实行不救助原则。各级政府要制定应急处置预案，建立责任追究机制。地方政府出现偿债困难时，要通过控制项目规模、压缩公用经费、处置存量资产等方式，多渠道筹集资金偿还债务。地方政府难以自行偿还债务时，要及时上报，本级和上级政府要启动债务风险应急处置预案和责任追究机制，切实化解债务风险，并追究相关人员责任。

（三）严肃财经纪律。建立对违法违规融资和违规使用政府性债务资金的惩罚机制，加大对地方政府性债务管理的监督检查力度。地方政府及其所属部门不得在预算之外违法违规举借债务，不得以支持公益性事业发展名义举借债务用于经常性支出或楼堂馆所建设，不得挪用债务资金或改变既定资金用途；对企业的注资、财政补贴等行为必须依法合规，不得违法为任何单位和个人的债务以任何方式提供担保；不得违规干预金融机构等正常经营活动，不得强制金融机构等提供政府性融资。地方政府要进一步规范土地出让管理，坚决制止违法违规出让土地及融资行为。

五、完善配套制度

（一）完善债务报告和公开制度。完善地方政府性债务统计报告制度，加快建立权责发生制的政府综合财务报告制度，全面反映政府的资产负债情况。对于中央出台的重大政策措施如棚户区改造等形成的政府性债务，应当单独统计、单独核算、单独检查、单独考核。建立地方政府性债务公开制度，加强政府信用体系建设。各地区要定期向社会公开政府性债务及其项目建设情况，自觉接受社会监督。

（二）建立考核问责机制。把政府性债务作为一个硬指标纳入政绩考核。明确责任落实，各省、自治区、直辖市政府要对本地区地方政府性债务负责任。强化教育和考核，纠正不正确的政绩导向。对脱离实际过度举债、违法违规举债或担保、违规使用债务资金、恶意逃废债务等行为，要追究相关责任人责任。

（三）强化债权人约束。金融机构等不得违法违规向地方政府提供融资，不得要求地方政府违法违规提供担保。金融机构等购买地方政府债券要符合监管规定，向属于政府或有债务举借主体的企业法人等提供融资要严格规范信贷管理，切实加强风险识别和风险管理。金融机构等违法违规提供政府性融资的，应自行承担相应损失，并按照商业银行法、银行业监督管理法等法律法规追究相关机构和人员的责任。

六、妥善处理存量债务和在建项目后续融资

（一）抓紧将存量债务纳入预算管理。以 2013 年政府性债务审

计结果为基础，结合审计后债务增减变化情况，经债权人与债务人共同协商确认，对地方政府性债务存量进行甄别。对地方政府及其部门举借的债务，相应纳入一般债务和专项债务。对企事业单位举借的债务，凡属于政府应当偿还的债务，相应纳入一般债务和专项债务。地方政府将甄别后的政府存量债务逐级汇总上报国务院批准后，分类纳入预算管理。纳入预算管理的债务原有债权债务关系不变，偿债资金要按照预算管理要求规范管理。

（二）积极降低存量债务利息负担。对甄别后纳入预算管理的地方政府存量债务，各地区可申请发行地方政府债券置换，以降低利息负担，优化期限结构，腾出更多资金用于重点项目建设。

（三）妥善偿还存量债务。处置到期存量债务要遵循市场规则，减少行政干预。对项目自身运营收入能够按时还本付息的债务，应继续通过项目收入偿还。对项目自身运营收入不足以还本付息的债务，可以通过依法注入优质资产、加强经营管理、加大改革力度等措施，提高项目盈利能力，增强偿债能力。地方政府应指导和督促有关债务举借单位加强财务管理、拓宽偿债资金渠道、统筹安排偿债资金。对确需地方政府偿还的债务，地方政府要切实履行偿债责任，必要时可以处置政府资产偿还债务。对确需地方政府履行担保或救助责任的债务，地方政府要切实依法履行协议约定，作出妥善安排。有关债务举借单位和连带责任人要按照协议认真落实偿债责任，明确偿债时限，按时还本付息，不得单方面改变原有债权债务关系，不得转嫁偿债责任和逃废债务。对确已形成损失的存量债务，债权人应按照商业化原则承担相应责任和损失。

（四）确保在建项目后续融资。地方政府要统筹各类资金，优先保障在建项目续建和收尾。对使用债务资金的在建项目，原贷款银行等要重新进行审核，凡符合国家有关规定的项目，要继续按协议提供贷款，推进项目建设；对在建项目确实没有其他建设资金来源的，应主要通过政府与社会资本合作模式和地方政府债券解决后续融资。

七、加强组织领导

各地区、各部门要高度重视，把思想和行动统一到党中央、国务院决策部署上来。地方政府要切实担负起加强地方政府性债务管理、防范化解财政金融风险的责任，结合实际制定具体方案，政府主要负责人要作为第一责任人，认真抓好政策落实。要建立地方政府性债务协调机制，统筹加强地方政府性债务管理。财政部门作为地方政府性债务归口管理部门，要完善债务管理制度，充实债务管理力量，做好债务规模控制、债券发行、预算管理、统计分析和风险监控等工作；发展改革部门要加强政府投资计划管理和项目审批，从严审批债务风险较高地区的新开工项目；金融监管部门要加强监管、正确引导，制止金融机构等违法违规提供融资；审计部门要依法加强对地方政府性债务的审计监督，促进完善债务管理制度，防范风险，规范管理，提高资金使用效益。各地区、各部门要切实履行职责，加强协调配合，全面做好加强地方政府性债务管理各项工作，确保政策贯彻落实到位。

国务院关于改革和完善中央对地方转移支付制度的意见[①]

（2014 年 12 月 27 日）

各省、自治区、直辖市人民政府，国务院各部委、各直属机构：

财政转移支付制度是现代财政制度的重要内容，是政府管理的重要手段。根据党的十八届三中全会精神和《国务院关于深化预算管理制度改革的决定》要求，现就改革和完善中央对地方转移支付制度提出如下意见。

一、改革和完善中央对地方转移支付制度的必要性

1994 年实行分税制财政管理体制以来，我国逐步建立了符合社会主义市场经济体制基本要求的财政转移支付制度。中央财政集中的财力主要用于增加对地方特别是中西部地区的转移支付，转移支付规模不断扩大，有力促进了地区间基本公共服务的均等化，推动了国家宏观调控政策目标的贯彻落实，保障和改善了民生，支持了经济社会持续健康发展。但与建立现代财政制度的要求相比，现行中央对地方转移支付制度存在的问题和不足也日益凸显，突出表现在：受中央和地方事权和支出责任划分不清晰的影响，转移支付结构不够合理；一般性转移支付项目种类多、目标多元，均等化功能弱化；专项转移支付涉及领域过宽，分配使用不够科学；一些项目行政审批色彩较重，与简政放权改革的要求不符；地方配套压力

① 《国务院关于改革和完善中央对地方转移支付制度的意见》，《中华人民共和国国务院公报》，2015 年 05 期。

较大，财政统筹能力较弱；转移支付管理漏洞较多、信息不够公开透明等。对上述问题，有必要通过深化改革和完善制度，尽快加以解决。

二、总体要求

（一）指导思想。

全面贯彻落实党的十八大和十八届二中、三中、四中全会精神，按照党中央、国务院的决策部署和新修订的预算法有关规定，围绕建立现代财政制度，以推进地区间基本公共服务均等化为主要目标，以一般性转移支付为主体，完善一般性转移支付增长机制，清理、整合、规范专项转移支付，严肃财经纪律，加强转移支付管理，充分发挥中央和地方两个积极性，促进经济社会持续健康发展。

（二）基本原则。

加强顶层设计，做好分步实施。坚持问题导向，借鉴国际经验，注重顶层设计，使转移支付制度与事权和支出责任划分相衔接，增强改革的整体性和系统性；同时充分考虑实际情况，逐步推进转移支付制度改革，先行解决紧迫问题和有关方面认识比较一致的问题。

合理划分事权，明确支出责任。合理划分中央事权、中央地方共同事权和地方事权，强化中央在国防、外交、国家安全、全国统一市场等领域的职责，强化省级政府统筹推进区域内基本公共服务均等化的职责，建立事权与支出责任相适应的制度。

清理整合规范，增强统筹能力。在完善一般性转移支付制度的同时，着力清理、整合、规范专项转移支付，严格控制专项转移支付项目和资金规模，增强地方财政的统筹能力。

市场调节为主，促进公平竞争。妥善处理政府与市场的关系，使市场在资源配置中起决定性作用，逐步减少竞争性领域投入专项，市场竞争机制能够有效调节的事项原则上不得新设专项转移支付，维护公平竞争的市场环境。

规范资金管理，提高资金效率。既要严格转移支付资金管理，规范分配使用，加强指导和监督，做到公平、公开、公正；又要加快资金拨付，避免大量结转结余，注重提高资金使用效率。

三、优化转移支付结构

合理划分中央和地方事权与支出责任，逐步推进转移支付制度改革，形成以均衡地区间基本财力、由地方政府统筹安排使用的一般性转移支付为主体，一般性转移支付和专项转移支付相结合的转移支付制度。属于中央事权的，由中央全额承担支出责任，原则上应通过中央本级支出安排，由中央直接实施；随着中央委托事权和支出责任的上收，应提高中央直接履行事权安排支出的比重，相应减少委托地方实施的专项转移支付。属于中央地方共同事权的，由中央和地方共同分担支出责任，中央分担部分通过专项转移支付委托地方实施。属于地方事权的，由地方承担支出责任，中央主要通过一般性转移支付给予支持，少量的引导类、救济类、应急类事务通过专项转移支付予以支持，以实现特定政策目标。

四、完善一般性转移支付制度

（一）清理整合一般性转移支付。逐步将一般性转移支付中属于中央委托事权或中央地方共同事权的项目转列专项转移支付，属于地方事权的项目归并到均衡性转移支付，建立以均衡性转移支付为主体、以老少边穷地区转移支付为补充并辅以少量体制结算补助的一般性转移支付体系。

（二）建立一般性转移支付稳定增长机制。增加一般性转移支付规模和比例，逐步将一般性转移支付占比提高到60%以上。改变均衡性转移支付与所得税增量挂钩的方式，确保均衡性转移支付增幅高于转移支付的总体增幅。大幅度增加对老少边穷地区的转移支付。中央出台增支政策形成的地方财力缺口，原则上通过一般性转移支付调节。

（三）加强一般性转移支付管理。一般性转移支付按照国务院规定的基本标准和计算方法编制。科学设置均衡性转移支付测算因素、权重，充分考虑老少边穷地区底子薄、发展慢的特殊情况，真实反映各地的支出成本差异，建立财政转移支付同农业转移人口市民化挂钩机制，促进地区间基本公共服务均等化。规范老少边穷地区转移支付分配，促进区域协调发展。建立激励约束机制，采取适当奖惩等方式，引导地方将一般性转移支付资金投入到民生等中央确定的重点领域。

五、从严控制专项转移支付

（一）清理整合专项转移支付。清理整合要充分考虑公共服务提供的有效性、受益范围的外部性、信息获取的及时性和便利性，以及地方自主性、积极性等因素。取消专项转移支付中政策到期、政策调整、绩效低下等已无必要继续实施的项目。属于中央委托事权的项目，可由中央直接实施的，原则上调整列入中央本级支出。属于地方事权的项目，划入一般性转移支付。确需保留的中央地方共同事权项目，以及少量的中央委托事权项目及引导类、救济类、应急类项目，要建立健全定期评估和退出机制，对其中目标接近、资金投入方向类同、资金管理方式相近的项目予以整合，严格控制同一方向或领域的专项数量。

（二）逐步改变以收定支专项管理办法。结合税费制度改革，完善相关法律法规，逐步取消城市维护建设税、排污费、探矿权和采矿权价款、矿产资源补偿费等专款专用的规定，统筹安排这些领域的经费。

（三）严格控制新设专项。专项转移支付项目应当依据法律、行政法规和国务院的规定设立。新设立的专项应有明确的政策依据、政策目标、资金需求、资金用途、主管部门和职责分工。

（四）规范专项资金管理办法。做到每一个专项转移支付都有且只有一个资金管理办法。对一个专项有多个资金管理办法的，要进行整合归并，不得变相增设专项。资金管理办法要明确政策目标、部门职责分工、资金补助对象、资金使用范围、资金分配办法等内容，逐步达到分配主体统一、分配办法一致、申报审批程序唯一等要求。需要发布项目申报指南的，应在资金管理办法中进行明确。补助对象应按照政策目标设定，并按政府机构、事业单位、个人、企业等进行分类，便于监督检查和绩效评价。

六、规范专项转移支付分配和使用

（一）规范资金分配。专项转移支付应当分地区、分项目编制。严格资金分配主体，明确部门职责，社会团体、行业协会、企事业单位等非行政机关不得负责资金分配。专项转移支付可以采取项目法或因素法进行分配。对用于国家重大工程、跨地区跨流域的投资项目以及外部性强的重点项目，主要采取项目法分配，实施项目库管理，明确项目申报主体、申报范围和申报条件，规范项目申报流程，发挥专业组织和专家的作用，完善监督制衡机制。对具有地域管理信息优势的项目，主要采取因素法分配，选取客观因素，确定合理权重，按照科学规范的分配公式切块下达省级财政，并指导其制定资金管理办法实施细则，按规定层层分解下达到补助对象，做到既要调动地方积极性，又要保证项目顺利实施。对关系群众切身利益的专项，可改变行政性分配方式，逐步推动建立政府引导、社会组织评价、群众参与的分配机制。

（二）取消地方资金配套要求。除按照国务院规定应当由中央和地方共同承担的事项外，中央在安排专项转移支付时，不得要求地方政府承担配套资金。由中央和地方共同承担的事项，要依据公益性、外部性等因素明确分担标准或比例。在此基础上，根据各地财政状况，同一专项对不同地区可采取有区别的分担比例，但不同专项对同一地区的分担比例应逐步统一规范。

（三）严格资金使用。除中央委托事项外，专项转移支付一律不得用于财政补助单位人员经费和运转经费，以及楼堂馆所等国务院明令禁止的相关项目建设。加强对专项资金分配使用的全过程监控和检查力度，建立健全信息反馈、责任追究和奖惩机制，重点解决资金管理“最后一公里”问题。

七、逐步取消竞争性领域专项转移支付

（一）取消部分竞争性领域专项。凡属“小、散、乱”，效用不明显以及市场竞争机制能够有效调节的专项应坚决取消；对因价格改革、宏观调控等而配套出台的竞争性领域专项，应明确执行期限，并在后期逐步退出，到期取消。

（二）研究用税收优惠政策替代部分竞争性领域专项。加强竞争性领域专项与税收优惠政策的协调，可以通过税收优惠政策取得类似或更好政策效果的，应尽量采用税收优惠政策，相应取消竞争性领域专项。税收优惠政策应由专门税收法律法规或国务院规定。

（三）探索实行基金管理等市场化运作模式。对保留的具有一定外部性的竞争性领域专项，应控制资金规模，突出保障重点，逐步改变行政性分配方式，主要采取基金管理等市场化运作模式，逐步与金融资本相结合，发挥撬动社会资本的杠杆作用。基金可以采取中央直接设立的方式，也可以采取中央安排专项转移支付支持地方设立的方式；可以新设基金，也可以扶持已有的对市场有重大影响的基金。基金主要采取创业投资引导基金、产业投资基金等模式。基金设立应报经同级人民政府批准，应有章程、目标、期限及指定投资领域，委托市场化运作的专业团队管理，重在引导、培育和发展市场，鼓励创新创业。基金应设定规模上限，达到上限时，根据政策评估决定是否进一步增资。少数不适合实行基金管理模式的，也应在事前明确补助机制的前提下，事中或事后采取贴息、先建后补、以奖代补、保险保费补贴、担保补贴等补助方式，防止出现补助机制模糊、难以落实或套取补助资金等问题。

八、强化转移支付预算管理

（一）及时下达预算。加强与地方预算管理的衔接，中央应当将对地方的转移支付预计数提前下达地方，地方应当将其编入本级预算。除据实结算等特殊项目可以分期下达预算或者先预付后结算外，中央对地方一般性转移支付在全国人大批准预算后 30 日内下达，专项转移支付在 90 日内下达。省级政府接到中央转移支付后，应在30日内正式下达到本行政区域县级以上各级政府。中央下达的财政转移支付必须纳入地方政府预算管理，按规定向同级人大或其常委会报告。

（二）推进信息公开。中央对地方转移支付预算安排及执行情况在全国人大批准后20日内由财政部向社会公开，并对重要事项作出说明。主动向社会公开一般性转移支付和专项转移支付的具体项目、规模、管理办法和分配结果等。

（三）做好绩效评价。完善转移支付绩效评价制度，科学设置绩效评价机制，合理确定绩效目标，有效开展绩效评价，提高绩效评价结果的可信度，并将绩效评价结果同预算安排有机结合。逐步创造条件向社会公开绩效评价结果。

（四）加强政府性基金预算和一般公共预算的统筹力度。政府性基金预算安排支出的项目，一般公共预算可不再安排或减少安排。政府性基金预算和一般公共预算同时安排的专项转移支付，在具体管理中应作为一个专项，制定统一的资金管理办法，实行统一的资金分配方式。

（五）将一般性转移支付纳入重点支出统计范围。大幅度增加一般性转移支付后，中央财政对相关重点领域的直接投入相应减少。由于中央对地方税收返还和转移支付最终形成地方财政支出，为满足统计需要，可将其按地方财政支出情况分解为对相关重点领域的投入。

九、调整优化中央基建投资专项

在保持中央基建投资合理规模的基础上，划清中央基建投资专项和其他财政专项转移支付的边界，合理划定主管部门职责权限，优化中央基建投资专项支出结构。逐步退出竞争性领域投入，对确需保留的投资专项，调整优化安排方向，探索采取基金管理等市场化运作模式，规范投资安排管理；规范安排对地方基本公共服务领域的投资补助，逐步减少对地方的小、散投资补助；逐步加大属于中央事权的项目投资，主要用于国家重大工程、跨地区跨流域的投资项目以及外部性强的重点项目。

十、完善省以下转移支付制度

省以下各级政府要比照中央对地方转移支付制度，改革和完善省以下转移支付制度。与省以下各级政府事权和支出责任划分相适应，优化各级政府转移支付结构。对上级政府下达的一般性转移支付，下级政府应采取有效措施，确保统筹用于相关重点支出；对上级政府下达的专项转移支付，下级政府可在不改变资金用途的基础上，发挥贴近基层的优势，结合本级安排的相关专项情况，加大整合力度，将支持方向相同、扶持领域相关的专项转移支付整合使用。

十一、加快转移支付立法和制度建设

为增强转移支付制度的规范性和权威性，为改革提供法律保障，需要加快转移支付立法，尽快研究制定转移支付条例，条件成熟时推动上升为法律。相关文件中涉及转移支付的规定，应当按照本意见进行修改完善。

十二、加强组织领导

改革和完善中央对地方转移支付制度是财税体制改革的重要组成部分，涉及面广、政策性强，利益调整大。各地区、各部门要高度重视，加强组织领导，确保相关改革工作顺利推进。要提高认识，把思想和行动统一到党中央、国务院决策部署上来。要加强沟通，凝聚各方共识，形成改革合力。要周密部署，加强督查，抓好落实，对违反预算法等法律法规规定的，严肃追究责任。

各地区、各部门要根据本意见要求，结合本地区、本部门实际调整完善管理体制，健全相关管理机构，制定完善配套措施，主动作为、勇于担当，积极研究解决工作中遇到的新情况、新问题。财政部要会同有关部门和地区及时总结经验，加强宣传引导，推动本意见确定的各项政策措施贯彻落实，重大事项及时向国务院报告。

中共中央办公厅 国务院办公厅印发《深化国税、地税征管体制改革方案》[①]

（2015 年 12 月 24 日）

我国从 1994 年实行分税制财政管理体制改革以来，建立了分设国税、地税两套税务机构的征管体制，20 多年来取得了显著成效，为调动中央和地方两个积极性、建立和完善社会主义市场经济体制发挥了重要作用。但与经济社会发展、推进国家治理体系和治理能力现代化的要求相比，我国税收征管体制还存在职责不够清晰、执法不够统一、办税不够便利、管理不够科学、组织不够完善、环境不够优化等问题，必须加以改革完善。为落实《中共中央关于全面深化改革若干重大问题的决定》及深化财税体制改革总体方案的有关要求，深化国税、地税征管体制改革，制定本方案。

一、总体要求

（一）指导思想

全面贯彻党的十八大和十八届二中、三中、四中、五中全会精神，以邓小平理论、“三个代表”重要思想、科学发展观为指导，深入贯彻落实习近平总书记系列重要讲话精神，按照党中央、国务院决策部署，坚持法治引领、改革创新，发挥国税、地税各自优势，推动服务深度融合、执法适度整合、信息高度聚合，着力解决现行征管体制中存在的突出和深层次问题，不断推进税收征管体制

① 《中共中央办公厅 国务院办公厅印发〈深化国税、地税征管体制改革方案〉》，《中华人民共和国国务院公报》，2016 年 01 期。

和征管能力现代化，进一步增强税收在国家治理中的基础性、支柱性、保障性作用。

（二）改革目标

到2020年建成与国家治理体系和治理能力现代化相匹配的现代税收征管体制，降低征纳成本，提高征管效率，增强税法遵从度和纳税人满意度，确保税收职能作用有效发挥，促进经济健康发展和社会公平正义。

（三）基本原则

——依法治税。以法治为引领，注重运用法治思维和法治方式推进改革，落实税收法定原则，完善征管法律制度，增强税收执法的统一性和规范性。

——便民办税。以纳税人为中心，坚持执法为民，加强国税、地税合作，为纳税人提供更加优质高效的服务，不断减轻纳税人办税负担，切实维护纳税人合法权益，让纳税人和人民群众有更多获得感。

——科学效能。以防范税收风险为导向，依托现代信息技术，转变税收征管方式，优化征管资源配置，加快税收征管科学化、信息化、国际化进程，提高税收征管质量和效率。

——协同共治。以营造良好税收工作环境为重点，统筹税务部门与涉税各方力量，构建税收共治格局，形成全社会协税护税、综合治税的强大合力。

——有序推进。以加强顶层设计为前提，与深化财税体制改革进程相匹配，积极回应纳税人和社会各界关切，统筹兼顾，稳步实施。

二、主要任务

（一）理顺征管职责划分

根据深化财税体制改革进程，结合建立健全地方税费收入体系，厘清国税与地税、地税与其他部门的税费征管职责划分，着力解决国税、地税征管职责交叉以及部分税费征管职责不清等问题。

1．合理划分国税、地税征管职责。中央税由国税部门征收，地方税由地税部门征收，共享税的征管职责根据税种属性和方便征管的原则确定。

按照有利于降低征收成本和方便纳税的原则，国税、地税部门可互相委托代征有关税收。

2．明确地税部门对收费基金等的征管职责。发挥税务部门税费统征效率高等优势，按照便利征管、节约行政资源的原则，将依法保留、适宜由税务部门征收的行政事业性收费、政府性基金等非税收入项目，改由地税部门统一征收。推进非税收入法治化建设，健全地方税费收入体系。

（二）创新纳税服务机制

按照加快建设服务型税务机关的要求，围绕最大限度便利纳税人、最大限度规范税务人，不断提高纳税服务水平，着力解决纳税人办税两头跑、纳税成本较高等问题。

3．推行税收规范化建设。实施纳税服务、税收征管规范化管理，推行税收执法权力清单和责任清单并向社会进行公告，在全国范围内实现国税、地税服务一个标准、征管一个流程、执法一把尺子，让纳税人享有更快捷、更经济、更规范的服务。

4．推进办税便利化改革。加快推行办税事项同城通办，2016年基本实现省内通办，2017年基本实现跨区域经营企业全国通办。完善首问责任、限时办结、预约办税、延时服务、“二维码”一次性告知、24小时自助办税、财税库银联网缴税、出口退税分类管理等便民服务机制，缩短纳税人办税时间。合理简并纳税人申报缴税次数。实行审批事项一窗受理、内部流转、限时办结、窗口出件，全面推行网上审批，提高审批效率和透明度。推进涉税信息公开，方便纳税人查询缴税信息。规范、简并纳税人报表资料，实行纳税人涉税信息国税、地税一次采集、按户存储、共享共用。能够从信息系统提取的数据信息不得要求纳税人重复报送，加快推行办税无纸化、免填单，让纳税人少跑腿、少费时、少花费。

5．建立服务合作常态化机制。实施国税、地税合作规范化管理，全面提升合作水平。采取国税、地税互设窗口、共建办税服务厅、共驻政务服务中心等方式，2016年实现“前台一家受理、后台分别处理、限时办结反馈”的服务模式。完善全国12366纳税服务平台，2016年全面提供能听、能问、能看、能查、能约、能办的“六能”型服务。制定实施“互联网＋税务”行动计划，建设融合国税、地税业务，标识统一、流程统一、操作统一的电子税务局，2017年基本实现网上办税。推进跨区域国税、地税信息共享、资质互认、征管互助，不断扩大区域税收合作范围，进一步创新自由贸易试验区税收服务举措，让纳税人享有优质、便捷、统一的纳税服务。

6．建立促进诚信纳税机制。对纳税信用好的纳税人，开通办税绿色通道，在资料报送、发票领用、出口退税等方面提供更多便利，减少税务检查频次或给予一定时期内的免检待遇，开展银税互动助力企业发展。对进入税收违法“黑名单”的当事人，严格税收管理，与相关部门依法联合实施禁止高消费、限制融资授信、禁止参加政府采购、限制取得政府供应土地和政府性资金支持、阻止出境等惩戒，让诚信守法者畅行无阻，让失信违法者寸步难行。

7. 健全纳税服务投诉机制。建立纳税人以及第三方对纳税服务质量定期评价反馈的制度。畅通纳税人投诉渠道，对不依法履行职责、办事效率低、服务态度差等投诉事项，实行限时受理、处置和反馈，有效保障纳税人合法权益。

（三）转变征收管理方式

落实简政放权、放管结合、优化服务的要求，适应纳税人特别是自然人数量不断增加以及企业经营多元化、跨区域、国际化的新趋势，转变税收征管方式，提高税收征管效能，着力解决税收征管针对性、有效性不强问题。

8. 切实加强事中事后管理。大幅度取消和下放税务行政审批项目，实现税收管理由主要依靠事前审批向加强事中事后管理转变，推行纳税人自主申报，完善包括备案管理、发票管理、申报管理等在内的事中事后管理体系，出台相应管理办法，确保把该管的事项管住、管好，防范税收流失。

9. 对纳税人实施分类分级管理。对企业纳税人按规模和行业，对自然人纳税人按收入和资产实行分类管理。2016 年，以税务总局和省级税务局为主，集中开展行业风险分析和大企业、高收入高净值纳税人风险分析，运用第三方涉税信息对纳税申报情况进行比对，区分不同风险等级分别采取风险提示、约谈评估、税务稽查等方式进行差别化应对，有效防范和查处逃避税行为。

10. 提升大企业税收管理层级。对跨区域、跨国经营的大企业，在纳税申报等涉税基础事项实行属地管理、不改变税款入库级次的前提下，将其税收风险分析事项提升至税务总局、省级税务局集中进行，将分析结果推送相关税务机关做好应对。

11. 建立自然人税收管理体系。顺应直接税比重逐步提高、自然人纳税人数量多、管理难的趋势，从法律框架、制度设计、征管方式、技术支撑、资源配置等方面构建以高收入者为重点的自然人税收管理体系。税务总局、省级税务局集中开展对高收入纳税人的税收风险分析，将分析结果推送相关税务机关做好应对，不断提高自然人税收征管水平。

12. 深化税务稽查改革。建立健全随机抽查制度和案源管理制度，合理确定抽查比例，对重点税源企业每5年轮查一遍。2016年普遍推行先开展案头风险分析评估查找高风险纳税人再开展定向稽查的模式，增强稽查的精准性、震慑力。依法加大涉税违法犯罪行为查处力度，规范执法行为，坚决防止以补代罚、以罚代刑。定期曝光重大涉税违法犯罪案件，震慑不法分子。加强税警协作，实现行政执法与刑事执法有机衔接，严厉打击税收违法犯罪行为。改革属地稽查方式，提升税务稽查管理层级，增强税务稽查的独立性，避免执法干扰。2017年实现国税、地税联合进户稽查，防止多头重复检查。

13. 全面推行电子发票。推广使用增值税发票管理新系统，健全发票管理制度，2016年实现所有发票的网络化运行，推行发票电子底账，逐一实时采集、存储、查验、比对发票全要素信息，从源头上有效防范逃骗税和腐败行为。

14. 加快税收信息系统建设。2016年全面完成金税三期工程建设任务，形成覆盖所有税种及税收工作各环节、运行安全稳定、国内领先的信息系统。2018年实现征管数据向税务总局集中，建成自然人征管系统，并实现与个人收入和财产信息系统互联互通。

到 2020 年使我国税收征管信息系统居于国际先进行列。

15．发挥税收大数据服务国家治理的作用。推进数据标准化及质量管理，健全减免税核算体系，发挥税收大数据优势，加强数据增值应用，在提高征管效能和纳税服务水平的同时，使之更深刻地反映经济运行状况，服务经济社会管理和宏观决策，为增强国家治理能力提供有力支撑。

（四）深度参与国际合作

适应经济全球化的趋势和我国构建开放型经济新体制的要求，树立大国税务理念，用国际化视野谋划税收工作，加强对国际税收事项的统筹管理，着力解决对跨国纳税人监管和服务水平不高、国际税收影响力不强等问题。

16．积极参与国际税收规则制定。结合我国主办 2016 年二十国集团（G20）领导人峰会，协同落实好二十国集团税制改革成果，广泛参加全球税收征管论坛、联合国国际税收合作专家委员会等国际税收组织活动，做国际税收规则制定的参与者、引领者，增强我国在国际税收领域的影响力和话语权。

17．不断加强国际税收合作。围绕建立合作共赢的新型国际税收关系，推动完善国际税收合作与协调机制，执行好《多边税收征管互助公约》和《金融账户涉税信息自动交换标准》，加强税收信息交换，形成深度交融的互利合作网络。积极开展对外税收援助，提供税收知识培训和技术支持，帮助发展中国家和低收入国家提高税收征管能力。

18．严厉打击国际逃避税。全面深入参与应对税基侵蚀和利润转移（BEPS）行动计划，构建反避税国际协作体系。建立健全跨境交易信息共享机制和跨境税源风险监管机制。完善全国联动联查机制，加大反避税调查力度。2017年建立健全跨国企业税收监控机制，分行业、分国别、分地区、分年度监控跨国企业利润水平变动情况，防范国际逃避税，维护国家税收权益。

19. 主动服务对外开放战略。以推动实施“一带一路”战略、支持国际产能和装备制造合作为重点，加快税收协定谈签和修订进程，全面加强国外税收政策咨询服务，建立与重点国家税务部门常态化沟通机制，及时协调解决走出去企业有关涉税争端。

（五）优化税务组织体系

与推进税收征管现代化相适应，进一步完善税务组织体系，着力解决机构设置、资源配置与税源状况、工作要求不匹配等问题。

20. 切实加强税务系统党的领导。税务总局党组要切实加强国税系统党的建设、思想政治建设、税务文化建设、干部队伍建设，指导地税系统思想政治工作，协同省级党委和政府对省级地方税务局实行双重领导，加大对地税部门的指导和业务规范力度。

21. 优化各层级税务机关征管职责。税务总局重点加强税收制度和管理制度设计、工作标准制定、信息平台建设和数据集中处理应用、税收风险集中分析、大企业和国际税收管理、执法监督等方面职责。省级税务局重点加强数据管理应用、大企业税收管理、国际税收管理及税收风险分析推送等方面职责。市级税务局要精简机关行政管理职责，强化直接面对纳税人的一线征管和服务职责。市级、县级税务局重点加强税源管理和风险应对工作，更好地为纳税人服务。

22. 完善税务稽查机构设置。强化税务系统稽查职责和工作力量，探索建立跨区域税务稽查机构，主要负责查处大案要案、指导系统稽查工作、协调国税局和地税局开展联合稽查。

23．完善督察内审机构设置。强化税务系统督察内审职责和工作力量，探索建立跨区域督察内审机构，增强独立性，形成有效的内部监督制约机制。

24．研究探索推进对外派驻税务官员。根据工作需要，按照现有模式，研究探索推进在我驻主要市场经济国家、走出去重点国家使领馆和国际组织派驻税务官员，承担开展国际税收协作、涉税争端解决、涉税信息收集、为走出去企业提供境外涉税服务等任务。

25．合理配置资源。按照精简统一效能原则，优化税务系统编制结构，提高编制使用效益。调整完善与国税、地税征管职责相匹配、与提高税收治理能力相适应的人力资源配置，实现力量向征管一线倾斜。税源规模较小的地区，可按照便利纳税人、集约化征管的要求，适度整合征管力量。逐步理顺和规范中央财政对国税系统经费管理体制，健全地方财政对地税系统经费的保障机制。

26．加强税务干部能力建设。实施人才强税战略，实行税务领军人才培养计划。深入推进绩效管理，加强对税务干部平时考核，完善日常化、累积化、可比化的数字管理制度体系。加大国税、地税之间以及与其他部门的干部交流力度。按照中央有关规定，实施公务员职务与职级并行制度。在编制和工资经费限额内，对专业性较强的职位实行聘任制，解决专业人才不足问题。

27．深入落实党风廉政建设主体责任和监督责任。明确国税系统党组主体责任和纪检机构监督责任，厘清责任边界，强化责任担当，细化履职要求，加大问责力度，完善纪检体制机制。全面推进内控机制信息化建设，2016 年将内控制度和要求嵌入到税收征管和财务管理软件中，最大限度防范廉政风险、减少执法风险，促进干部廉洁从税。

（六）构建税收共治格局

建立健全党政领导、税务主责、部门合作、社会协同、公众参与的税收共治格局，着力解决税收环境不够优、全社会诚信纳税意识不够强等问题。

28．推进涉税信息共享。加快税收征管法修订和实施进程，依法规范涉税信息的提供，落实相关各方法定义务。建立统一规范的信息交换平台和信息共享机制，保障国税、地税部门及时获取第三方涉税信息，解决征纳双方信息不对称问题。依法建立健全税务部门税收信息对外提供机制，保障各有关部门及时获取和使用税收信息，强化社会管理和公共服务。全面建立纳税人信用记录，纳入统一的信用信息共享交换平台，依法向社会公开，充分发挥纳税信用在社会信用体系中的基础性作用。

29．拓展跨部门税收合作。以“三证合一、一照一码”改革为契机，扩大与有关部门合作的范围和领域，实现信息共享、管理互助、信用互认。探索政府购买税收服务。规范和发挥涉税专业服务社会组织在优化纳税服务、提高征管效能等方面的积极作用。

30．健全税收司法保障机制。司法部门要依法支持税务部门工作，确保税法得到严格实施。公安部门要加强涉税犯罪案件查处的力量，健全公安部派驻税务总局联络机制，指导各级公安部门开展涉税犯罪案件查处工作。加强涉税案件审判队伍专业化建设，由相对固定的审判人员、合议庭审理涉税案件。推行税收法律顾问和公职律师制度。

31．加强税法普及教育。将税法作为国家普法教育的重要内容。把税法教育纳入国民教育体系，加强对青少年的税法宣传教育。开展经常性的税收宣传工作，增强全社会的税法意识。

三、组织实施

深化国税、地税征管体制改革是一项系统工程，要在党中央、国务院统一领导下组织实施，稳妥推进。

（一）提高思想认识。各地区各部门要从推进国家治理体系和治理能力现代化的高度深刻认识深化国税、地税征管体制改革的重大意义，切实增强责任感和使命感，扎实做好工作，确保改革取得实效。

（二）强化组织协调。各级党委和政府要建立健全深化国税、地税征管体制改革的领导机制，明确和落实工作责任。税务部门要加强组织协调，抓好具体方案的研究制定、贯彻推进和督促落实工作。各相关部门要结合职责分工，落实具体支持措施。

（三）稳步有序实施。结合深化财税体制改革进程，明确改革的路线图和时间表，确保 2016 年基本完成重点改革任务，2017 年年底前努力把各项改革举措做实。具体安排是：2015 年至 2016 年上半年，在上海市、江苏省、河南省、重庆市进行综合改革试点，在北京市、湖北省、广东省、陕西省、宁夏回族自治区、深圳市进行专项改革试点；2016 年下半年，总结经验，扩大试点，在全国范围内稳步推进改革；2017 年，总结实施情况，完善具体措施，确保改革任务基本到位。执行中的重大问题要及时向党中央、国务院报告。

（四）加强舆论引导。重视和加强宣传工作，及时回应社会关切，正确引导社会预期，最大限度凝聚共识，为深化国税、地税征管体制改革营造良好环境。

中共中央 国务院关于全面实施预算绩效管理的意见[①]

（2018 年 9 月 1 日）

全面实施预算绩效管理是推进国家治理体系和治理能力现代化的内在要求，是深化财税体制改革、建立现代财政制度的重要内容，是优化财政资源配置、提升公共服务质量的关键举措。为解决当前预算绩效管理存在的突出问题，加快建成全方位、全过程、全覆盖的预算绩效管理体系，现提出如下意见。

一、全面实施预算绩效管理的必要性

党的十八大以来，在以习近平同志为核心的党中央坚强领导下，各地区各部门认真贯彻落实党中央、国务院决策部署，财税体制改革加快推进，预算管理制度持续完善，财政资金使用绩效不断提升，对我国经济社会发展发挥了重要支持作用。但也要看到，现行预算绩效管理仍然存在一些突出问题，主要是：绩效理念尚未牢固树立，一些地方和部门存在重投入轻管理、重支出轻绩效的意识；绩效管理的广度和深度不足，尚未覆盖所有财政资金，一些领域财政资金低效无效、闲置沉淀、损失浪费的问题较为突出，克扣挪用、截留私分、虚报冒领的问题时有发生；绩效激励约束作用不强，绩效评价结果与预算安排和政策调整的挂钩机制尚未建立。

当前，我国经济已由高速增长阶段转向高质量发展阶段，正处

① 《中共中央 国务院关于全面实施预算绩效管理的意见》，《中华人民共和国国务院公报》，2018 年 29 期。

在转变发展方式、优化经济结构、转换增长动力的攻关期，建设现代化经济体系是跨越关口的迫切要求和我国发展的战略目标。发挥好财政职能作用，必须按照全面深化改革的要求，加快建立现代财政制度，建立全面规范透明、标准科学、约束有力的预算制度，以全面实施预算绩效管理为关键点和突破口，解决好绩效管理中存在的突出问题，推动财政资金聚力增效，提高公共服务供给质量，增强政府公信力和执行力。

二、总体要求

（一）指导思想。以习近平新时代中国特色社会主义思想为指导，全面贯彻党的十九大和十九届二中、三中全会精神，坚持和加强党的全面领导，坚持稳中求进工作总基调，坚持新发展理念，紧扣我国社会主要矛盾变化，按照高质量发展的要求，紧紧围绕统筹推进“五位一体”总体布局和协调推进“四个全面”战略布局，坚持以供给侧结构性改革为主线，创新预算管理方式，更加注重结果导向、强调成本效益、硬化责任约束，力争用3—5年时间基本建成全方位、全过程、全覆盖的预算绩效管理体系，实现预算和绩效管理一体化，着力提高财政资源配置效率和使用效益，改变预算资金分配的固化格局，提高预算管理水平和政策实施效果，为经济社会发展提供有力保障。

（二）基本原则

——坚持总体设计、统筹兼顾。按照深化财税体制改革和建立现代财政制度的总体要求，统筹谋划全面实施预算绩效管理的路径和制度体系。既聚焦解决当前最紧迫问题，又着眼健全长效机制；既关注预算资金的直接产出和效果，又关注宏观政策目标的实现程度；既关注新出台政策、项目的科学性和精准度，又兼顾延续政策、项目的必要性和有效性。

——坚持全面推进、突出重点。预算绩效管理既要全面推进，将绩效理念和方法深度融入预算编制、执行、监督全过程，构建事前事中事后绩效管理闭环系统，又要突出重点，坚持问题导向，聚焦提升覆盖面广、社会关注度高、持续时间长的重大政策、项目的实施效果。

——坚持科学规范、公开透明。抓紧健全科学规范的管理制度，完善绩效目标、绩效监控、绩效评价、结果应用等管理流程，健全共性的绩效指标框架和分行业领域的绩效指标体系，推动预算绩效管理标准科学、程序规范、方法合理、结果可信。大力推进绩效信息公开透明，主动向同级人大报告、向社会公开，自觉接受人大和社会各界监督。

——坚持权责对等、约束有力。建立责任约束制度，明确各方预算绩效管理职责，清晰界定权责边界。健全激励约束机制，实现绩效评价结果与预算安排和政策调整挂钩。增强预算统筹能力，优化预算管理流程，调动地方和部门的积极性、主动性。

三、构建全方位预算绩效管理格局

（三）实施政府预算绩效管理。将各级政府收支预算全面纳入绩效管理。各级政府预算收入要实事求是、积极稳妥、讲求质量，必须与经济社会发展水平相适应，严格落实各项减税降费政策，严禁脱离实际制定增长目标，严禁虚收空转、收取过头税费，严禁超出限额举借政府债务。各级政府预算支出要统筹兼顾、突出重点、量力而行，着力支持国家重大发展战略和重点领域改革，提高保障和改善民生水平，同时不得设定过高民生标准和擅自扩大保障范围，确保财政资源高效配置，增强财政可持续性。

（四）实施部门和单位预算绩效管理。将部门和单位预算收支全面纳入绩效管理，赋予部门和资金使用单位更多的管理自主权，围绕部门和单位职责、行业发展规划，以预算资金管理为主线，统筹考虑资产和业务活动，从运行成本、管理效率、履职效能、社会效应、可持续发展能力和服务对象满意度等方面，衡量部门和单位整体及核心业务实施效果，推动提高部门和单位整体绩效水平。

（五）实施政策和项目预算绩效管理。将政策和项目全面纳入绩效管理，从数量、质量、时效、成本、效益等方面，综合衡量政策和项目预算资金使用效果。对实施期超过一年的重大政策和项目实行全周期跟踪问效，建立动态评价调整机制，政策到期、绩效低下的政策和项目要及时清理退出。

四、建立全过程预算绩效管理链条

（六）建立绩效评估机制。各部门各单位要结合预算评审、项目审批等，对新出台重大政策、项目开展事前绩效评估，重点论证立项必要性、投入经济性、绩效目标合理性、实施方案可行性、筹资合规性等，投资主管部门要加强基建投资绩效评估，评估结果作为申请预算的必备要件。各级财政部门要加强新增重大政策和项目预算审核，必要时可以组织第三方机构独立开展绩效评估，审核和评估结果作为预算安排的重要参考依据。

（七）强化绩效目标管理。各地区各部门编制预算时要贯彻落实党中央、国务院各项决策部署，分解细化各项工作要求，结合本地区本部门实际情况，全面设置部门和单位整体绩效目标、政策及项目绩效目标。绩效目标不仅要包括产出、成本，还要包括经济效益、社会效益、生态效益、可持续影响和服务对象满意度等绩效指标。各级财政部门要将绩效目标设置作为预算安排的前置条件，加强绩效目标审核，将绩效目标与预算同步批复下达。

（八）做好绩效运行监控。各级政府和各部门各单位对绩效目标实现程度和预算执行进度实行“双监控”，发现问题要及时纠正，确保绩效目标如期保质保量实现。各级财政部门建立重大政策、项目绩效跟踪机制，对存在严重问题的政策、项目要暂缓或停止预算拨款，督促及时整改落实。各级财政部门要按照预算绩效管理要求，加强国库现金管理，降低资金运行成本。

（九）开展绩效评价和结果应用。通过自评和外部评价相结合的方式，对预算执行情况开展绩效评价。各部门各单位对预算执行情况以及政策、项目实施效果开展绩效自评，评价结果报送本级财政部门。各级财政部门建立重大政策、项目预算绩效评价机制，逐步开展部门整体绩效评价，对下级政府财政运行情况实施综合绩效评价，必要时可以引入第三方机构参与绩效评价。健全绩效评价结果反馈制度和绩效问题整改责任制，加强绩效评价结果应用。

五、完善全覆盖预算绩效管理体系

（十）建立一般公共预算绩效管理体系。各级政府要加强一般公共预算绩效管理。收入方面，要重点关注收入结构、征收效率和优惠政策实施效果。支出方面，要重点关注预算资金配置效率、使用效益，特别是重大政策和项目实施效果，其中转移支付预算绩效管理要符合财政事权和支出责任划分规定，重点关注促进地区间财力协调和区域均衡发展。同时，积极开展涉及一般公共预算等财政资金的政府投资基金、主权财富基金、政府和社会资本合作（PPP）、政府采购、政府购买服务、政府债务项目绩效管理。

（十一）建立其他政府预算绩效管理体系。除一般公共预算外，各级政府还要将政府性基金预算、国有资本经营预算、社会保险基金预算全部纳入绩效管理，加强四本预算之间的衔接。政府性基金预算绩效管理，要重点关注基金政策设立延续依据、征收标准、使用效果等情况，地方政府还要关注其对专项债务的支撑能力。国有资本经营预算绩效管理，要重点关注贯彻国家战略、收益上缴、支出结构、使用效果等情况。社会保险基金预算绩效管理，要重点关注各类社会保险基金收支政策效果、基金管理、精算平衡、地区结构、运行风险等情况。

六、健全预算绩效管理制度

（十二）完善预算绩效管理流程。围绕预算管理的主要内容和环节，完善涵盖绩效目标管理、绩效运行监控、绩效评价管理、评价结果应用等各环节的管理流程，制定预算绩效管理制度和实施细则。建立专家咨询机制，引导和规范第三方机构参与预算绩效管理，严格执业质量监督管理。加快预算绩效管理信息化建设，打破“信息孤岛”和“数据烟囱”，促进各级政府和各部门各单位的业务、财务、资产等信息互联互通。

（十三）健全预算绩效标准体系。各级财政部门要建立健全定量和定性相结合的共性绩效指标框架。各行业主管部门要加快构建分行业、分领域、分层次的核心绩效指标和标准体系，实现科学合理、细化量化、可比可测、动态调整、共建共享。绩效指标和标准体系要与基本公共服务标准、部门预算项目支出标准等衔接匹配，突出结果导向，重点考核实绩。创新评估评价方法，立足多维视角和多元数据，依托大数据分析技术，运用成本效益分析法、比较法、因素分析法、公众评判法、标杆管理法等，提高绩效评估评价结果的客观性和准确性。

七、硬化预算绩效管理约束

（十四）明确绩效管理责任约束。按照党中央、国务院统一部署，财政部要完善绩效管理的责任约束机制，地方各级政府和各部门各单位是预算绩效管理的责任主体。地方各级党委和政府主要负责同志对本地区预算绩效负责，部门和单位主要负责同志对本部门本单位预算绩效负责，项目责任人对项目预算绩效负责，对重大项目的责任人实行绩效终身责任追究制，切实做到花钱必问效、无效必问责。

（十五）强化绩效管理激励约束。各级财政部门要抓紧建立绩效评价结果与预算安排和政策调整挂钩机制，将本级部门整体绩效与部门预算安排挂钩，将下级政府财政运行综合绩效与转移支付分配挂钩。对绩效好的政策和项目原则上优先保障，对绩效一般的政策和项目要督促改进，对交叉重复、碎片化的政策和项目予以调整，对低效无效资金一律削减或取消，对长期沉淀的资金一律收回并按照有关规定统筹用于亟需支持的领域。

八、保障措施

（十六）加强绩效管理组织领导。坚持党对全面实施预算绩效管理工作的领导，充分发挥党组织的领导作用，增强把方向、谋大局、定政策、促改革的能力和定力。财政部要加强对全面实施预算绩效管理工作的组织协调。各地区各部门要加强对本地区本部门预算绩效管理的组织领导，切实转变思想观念，牢固树立绩效意识，结合实际制定实施办法，加强预算绩效管理力量，充实预算绩效管理人员，督促指导有关政策措施落实，确保预算绩效管理延伸至基层单位和资金使用终端。

（十七）加强绩效管理监督问责。审计机关要依法对预算绩效管理情况开展审计监督，财政、审计等部门发现违纪违法问题线索，应当及时移送纪检监察机关。各级财政部门要推进绩效信息公开，重要绩效目标、绩效评价结果要与预决算草案同步报送同级人大、同步向社会主动公开，搭建社会公众参与绩效管理的途径和平台，自觉接受人大和社会各界监督。

（十八）加强绩效管理工作考核。各级政府要将预算绩效结果纳入政府绩效和干部政绩考核体系，作为领导干部选拔任用、公务员考核的重要参考，充分调动各地区各部门履职尽责和干事创业的积极性。各级财政部门负责对本级部门和预算单位、下级财政部门预算绩效管理工作情况进行考核。建立考核结果通报制度，对工作成效明显的地区和部门给予表彰，对工作推进不力的进行约谈并责令限期整改。

全面实施预算绩效管理是党中央、国务院作出的重大战略部署，是政府治理和预算管理的深刻变革。各地区各部门要更加紧密地团结在以习近平同志为核心的党中央周围，把思想认识和行动统一到党中央、国务院决策部署上来，增强“四个意识”，坚定“四个自信”，提高政治站位，把全面实施预算绩效管理各项措施落到实处，为决胜全面建成小康社会、夺取新时代中国特色社会主义伟大胜利、实现中华民族伟大复兴的中国梦奠定坚实基础。

国务院关于印发实施更大规模减税降费后调整中央与地方收入划分改革推进方案的通知[①]

（2019 年 9 月 26 日）

各省、自治区、直辖市人民政府，国务院各部委、各直属机构：

现将《实施更大规模减税降费后调整中央与地方收入划分改革推进方案》印发给你们，请认真贯彻执行。

实施更大规模减税降费后调整中央与地方收入划分改革推进方案

为进一步理顺中央与地方财政分配关系，支持地方政府落实减税降费政策、缓解财政运行困难，按照党中央、国务院决策部署，现就实施更大规模减税降费后调整中央与地方收入划分改革制定如下方案。

一、基本原则

（一）保持现有财力格局总体稳定。调动中央与地方两个积极性，稳定分税制改革以来形成的中央与地方收入划分总体格局，巩固增值税“五五分享”等收入划分改革成果。

（二）建立更加均衡合理的分担机制。按照深化增值税改革、建立留抵退税制度的要求，在保持留抵退税中央与地方分担比例不

① 《国务院关于印发实施更大规模减税降费后调整中央与地方收入划分改革推进方案的通知》，《中华人民共和国国务院公报 》，2019 年 29 期。

变的基础上，合理调整优化地方间的分担办法。

（三）稳步推进健全地方税体系改革。适时调整完善地方税税制，培育壮大地方税税源，将部分条件成熟的中央税种作为地方收入，增强地方应对更大规模减税降费的能力。

二、主要改革措施

（一）保持增值税“五五分享”比例稳定。《国务院关于印发全面推开营改增试点后调整中央与地方增值税收入划分过渡方案的通知》（国发〔2016〕26号）确定的2—3年过渡期到期后，继续保持增值税收入划分“五五分享”比例不变，即中央分享增值税的50%、地方按税收缴纳地分享增值税的50%。进一步稳定社会预期，引导各地因地制宜发展优势产业，鼓励地方在经济发展中培育和拓展税源，增强地方财政“造血”功能，营造主动有为、竞相发展、实干兴业的环境。

（二）调整完善增值税留抵退税分担机制。建立增值税留抵退税长效机制，结合财政收入形势确定退税规模，并保持中央与地方“五五”分担比例不变。为缓解部分地区留抵退税压力，增值税留抵退税地方分担的部分（50%），由企业所在地全部负担（50%）调整为先负担15%，其余35%暂由企业所在地一并垫付，再由各地按上年增值税分享额占比均衡分担，垫付多于应分担的部分由中央财政按月向企业所在地省级财政调库。合理确定省以下退税分担机制，切实减轻基层财政压力。具体办法由财政部研究制定。

（三）后移消费税征收环节并稳步下划地方。按照健全地方税体系改革要求，在征管可控的前提下，将部分在生产（进口）环节征收的现行消费税品目逐步后移至批发或零售环节征收，拓展地方收入来源，引导地方改善消费环境。具体调整品目经充分论证，逐项报批后稳步实施。先对高档手表、贵重首饰和珠宝玉石等条件成熟的品目实施改革，再结合消费税立法对其他具备条件的品目实施改革试点。改革调整的存量部分核定基数，由地方上解中央，增量部分原则上将归属地方，确保中央与地方既有财力格局稳定。具体办法由财政部会同税务总局等部门研究制定。

三、工作要求

（一）加强组织领导。财政部要加强对中央与地方收入划分改革工作的组织协调，抓紧制定具体实施办法。各省级人民政府要结合本地实际，进一步建立健全中央与地方收入划分改革工作的协调机制，明确责任分工，强化协同配合，督促指导本级部门和辖区内市县全面贯彻落实。国务院有关部门要全力配合改革，协助做好对各地区各行业改革落实情况的跟踪监测。

（二）严肃财经纪律。财政部要会同有关部门认真审核、严格把关，防止一些地方人为干预税收、突击做基数。各地区要按本方案要求推进改革，严肃查处干预企业经营、操纵税源分布、地方市场保护等违规行为，防止为了短期和局部利益，搞违规政策洼地。各级税务机关要做好改革后税收征管工作，严厉打击虚开发票和偷逃骗税行为，坚决堵塞征管漏洞。

（三）推进配套改革。本方案确定的中央与地方收入划分改革措施到位后，各省、自治区、直辖市及计划单列市人民政府要结合本地实际，进一步改革和完善省以下财政管理体制，理顺省以下各级政府间收入划分关系，均衡省以下地区间财力，促进基本公共服务均等化。

实施更大规模减税降费是应对当前经济下行压力的关键之举，调整中央与地方收入划分改革是落实减税降费政策的重要保障。各地区各部门要更加紧密地团结在以习近平同志为核心的党中央周围，坚持以习近平新时代中国特色社会主义思想为指导，增强“四个意识”、坚定“四个自信”、做到“两个维护”，抓好本方案的贯彻实施工作，建立权责清晰、财力协调、区域均衡的中央与地方财政关系，为减税降费政策落实创造条件，确保让企业和人民群众有实实在在的获得感，为全面建成小康社会收官打下决定性基础，以优异成绩庆祝中华人民共和国成立 70 周年。

中共中央办公厅 国务院办公厅印发《关于进一步深化税收征管改革的意见》[①]

（2021 年 3 月 24 日）

近年来，我国税收制度改革不断深化，税收征管体制持续优化，纳税服务和税务执法的规范性、便捷性、精准性不断提升。为深入推进税务领域“放管服”改革，完善税务监管体系，打造市场化法治化国际化营商环境，更好服务市场主体发展，现就进一步深化税收征管改革提出如下意见。

一、总体要求

（一）指导思想。以习近平新时代中国特色社会主义思想为指导，全面贯彻党的十九大和十九届二中、三中、四中、五中全会精神，围绕把握新发展阶段、贯彻新发展理念、构建新发展格局，深化税收征管制度改革，着力建设以服务纳税人缴费人为中心、以发票电子化改革为突破口、以税收大数据为驱动力的具有高集成功能、高安全性能、高应用效能的智慧税务，深入推进精确执法、精细服务、精准监管、精诚共治，大幅提高税法遵从度和社会满意度，明显降低征纳成本，充分发挥税收在国家治理中的基础性、支柱性、保障性作用，为推动高质量发展提供有力支撑。

（二）工作原则。坚持党的全面领导，确保党中央、国务院决策部署不折不扣落实到位；坚持依法治税，善于运用法治思维和法

① 《中共中央办公厅 国务院办公厅印发〈关于进一步深化税收征管改革的意见〉》，《中华人民共和国国务院公报》，2021 年 10 期。

治方式深化改革，不断优化税务执法方式，着力提升税收法治化水平；坚持为民便民，进一步完善利企便民服务措施，更好满足纳税人缴费人合理需求；坚持问题导向，着力补短板强弱项，切实解决税收征管中的突出问题；坚持改革创新，深化税务领域“放管服”改革，推动税务执法、服务、监管的理念和方式手段等全方位变革；坚持系统观念，统筹推进各项改革措施，整体性集成式提升税收治理效能。

（三）主要目标。到2022年，在税务执法规范性、税费服务便捷性、税务监管精准性上取得重要进展。到2023年，基本建成“无风险不打扰、有违法要追究、全过程强智控”的税务执法新体系，实现从经验式执法向科学精确执法转变；基本建成“线下服务无死角、线上服务不打烊、定制服务广覆盖”的税费服务新体系，实现从无差别服务向精细化、智能化、个性化服务转变；基本建成以“双随机、一公开”监管和“互联网+监管”为基本手段、以重点监管为补充、以“信用+风险”监管为基础的税务监管新体系，实现从“以票管税”向“以数治税”分类精准监管转变。到2025年，深化税收征管制度改革取得显著成效，基本建成功能强大的智慧税务，形成国内一流的智能化行政应用系统，全方位提高税务执法、服务、监管能力。

二、全面推进税收征管数字化升级和智能化改造

（四）加快推进智慧税务建设。充分运用大数据、云计算、人工智能、移动互联网等现代信息技术，着力推进内外部涉税数据汇聚联通、线上线下有机贯通，驱动税务执法、服务、监管制度创新和业务变革，进一步优化组织体系和资源配置。2022年基本实现

法人税费信息“一户式”、自然人税费信息“一人式”智能归集，2023年基本实现税务机关信息“一局式”、税务人员信息“一员式”智能归集，深入推进对纳税人缴费人行为的自动分析管理、对税务人员履责的全过程自控考核考评、对税务决策信息和任务的自主分类推送。2025年实现税务执法、服务、监管与大数据智能化应用深度融合、高效联动、全面升级。

（五）稳步实施发票电子化改革。2021年建成全国统一的电子发票服务平台，24小时在线免费为纳税人提供电子发票申领、开具、交付、查验等服务。制定出台电子发票国家标准，有序推进铁路、民航等领域发票电子化，2025年基本实现发票全领域、全环节、全要素电子化，着力降低制度性交易成本。

（六）深化税收大数据共享应用。探索区块链技术在社会保险费征收、房地产交易和不动产登记等方面的应用，并持续拓展在促进涉税涉费信息共享等领域的应用。不断完善税收大数据云平台，加强数据资源开发利用，持续推进与国家及有关部门信息系统互联互通。2025年建成税务部门与相关部门常态化、制度化数据共享协调机制，依法保障涉税涉费必要信息获取；健全涉税涉费信息对外提供机制，打造规模大、类型多、价值高、颗粒度细的税收大数据，高效发挥数据要素驱动作用。完善税收大数据安全治理体系和管理制度，加强安全态势感知平台建设，常态化开展数据安全风险评估和检查，健全监测预警和应急处置机制，确保数据全生命周期安全。加强智能化税收大数据分析，不断强化税收大数据在经济运行研判和社会管理等领域的深层次应用。

三、不断完善税务执法制度和机制

（七）健全税费法律法规制度。全面落实税收法定原则，加快推进将现行税收暂行条例上升为法律。完善现代税收制度，更好发挥税收作用，促进建立现代财税体制。推动修订税收征收管理法、反洗钱法、发票管理办法等法律法规和规章。加强非税收入管理法治化建设。

（八）严格规范税务执法行为。坚持依法依规征税收费，做到应收尽收。同时，坚决防止落实税费优惠政策不到位、征收“过头税费”及对税收工作进行不当行政干预等行为。全面落实行政执法公示、执法全过程记录、重大执法决定法制审核制度，推进执法信息网上录入、执法程序网上流转、执法活动网上监督、执法结果网上查询，2023 年基本建成税务执法质量智能控制体系。不断完善税务执法及税费服务相关工作规范，持续健全行政处罚裁量基准制度。

（九）不断提升税务执法精确度。创新行政执法方式，有效运用说服教育、约谈警示等非强制性执法方式，让执法既有力度又有温度，做到宽严相济、法理相融。坚决防止粗放式、选择性、“一刀切”执法。准确把握一般涉税违法与涉税犯罪的界限，做到依法处置、罚当其责。在税务执法领域研究推广“首违不罚”清单制度。坚持包容审慎原则，积极支持新产业、新业态、新模式健康发展，以问题为导向完善税务执法，促进依法纳税和公平竞争。

（十）加强税务执法区域协同。推进区域间税务执法标准统一，实现执法信息互通、执法结果互认，更好服务国家区域协调发展战略。简化企业涉税涉费事项跨省迁移办理程序，2022 年基本实现资质异地共认。持续扩大跨省经营企业全国通办涉税涉费事项范围，2025 年基本实现全国通办。

（十一）强化税务执法内部控制和监督。2022 年基本构建起全面覆盖、全程防控、全员有责的税务执法风险信息化内控监督体系，将税务执法风险防范措施嵌入信息系统，实现事前预警、事中阻断、事后追责。强化内外部审计监督和重大税务违法案件“一案双查”，不断完善对税务执法行为的常态化、精准化、机制化监督。

四、大力推行优质高效智能税费服务

（十二）确保税费优惠政策直达快享。2021 年实现征管操作办法与税费优惠政策同步发布、同步解读，增强政策落实的及时性、确定性、一致性。进一步精简享受优惠政策办理流程和手续，持续扩大“自行判别、自行申报、事后监管”范围，确保便利操作、快速享受、有效监管。2022 年实现依法运用大数据精准推送优惠政策信息，促进市场主体充分享受政策红利。

（十三）切实减轻办税缴费负担。积极通过信息系统采集数据，加强部门间数据共享，着力减少纳税人缴费人重复报送。全面推行税务证明事项告知承诺制，拓展容缺办理事项，持续扩大涉税资料由事前报送改为留存备查的范围。

（十四）全面改进办税缴费方式。2021 年基本实现企业税费事项能网上办理，个人税费事项能掌上办理。2022 年建成全国统一规范的电子税务局，不断拓展“非接触式”、“不见面”办税缴费服务。逐步改变以表单为载体的传统申报模式，2023 年基本实现信息系统自动提取数据、自动计算税额、自动预填申报，纳税人缴费人确认或补正后即可线上提交。

（十五）持续压减纳税缴费次数和时间。落实《优化营商环境条例》，对标国际先进水平，大力推进税（费）种综合申报，依法简并部分税种征期，减少申报次数和时间。扩大部门间数据共享范围，加快企业出口退税事项全环节办理速度，2022 年税务部门办理正常出口退税的平均时间压缩至 6 个工作日以内，对高信用级别企业进一步缩短办理时间。

（十六）积极推行智能型个性化服务。全面改造提升 12366 税费服务平台，加快推动向以 24 小时智能咨询为主转变，2022 年基本实现全国咨询“一线通答”。运用税收大数据智能分析识别纳税人缴费人的实际体验、个性需求等，精准提供线上服务。持续优化线下服务，更好满足特殊人员、特殊事项的服务需求。

（十七）维护纳税人缴费人合法权益。完善纳税人缴费人权利救济和税费争议解决机制，畅通诉求有效收集、快速响应和及时反馈渠道。探索实施大企业税收事先裁定并建立健全相关制度。健全纳税人缴费人个人信息保护等制度，依法加强税费数据查询权限和留痕等管理，严格保护纳税人缴费人及扣缴义务人的商业秘密、个人隐私等，严防个人信息泄露和滥用等。税务机关和税务人员违反有关法律法规规定、因疏于监管造成重大损失的，依法严肃追究责任。

五、精准实施税务监管

（十八）建立健全以“信用+风险”为基础的新型监管机制。健全守信激励和失信惩戒制度，充分发挥纳税信用在社会信用体系中的基础性作用。建立健全纳税缴费信用评价制度，对纳税缴费信用高的市场主体给予更多便利。在全面推行实名办税缴费制度基础上，实行纳税人缴费人动态信用等级分类和智能化风险监管，既以最严格的标准防范逃避税，又避免影响企业正常生产经营。健全以“数据集成+优质服务+提醒纠错+依法查处”为主要内容的自然人税费服务与监管体系。依法加强对高收入高净值人员的税费服务与监管。

（十九）加强重点领域风险防控和监管。对逃避税问题多发的行业、地区和人群，根据税收风险适当提高“双随机、一公开”抽查比例。对隐瞒收入、虚列成本、转移利润以及利用“税收洼地”、“阴阳合同”和关联交易等逃避税行为，加强预防性制度建设，加大依法防控和监督检查力度。

（二十）依法严厉打击涉税违法犯罪行为。充分发挥税收大数据作用，依托税务网络可信身份体系对发票开具、使用等进行全环节即时验证和监控，实现对虚开骗税等违法犯罪行为惩处从事后打击向事前事中精准防范转变。健全违法查处体系，充分依托国家“互联网+监管”系统多元数据汇聚功能，精准有效打击“假企业”虚开发票、“假出口”骗取退税、“假申报”骗取税费优惠等行为，保障国家税收安全。对重大涉税违法犯罪案件，依法从严查处曝光并按照有关规定纳入企业和个人信用记录，共享至全国信用信息平台。

六、持续深化拓展税收共治格局

（二十一）加强部门协作。大力推进会计核算和财务管理信息化，通过电子发票与财政支付、金融支付和各类单位财务核算系统、电子档案管理信息系统的衔接，加快推进电子发票无纸化报销、入账、归档、存储。持续深化“银税互动”，助力解决小微企业融资难融资贵问题。加强情报交换、信息通报和执法联动，积极推进跨部门协同监管。

（二十二）加强社会协同。积极发挥行业协会和社会中介组织作用，支持第三方按市场化原则为纳税人提供个性化服务，加强对涉税中介组织的执业监管和行业监管。大力开展税费法律法规的普及宣传，持续深化青少年税收法治教育，发挥税法宣传教育的预防和引导作用，在全社会营造诚信纳税的浓厚氛围。

（二十三）强化税收司法保障。公安部门要强化涉税犯罪案件查办工作力量，做实健全公安派驻税务联络机制。实行警税双方制度化、信息化、常态化联合办案，进一步畅通行政执法与刑事执法衔接工作机制。检察机关发现负有税务监管相关职责的行政机关不依法履责的，应依法提出检察建议。完善涉税司法解释，明晰司法裁判标准。

（二十四）强化国际税收合作。深度参与数字经济等领域的国际税收规则和标准制定，持续推动全球税收治理体系建设。落实防止税基侵蚀和利润转移行动计划，严厉打击国际逃避税，保护外资企业合法权益，维护我国税收利益。不断完善“一带一路”税收征管合作机制，支持发展中国家提高税收征管能力。进一步扩大和完善税收协定网络，加大跨境涉税争议案件协商力度，实施好对所得避免双重征税的双边协定，为高质量引进来和高水平走出去提供支撑。

七、强化税务组织保障

（二十五）优化征管职责和力量。强化市县税务机构在日常性服务、涉税涉费事项办理和风险应对等方面的职责，适当上移全局性、复杂性税费服务和管理职责。不断优化业务流程，合理划分业务边界，科学界定岗位职责，建立健全闭环管理机制。加大人力资源向风险管理、税费分析、大数据应用等领域倾斜力度，增强税务稽查执法力量。

（二十六）加强征管能力建设。坚持更高标准、更高要求，着力建设德才兼备的高素质税务执法队伍，加大税务领军人才和各层次骨干人才培养力度。高质量建设和应用学习兴税平台，促进学习日常化、工作学习化。

（二十七）改进提升绩效考评。在实现税务执法、税费服务、税务监管行为全过程记录和数字化智能归集基础上，推动绩效管理渗入业务流程、融入岗责体系、嵌入信息系统，对税务执法等实施自动化考评，将法治素养和依法履职情况作为考核评价干部的重要内容，促进工作质效持续提升。

八、认真抓好贯彻实施

（二十八）加强组织领导。各地区各有关部门要增强“四个意识”、坚定“四个自信”、做到“两个维护”，切实履行职责，密切协调配合，确保各项任务落地见效。税务总局要牵头组织实施，积极研究解决工作推进中遇到的重大问题，加强协调沟通，抓好贯彻落实。地方各级党委和政府要按照税务系统实行双重领导管理体制的要求，在依法依规征税收费、落实减税降费、推进税收共治、强化司法保障、深化信息共享、加强税法普及、强化经费保障等方面提供支持。

（二十九）加强跟踪问效。在税务领域深入推行“好差评”制度，适时开展监督检查和评估总结，减轻基层负担，促进执法方式持续优化、征管效能持续提升。

（三十）加强宣传引导。税务总局要会同有关部门认真做好宣传工作，准确解读便民利企政策措施，及时回应社会关切，正确引导社会预期，营造良好舆论氛围。

国务院批转财政部关于国营企业试行企业基金的规定①

（国务院 1978 年 11 月 25 日发布）

为了贯彻落实党中央的战略决策，鼓励企业加强经济核算，改善经营管理，全面完成和超额完成国家计划，为社会主义建设多积累资金，从一九七八年起，国营企业按照本规定提取和使用企业基金。

一、凡是全面完成国家下达的产量，品种，质量，原材料、燃料、动力消耗，劳动生产率，成本，利润（包括实现利润和上交利润，下同），流动资金占用等八项年度计划指标以及供货合同的工业企业，可按职工全年工资总额的百分之五提取企业基金，没有全面完成计划指标，但完成产量、品种、质量、利润等四项指标和供货合同的工业企业，可按工资总额的百分之三提取企业基金；在完成产量、品种、质量、利润等四项指标和供货合同的前提下，其他指标每多完成一项，按工资总额增提百分之零点五的企业基金。没有完成产量、品种、质量、利润等四项指标和供货合同的，不能提取企业基金。

由于提高劳动生产率，减少职工人数和工资总额的工业企业，仍按原工资总额计算提取企业基金。

农牧、交通运输、商业、粮食、外贸、建筑安装企业以及其他企业的考核指标和计算提取办法，由中央主管部门比照工业企业的

① 《国务院批转财政部关于国营企业试行企业基金的规定》，《财务与会计》，1979 年 01 期。

办法提出方案，商得财政部同意后执行。

经国家批准的政策性亏损企业，比照盈利企业提取企业基金。其他计划亏损企业全面完成各项计划指标的，可按工资总额百分之三提取企业基金，没有全面完成计划指标的，应按上述规定相应地少提或不提企业基金。因经营管理不善，发生计划外亏损的企业，一律不能提取企业基金。

二、各级企业主管部门，按其直属企业汇总计算，盈亏相抵以后的利润，超过国家年度利润指标的部分，可分别按下列比例提取企业基金：

石油、电力、外贸部门百分之五；

冶金、机械、化工、轻工、纺织、森工、建材、建筑安装、邮电、交通运输、商业、水产、物资供销和其他部门百分之十；煤炭、军工、粮食、农牧部门百分之十五。

已经实行利润留成的部门，不再从超计划利润中提取企业基金。

三、企业提取企业基金，应在年度终了后，列入决算，报主管部门审查并经同级财政部门批准，从实现的利润中提取，亏损企业在财政拨补的亏损额中提取。主管部门应提取的企业基金，须列入汇总的年度决算，经同级财政部门批准后办理退库。

在考核企业是否提取企业基金和计算提取数额时，如因国家调整价格和税率，对年度计划执行有较大影响的，可以调整计算。

四、企业基金主要用于举办职工集体福利设施，举办农副业，弥补职工福利基金的不足以及发给职工社会主义劳动竞赛奖金等项开支。

企业主管部门提取的企业基金，百分之五十用于奖励超额完成利润指标的企业；百分之五十用于生产技术措施和本系统企业的集体福利设施。不准用于主管部门机关本身的各项开支。

企业基金用于集体福利设施和生产技术措施的，应分别纳入有关计划，所需材料、设备要纳入物资分配计划，统一平衡。

五、企业基金的使用，要厉行节约，反对浪费，量入为出，不得超支。要实行民主管理，群众监督，提取情况要向职工公布，使用计划要经过职工代表大会讨论批准。

六、企业和企业主管部门要正确计算各项指标的完成情况，按照规定计算提取企业基金，不得弄虚作假，虚报冒领。如有违反，当年不准提取企业基金。

七、经国家批准实行利润留成的某些企业，除另有规定者外，可按本规定提取企业基金，并按提取企业基金后的利润数额计算提取利润留成。

八、各地区、各部门可以根据本规定，制定具体实施办法，报财政部备案。

国务院关于国营企业实行利润留成的规定 ①

（国务院 1979 年 7 月 13 日发布）

为了适当扩大企业的财权，加强企业的经济责任，把国家、企业和个人三者的利益结合起来，以利于进一步调动企业和职工群众的主动性和积极性，切实搞好经济核算，挖掘增产节约潜力，为国家多积累资金，国家对企业逐步实行利润留成办法。为此，特作如下规定。

一、所有实行独立经济核算的企业，经营有盈利的，可以按国家核定的比例留用一部分利润，用于建立生产发展基金、职工福利基金和职工奖励基金。

二、企业利润留成的比例，按照下列各项费用与开支占利润总额的百分比，分别予以核定：

（一）企业按规定从利润中提取的新产品试制费；

（二）国家拨给企业和企业主管部门的科研经费和职工技术培训经费；

（三）按工资总额的百分之十一从成本或费用中提取的职工福利基金；

（四）按国家规定从成本或费用中开支的奖金。

以上（一）、（二）项为生产发展基金，（三）项为职工福利基金，（四）项为职工奖励基金。

上述各项资金从利润中留用后，国家不再拨款，也不再在成本

① 《国务院关于国营企业实行利润留成的规定》，中国经济网，2021 年 9 月 27 日。

或费用中开支，国务院批转的《财政部关于国营企业试行企业基金的规定》（国发〔1978〕246 号）停止执行。

对于盈利水平低的企业和目前没有条件实行上述利润留成办法的企业，可以适当缩小利润留成资金的范围，只把职工福利基金和职工奖励基金同利润挂钩，核定留用比例。发展生产所需资金，仍实行原来的办法。

亏损企业不实行利润留成办法，仍按现行财务管理制度执行。这些企业的职工福利费和奖金，应低于盈利企业的水平。属于政策性亏损的企业，实际亏损额低于国家规定的计划亏损额的部分，也可以采取留成的办法。

三、利润留成比例的核定，采取分级审定的办法。各省、市、自治区和中央主管部门所属企业总的利润留成比例，由财政部核定。然后分别由省、市、自治区财政部门和中央主管部门在财政部核定的利润留成比例内，分别核定所属企业的利润留成比例。省、市、自治区和中央主管部门需要统筹使用的生产发展基金，可以在国家核定的本地区、本部门利润留成比例内，留用一部分，但不宜过多。

利润留成比例核定以后，原则上三年不变。如遇有以下情况，可以调整留成比例：

（一）国家调整价格和改革税制对企业利润有较大影响的；

（二）工业改组中对产品、部分生产车间进行调整，对企业利润有较大影响的；

（三）国家投资新建、扩建的车间、分厂投产后，企业利润有较多增加的。

四、企业对提取的利润留成资金和主管部门对统筹使用的利润留成资金，有权自行安排使用，但不得把生产发展基金和福利基金用作奖励。

五、利润留成资金的使用计划和使用情况，必须经职工代表大会讨论，充分听取群众意见，实行民主管理，接受群众监督。

六、用利润留成资金安排兴建的福利设施和其它工程项目，所需材料设备由各级计委和物资管理部门纳入计划。

七、实行利润留成制度，扩大了企业的财权，也加重了企业的责任。企业必须对经营成果负责，对利润留成资金的合理使用负责。企业一定要认真贯彻执行党的方针、政策和国家计划，遵守财经纪律，严禁弄虚作假。如有违反，应当扣减利润留成，并对领导人员和有关人员追究责任，严肃处理。

本规定可在扩大国营工业企业经营管理自主权的试点企业中试行，以便总结经验，逐步推广。

国务院批转财政部《关于国营企业利改税试行办法》[①]

（国务院 1983 年 4 月 24 日发布）

为了有利于促进国营企业建立与健全经济责任制，进一步把经济搞活，正确处理国家、企业和职工三者利益，保证国家财政收入的稳定增长，特制定本办法。

一、凡有盈利的国营大中型企业（包括金融保险组织），均根据实现的利润，按百分之五十五的税率交纳所得税。企业交纳所得税后的利润，一部分上交国家，一部分按照国家核定的留利水平留给企业。上交国家的部分，可根据企业不同情况，分别采取下列办法处理：

（一）递增包干上交的办法。

（二）固定比例上交的办法。

（三）交纳调节税的办法。即：按企业应上交国家的利润部分占实现利润的比例，确定调节税税率。在执行中，基数利润部分，按调节税率交纳；比上年增长利润部分，减征百分之六十的调节税。

（四）定额包干上交的办法。只限于矿山企业实行，其他企业不实行这个办法。

对税后利润略低于或略高于国家核定留利水平的企业，交纳所得税以后，可以不再上交利润，国家也不再减征所得税。但对达不到国家核定的留利，差额极大的，可在一定期限内适当减征

① 《国务院批转财政部〈关于国营企业利改税试行办法〉》，《财务与会计》，1983 年 05 期。

所得税。

上述各种办法的计算基数和递增包干上交比例、固定上交比例、调节税税率，以及定额包干上交数额，采取逐级核定的办法，一定三年不变。

财政部门先对企业主管部门（局或公司），就上述前三种办法中商定一种办法，按其所属盈利企业计算核定。然后由企业主管部门在核定数内，根据所属企业的不同情况，选定不同的办法，商得财政部门同意后，分别落实到每个企业。

上述各种上交办法的计算数据，原则上应以一九八二年的决算为准，但在计算企业留利时，对原来留利水平过于不合理和重复提取的，应作合理调整。

二、凡有盈利的国营小型企业，应当根据实现的利润，按八级超额累进税率交纳所得税。交税以后，由企业自负盈亏，国家不再拨款。但对税后利润较多的企业，国家可以收取一定的承包费，或者按固定数额上交一部分利润。

国营小型企业的标准是：按照一九八二年底的数据，工业企业（包括商办工业），固定资产原值不超过一百五十万元、年利润不超过二十万的；商业零售企业，以自然门店为单位，职工人数不超过二、三十人、年利润不超过三万元或五万元的。省、市、自治区人民政府可根据本地区的实际情况，在上述标准范围内，作适当调整。个别城市放宽标准的，要商财政部确定。

三、营业性的宾馆、饭店、招待所和饮食服务公司，都交纳百分之十五的所得税，国家不再拨款。企业税后有盈有亏的，由商业主管部门调剂处理。对京、津、沪三市的饮食服务公司，商业部可从企业税后留利中适当集中一部分资金，用于补助边远、困难地区。

四、县以上供销社，以县公司或县供销社为单位，按八级超额累进税率交纳所得税，国家不再拨款；除国家规定的个别商品外，国家也不再负担价格补贴。

县以上供销社税后利润较多的，在抵顶原由财政拨款的仓库建设资金、简易建筑费、行政事业费和原在企业留利、费用中开支的补充流动资金、扶持生产资金、企业基金、职工奖金之后，剩余部分核定一个基数，上交财政。税后利润不足原来合理留利水平（包括原来财政拨款数额）的，经过批准，在一定期限内减征所得税。

五、军工企业、邮电企业、粮食企业、外贸企业、农牧企业和劳改企业，仍按原定办法执行，在条件成熟后，再实行利改税办法，少数企业经国务院或财政部、国家经委批准实行首钢利润递增包干办法的，在包干期满之前，也暂不实行利改税办法。

六、国营企业归还各种专项贷款时，经财政部门审查同意后，可用交纳所得税之前该贷款项目新增的利润归还。

今后企业向银行申请专项贷款时，必须有百分之十至百分之三十的自有资金用于贷款项目。

七、对亏损企业的亏损补贴，按以下办法处理：

（一）凡属国家政策允许的亏损，继续实行定额补贴或计划补贴等办法，超亏不补，减亏分成，一定三年不变。

（二）凡属经营管理不善造成的亏损，由企业主管部门责成企业限期进行整顿。在规定期限内，经财政部门审批后，适当给予亏损补贴；超过期限的，一律不再弥补。

八、实行利改税以后，遇有价格调整、税率变动，影响企业利润时，除变化较大，并经国务院专案批准，允许调整递增包干上交基数和递增比例，或固定上交比例，或调节税税率，或定额包干上交数以外，一律不作调整。

九、国营企业所得税的管理工作，由税务机关办理；国营企业的财务会计工作，由财政部门办理。

十、国营企业应当根据财税部门核定的时间，按期预交所得税和上交利润。逾期不交的，财税部门应当根据滞纳的数额，按日加收千分之一的滞纳金，由企业从留利中支付。对于屡催不交的企业，财税部门应当通知银行，将其滞纳税款和利润连同滞纳金一并在企业存款中扣交。

十一、国营企业在纳税问题上与税务机关有分歧意见时，应当按照税务机关的意见先交纳税款，然后才能向上一级税务机关申请复议。如果对复议作出的决定不服，地方企业可向省一级财政部门申诉，作出裁决；中央企业可向财政部申诉，作出裁决。

十二、国营企业不得偷漏所得税和应当上交的利润。发现有弄虚作假行为的，应当处以相当于侵占国家收入一倍以下的罚款，由企业从留利中支付。对企业领导人员和直接责任者，还要追究行政责任。情节严重、触犯刑律的，由财税部门移送司法机关，追究刑事责任。

十三、企业税后留用的利润应当合理分配使用。要建立新产品试制基金、生产发展基金、后备基金、职工福利基金和职工奖励基金。前三项基金的比例不得低于留利总额的百分六十，后两项基金的比例不得高于百分之四十，由省、市、自治区，人民政府根据实际情况作出规定。

十四、实行利改税以后，企业主管部门仍可从所属企业留利中集中一部分资金，用于重点技术改造、增设商业网点和建造简易建筑等开支。集中的比例或数额，由企业主管部门确定，报财政部门备案。

十五、企业交纳的所得税，按企业的隶属关系、分别上交中央财政和地方财政。中央对省、市、自治区的财政包干基数和分成比例，一律不作调整。

县办工业企业要区别大小，分别按本办法实行利改税，因此而影响县财政原来应得的那一部分好处，由省、市、自治区通过其它方式解决。

十六、民族自治地区实行利改税，原则上按本办法执行。但在某些具体做法上，可由自治区或省人民政府因地制宜，作出必要的灵活规定。原来国家对民贸企业的照顾仍予保留。

十七、各地区在实行本办法以前，对一些企业已实行自定的包干办法、留成办法和承包制的，应分别不同情况处理：

（一）各级商业批发站、大中型商办工业和大中型零售商店，不能搞利润包干或利润承包制。已经搞了的，改按本办法核实换算后执行。

（二）小型零售商店已经按利润承包的，要改为税后承包；少数马上改过来确有困难的，经省、市、自治区人民政府审查批准，可以推迟到一九八四年改过来。

（三）各地已实行首钢包干办法的企业，过去未报经国务院或财政部、国家经委审批的，要重新报批。已经搞了其他包干办法的，要改按本办法核实换算后执行。正在酝酿搞首钢包干办法和其他包干办法的，都应改按本办法执行。

（四）本办法下达前已实行利改税的企业，应改按本办法核实换算后执行。个别马上改过来有困难的，经省、市、自治区人民政府审查批准，可以推迟到一九八四年改过来。

对上述经批准推迟到一九八四年实行利改税办法的少数企业，将来核定留利水平时，仍应按一九八二年的数据计算。

十八、实施本办法的具体规定，由财政部制定。

十九、本办法自一九八三年一月一日起实行，征税工作从一九八三年六月一日开始办理。过去颁布的有关规定与本办法有抵触的，一律以本办法为准。

期刊摘要

▼

国营企业实行利改税的理论与实践

（邓子基，《中国经济问题》，1983 年 06 期）

国营企业实行利改税，指的是把国营企业在交纳工商税后的“上交利润”改为按国家规定的税种、税率交纳税金，由企业支配剩下利润，逐步把国家与国营企业的财政分配关系通过税收形式固定下来。对国营企业实行利改税，这是我国财政税收制度的一项重大改革，也是我国经济管理体制改革的一个重要方面。本文对利改税的理论进行了全面阐述，并对利改税的改革实践进行了描述。

试论利改税的必要性

（袁振宇，《经济理论与经济管理》，1984 年 03 期）

对国营企业实行利改税，是国家和企业之间分配关系上的重大改革，是在改革经济体制的过程中，经过充分酝酿和准备之后而采取的一项重要决策。1983 年，利改税第一步的办法已在全国绝大多数国营企业中实行。现在国务院又决定进一步完善利改税制度，即由目前的税利并存的制度向彻底的利改税制度过渡。但是，各方面对利改税仍有不同的认识。因此，如何从理论上来阐明利改税的必要性，就不仅具有重要的理论意义，而且具有重要的现实意义。本文试就这个问题作些粗浅的探讨。

中国财政体制改革理论的回顾与展望

（杨志勇，《财经问题研究》，2006 年 06 期）

中国财政体制改革是财政改革的重要组成部分。反思财政改革的经验和教训，探索进一步改革方向，需要对相关理论进行回顾。本文理论综述主要围绕不同时期的财政体制改革问题展开进行，对计划经济条件下的财政体制改革理论综述，总结了从财政包干制到分税制改革的有关理论，对分税制改革之后财政体制的进一步改革的主要理论进行归纳，并对相关理论的发展进行了展望。

优化财政支出结构，建立保障民生的长效机制

（谢旭人，《经济日报》，2008 年 11 月 5 日）

财政支出的总量和结构安排，体现党的方针政策，反映政府活动的范围和内容，涉及广大人民群众的切身利益。着力优化财政支出结构，大力支持保障和改善民生，是实现“五个统筹”、促进经济社会协调发展、维护社会公平正义最直接有效的手段，有利于促

进科学发展和社会和谐。党的十六大以来，财政部门继续优化支出结构，不断加大对公共服务领域的投入，向社会主义新农村建设倾斜，向社会事业发展的薄弱环节倾斜，向困难地区、基层和群众倾斜，着力建立保障和改善民生的长效机制。

中国财政分权演进轨迹及其创新路径

（刘卓珺、于长革，《改革》，2010 年 06 期）

新中国成立 60 多年来，中国财政分权在发展战略调整和经济转型中渐进式演进，财政管理体制实现了从集权到分权、从行政性分权向经济性分权的跨越，走出了一条中国特色的财政分权之路。当然，作为全新的探索与尝试，我国现行财政分权体制并不完善，财政分权改革亟待进一步深化：明辨是非，始终坚持分税制这一正确的改革方向；在坚持渐进式改革的前提下，正确处理好渐进与突变的关系；统筹安排，积极推进相关配套改革。

供给侧结构性改革背景下的税收政策与改革

（倪红日，《建投投资评论》，2016 年 01 期）

供给侧结构性改革成为 2016 年乃至“十三五”计划期间的重要宏观决策。基于供给侧结构性改革的大背景，中国税收制度也有必要进行结构性调整。短中期的税收政策以减税为主，与“营改增”的税制改革和完善同时并进，力求达到制度完善与政策性减税的统一。从长远考虑，为了适应制造业数据化变革和经济全球化的大趋势，中国税收制度还需要更进一步的结构性调整，本文提出逐步弱化生产经营环节的税收，将税收逐步集中于收入分配和消费环节的设想，并相应提出税制结构性调整的框架性建议。

改革开放以来中央与地方财政关系的演进与展望

（倪红日，《经济纵横》，2018 年 06 期）

改革开放以来，我国中央与地方财政关系经历了中央“放权”改革、提高中央财政财权财力的分税制改革、以“共享”和“共担”为特点的中央与地方财政分配关系调整的三个阶段。本文对这三个改革阶段进行了描述，分析取得的一定成效，以及存在一些问题。根据新时代解决社会主要矛盾的要求，中央与地方财政关系应以实现基本公共服务均等化为主要目标，在经济不断发展的基础上，逐步缩小地区间差距。

中国政府预算改革四十年回顾与前瞻
——从“国家预算”到“预算国家”的探索

（马蔡琛、苗珊，《经济纵横》，2018 年 06 期）

改革开放以来，我国预算管理制度经过四十年的变迁，适应了社会主义市场经济体制的需求，并逐渐向匹配国家治理体系和治理能力现代化要求的方向转变。总体看，预算改革经历了萌芽、兴起和再出发三个阶段，内在需求和外在要求共同推动改革，预算管理制度呈现“中间扩散型”和“供给主导型”并存的特点，既有渐进式也有激进式的预算改革，并呈不断形成又不断突破路径依赖的趋势。为建立完善的现代预算管理制度，还需要从提高预算资金的配置效率和支出效果、加强总额控制、强化预算监督等维度加以谋划，以实现财政可持续。

中国税制改革 40 年的简要回顾（1978—2018 年）

（刘佐，《经济研究参考》，2018 年 38 期）

从时间和内容上来看，1978 年以后中国税制的改革进程大体可以划分为 3 个阶段：第一个阶段是 1978 年至 1993 年（党的十一届三中全会至党的十四届三中全会以前），即经济转轨时期，这是中国改革开放以后税制改革的起步阶段，以建立涉外税收制度为起点，继而实行了国营企业利改税和工商税收制度的全面改革。第二个阶段是 1994 年至 2013 年（党的十四届三中全会至党的十八届三中全会以前），即建立社会主义市场经济体制时期，这是中国改革开放以后税制改革深化的阶段，逐步建立了适应社会主义市场经济体制需要的新税制。第三个阶段从 2013 年（党的十八届三中全会）开始，即全面深化改革时期，这是中国改革开放以后税制改革完善的阶段，改革的目标是建立适应新时代要求的现代税收制度。

数字经济背景下我国税收面临的挑战与应对

（冯守东、王爱清，《税务研究》，2021 年 03 期）

数字经济背景下我国税收面临的挑战：税收立法的基础发生改变；传统税收管辖权受到冲击；税收征管难度加大。借鉴国际社会的应对方案，提出我国的应对策略：丰富现代税收理论，为税收立法提供理论支撑；完善税收管辖权规则，将数字经济活动纳入征税范围；改革现行税制，实行零售环节代扣代缴机制；加强对数字经济的税收监管，构建平台税务登记制和智能化的信息系统；加强国际税收协作，积极推动达成公平统一的国际规则。

推动税收征管变革的纲领性文件——《关于进一步深化税收征管改革的意见》评析

（谭珩，《税务研究》，2021 年 06 期）

中共中央办公厅、国务院办公厅印发了《关于进一步深化税收征管改革的意见》(以下简称《意见》)，本文对《意见》进行了全面评析，认为《意见》正是基于税收征管的历史演进逻辑与世界税收征管变革的新趋势，对未来一个时期我国深化税收征管改革所作的顶层设计，其核心内容在于“合成”，以数据驱动、系统集成和全局统筹的理念，突出税收征管数字化转型，不断健全制度框架并通过数字技术赋能新型税收征管模式，无论从改革广度还是深度看，都具有鲜明的时代性、实践性。

全球化与国际税收改革

（廖体忠，《国际税收》，2021 年 08 期）

在全球化背景下，国际垄断资本主义对现行国际税收体系的挑战越来越大，如何通过适当的改革对全球利润和公司税基进行再分配，以构建相对公平的国际税收体系，是时代赋予我们的重大课题。本文论述了四个问题：现行国际税收体系、全球化带来的挑战、国际税收改革、改革的影响及中国的选择。

化解地方债务风险需要新一轮财政体制改革

（殷剑峰，《经济》，2021 年 10 期）

2015 年财政部推出“开前门、堵后门”的政策之后，地方债务融资渠道逐渐脱离原先隐秘的各种影子银行和“银行的影子”，转向了公开的债券市场。这种债务融资透明化的过程对于降低地方融资成本、延长债务融资期限产生了积极的作用。但是，另一方面，由于地方政府债券、城投债券等两种主要地方债务工具均为银行和非银行金融机构持有，地方债务风险有可能会通过公开的债券市场传染、放大成为系统性金融风险。本文分析了风险产生的原因，并提出在分税制改革 27 年之后，呼吁新的一轮财政体制改革。

“入世”二十年我国涉外税制的回顾与展望

（王智烜、邓力平,《税务研究》，2021年11期）

本文回顾了我国入世二十年间涉外税制的发展进程：我国入世之初涉外税制的特征可以归纳为“同步、调整、适应”，即经济全球化、世界性税制改革与我国改革开放三大进程同步发展，我国涉外税制持续调整，以不断适应“三个同步”的要求。而当我国入世进入到第二个十年，涉外税制的特征就转换成“顺应、改革、发展”，即我国坚定不移地顺应经济全球化发展，进一步改革我国涉外税制，推动我国经济可持续发展。党的十八大以来，中国特色社会主义进入新时代，新时代我国涉外税制又展现了新特征。总结这一历程，在中国特色社会主义进入新时代时，以期为新征程上我国税收进一步助力高水平开放、开拓合作共赢新局面提供有益借鉴。

党领导财政工作的重大成就和历史经验

（刘昆，《学习时报》，2021 年 11 月 8 日）

本文高度概括了百年来财政工作取得的成就，全面总结了经验，尤其对财税体制改革进行了梳理。新中国成立以来，财税体制经历多次重大变革，探索实行统收统支、分级包干、分税制等改革，不断调整各级政府间、政府与企业个人的分配关系。党的十八大以来，财税体制改革围绕推进国家治理体系和治理能力现代化的总目标加快推进。深化增值税改革，全面实施资源税从价计征改革，调整消费税征收范围和环节，初步建立综合与分类相结合的个人所得税制，开征环境保护税，税收调节功能不断改善。稳步推进中央与地方财政事权和支出责任划分改革，陆续出台基本公共服务领域以及教育、科技等分领域改革方案，逐步调整完善中央与地方收入划分，改革和完善中央对地方转移支付制度，设立共同财政事权转移支付，更好保障各级政府履职尽责和推进基本公共服务均等化。完善预算分配机制，健全由“四本预算”构成的政府预算体系，强化预算编制、执行、公开和绩效管理，实施中期财政规划管理和跨年度预算平衡机制，现代财税体制加快形成。

1993 年拉开序幕的税制和分税制改革

（楼继伟，《财政研究》，2022 年 02 期）

回首四十年的改革开放历程，1993 年拉开序幕的持续十年的经济体制改革，是我国市场经济制度建设的重要里程碑。这一轮改革涉及价格、财税、金融、外贸、投资、企业、社会保险、住房、农业等多个领域，是“整体推进和重点突破相结合”，综合配套、整体性的改革。其中，1993 年准备、1994 年全面推开的税制和分税制改革作为这一轮改革的启动部分，奠定了符合市场经济基本要求的财政制度框架，对其后中国财税改革和国家治理体系的发展完善都产生了深远的影响。

著作介绍

▼

《中华人民共和国财政税收史论纲》

（赵梦涵著，山东大学出版社 1993 年出版）

本书是一部系统、完整论述当代中国财税制度的专业史论著，在编写内容和体例上，突出国家悦收在国家财悦体系中县有特殊的地位。本书将国家税收作为国家对财政体来中的一个独立环节来进行研究，具有一定的理论意义和实践意义。作者在本书中始终把财政问题视作经济问题，把社会主义财政放到再生产中来研究。从国民经济恢复时期到第七个五年计划，通过国家财政收支活动，客观地反映国民经济发展的情况和存在的问题，并促使问题的解决。本书在紧紧把握这个全局的前提下来论述具体的财政现象。在宏观分析方面，不仅重视定性分析，而且重视定量分析。

《公共经济学视阈的财税改革问题探究》

（孙玉霞著，光明日报出版社 2016 年出版）

本书探究的问题涉及税收理论和税制改革、税收遵从、财政收支优化、高等教育财政以及政府购买服务等领域，既有对财税理论和政策的关注研究，也有对财政经济形势的把握和跟踪分析。在为财政宏观调控和政府决策提供学理支撑的同时，也为财政改革实践提供了参考选项。

《中国国际税收 40 年——与改革开放同行》

（中国国际税收研究会著，中国税务出版社 2018 年出版）

本书全景展示 1978 年至 2018 年 9 月国际税收创始、发展和提升的历程，力求内容客观准确，用语朴素精练。主体内容包括 1 份综述性主报告和 10 份分述性分报告，以及大事记（1978—2018 年）。主报告分阶段记述中国国际税收 40 年发展的主要脉络，分报告专题记述“区域税收政策”“产业税收政策”“涉外税收管理”“税收协定”“反避税”“国际合作”“海洋石油税收”“港澳台税收政策”“国际税收理论研究”“国际税收展望”等 10 个领域的重要历史节点和成果，力求全面涵盖中国国际税收 40 年来的发展情况和事业成就。

《改革开放 40 年与中国财税法发展》

（刘剑文著，法律出版社 2018 年出版）

本书集中关注三个主要问题，即改革开放四十年中国财税法的整体发展；改革开放四十年中国财税法治理论与实践的发展；改革开放四十年中国财税部门法的发展。重点关注的问题有：财税法的学科探索、范畴研究，财税法学组织建设、对外交流，税收债务关系理论、税收立法、财税行政、税务司法、纳税人权利保护、预算法、政府性收费制度、政府采购法发展、个人所得税法发展、企业所得税法发展、绿色税法发展、税收程序法、国际税法发展等。总结和反省中国财税法学科 40 年发展历程，有助于正视学科发展历史，寻找进一步发展的新领域和新范式，彰显学科重要性和社会影响力，推进财税体制改革和财税法治建设的纵深发展。萃取和提炼中国财税法学科发展经验，将增益其他新兴、交叉学科的繁荣发展，共创中国新时代法学研究、法治建设新局面。

《现代财政制度——全面深化财税体制改革的选择》

（余丽生著，中国财政经济出版社 2018 年出版）

本书围绕全面深化财税体制改革，强化财政职能作用，建立现代财政制度这条主线，从财政改革、财政发展、财政政策、政府理财四个角度来分析财政、思考财政、研究财政，为实现两个百年的奋斗目标、实现中华民族伟大复兴的中国梦更好发挥好财政的职能作用，承担起财政是国家治理的基础和重要支柱的职责。

《国家治理与财税改革》

（冯俏彬著，人民出版社 2018 年出版）

财政是国家治理的基础与重要支柱，通过改变国家取钱、分钱、用钱的方式，就可以实质性地改变国家的治理模式。本书从推进国家治理体系和治理能力现代化这一广阔的视角入手，既对财政如何在经济、行政、社会治理等方面发挥作用进行了阐述，也对创新财政基础理论、深化财税改革进行了论述。

《中国财税制度改革与创新发展研究》

（宋凤轩著，科学出版社 2019 年出版）

本书通过对作者多年研究成果的总结和梳理，展现了我国 20 世纪 80 年代以来财税制度探索和改革的实践，内容涉及财政体制、财政收支、税收制度、税制结构、税收功能以及国际借鉴等方方面面，通过对这些改革措施的梳理和评价，可以全面地了解我国财税制度改革的内在主线，为进一步深化财税体制改革，发挥财税制度在经济社会发展中的作用具有较大的参考价值。

《地方视阈下财税改革现实问题研究》

（王振宇著，经济科学出版社 2019 年出版）

本书收录了作者 2008—2017 年十年间撰写的文稿。在汇编整理过程中进行了归纳分类，形成了财政体制优化、地方财政发展、财政改革深化、财政政策完善、财政综合考量等 5 个单元，每篇文稿的相关背景、合作者等讯息也在脚注中予以标注。

《中国财税制度改革研究》

（杜萌昆著，中国社会科学出版社 2020 年出版）

本书是作者在改革开放过程中，从参加财税制度改革研究的 170 余篇论文中选出来的论文汇集。按照主题的不同，全书分为四篇：中国财税制度改革理论、中国财税制度改革经验、一些国家（地区）财税体制改革经验和中国财税制度改革建议。通过该书，可以了解中国近四十年财税改革的历程和学术观点，其中的观点和建议仍然具有重要参考价值。

《大国财税改革：构建普惠式增长的基石》

（林双林著，北京大学出版社 2020 年出版）

随着中国经济和社会的发展，公共财政将在经济持续增长、收入分配日益公平、自然环境不断改善中发挥越来越重要的作用。《大国财税改革：构建普惠式增长的基石》汇集了作者近年来关于财政改革的思考和政策建议，涵盖中国财政改革诸多方面，包括税制改革、政府支出改革、基础设施建设、地方政府债务、中央地方财政关系、养老保障改革、医疗保障改革、收入再分配、财政政策与可持续发展，等等。这些建议都经过深思熟虑，建立在对财政理论的深入研究、对发达国家财政改革经验的认真总结，以及对中国财政实际调查和分析的基础上，对中国当前和未来财政改革具有重要参考价值。全书采用深入浅出的写作风格，力图用简单的语言讲述深奥的道理，为学者、政策制定者、青年学生提供了解中国财政及其改革方向的有效途径。

《新供给：深化财税改革》

（贾康等 著，中国财政经出版社 2020 年出版）

本书分为财政体制改革篇、税收改革与调节篇、财政管理篇、PPP创新篇，系统介绍了中国经济进入新供给新常态时期，必须深化财税体制改革的重大意义及迫切性。本书在梳理财税改革现状基础上，充分吸收了同行的智力贡献，在总结历史改革经验的同时，提出不同着力点上的应对策略，具有很强的理论与现实指导意义。

《中国财税改革绩效评价：制度及其影响》

（刘畅著，中国人民大学出版社 2021 年出版）

本书立足于我国现代财政制度建立过程中的政策实践，运用现代经济学的实证研究方法，对“分税制”改革实施以来中央和地方政府出台的若干重大财政政策的效果进行了评估。通过科学系统地评估“分税制”改革实施以来我国一些重大财政制度和财政政策实践的效果，帮助我们更好地总结经验和教训，为今后一个时期我国建立现代财政制度、进一步完善社会主义市场经济体系具有一定的参考价值。

《视角与对策：财税制度改革的法律思维》

（胡翔著，中国政法大学出版社 2023 年出版）

本书从多个维度切入，讨论了当前我国财税制度改革中的热点话题。这些话题主要分为理论探究和制度分析两个方面。具体而言，第一章介绍了财税责任、财税行为以及纳税人的义务；第二章介绍了个人所得税的发展方向，以及房地产税立法的模式选择；第三章介绍了司法环节的财税法建构；第四章从数字经济、绿色经济发展的角度出发，对新时期的财税制度进行了展望。本书强调财税法学研究的问题意识，对相关问题的探讨具备一定的前瞻性。

重要文献索引

▼

政策文件

《国务院关于实行“划分收支、分级包干”财政管理体制的通知》，《中华人民共和国国务院公报》，1980年01期。

《国务院办公厅关于今后不再批准企业实行利润递增包干等办法的通知》，《中华人民共和国国务院公报》，1984年16期。

《财政部关于在国营企业推行利改税第二步改革的报告》，《中华人民共和国国务院公报》，1984年23期。

《国务院批转财政部关于在国营企业推行利改税第二步改革的报告的通知》，《吉林省人民政府报告》，1984年20期。

《国务院关于实行"划分税种、核定收支、分级包干"财政管理体制的规定的通知》，《中华人民共和国国务院公报》，1985年10期。

《国务院关于加强预算外资金管理的通知》，《中华人民共和国国务院公报》，1986年14期。

《国务院关于地方实行财政包干办法的决定》，中国政府网，2011年10月10日。

《国务院关于实行分税制财政管理体制的决定》，《中华人民共和国国务院公报》，1993年30期。

《国务院关于加强预算外资金管理的决定》,《中华人民共和国国务院公报》，1996 年 21 期。

《国务院关于固定资产投资项目试行资本金制度的通知》,《中华人民共和国国务院公报》，1996 年 27 期。

《中共中央 国务院关于治理向企业乱收费、乱罚款和各种摊派等问题的决定》,《中华人民共和国国务院公报》，1997 年 24 期。

《国务院关于进一步做好农村税费改革试点工作的通知》,《中华人民共和国国务院公报》，2001 年 15 期。

《国务院办公厅转发财政部关于深化收支两条线改革进一步加强财政管理意见的通知》,《中华人民共和国国务院公报》，2002 年 02 期。

《国务院办公厅关于做好 2002 年扩大农村税费改革试点工作的通知》,《中华人民共和国国务院公报》，2002 年 14 期。

《国务院关于全面推进农村税费改革试点工作的意见》,《中华人民共和国国务院公报》，2003 年 14 期。

《国务院办公厅关于进一步加强农村税费改革试点工作的通知》,《中华人民共和国国务院公报》，2003 年 33 期。

《国家税务总局关于进一步加强税收征管基础工作若干问题的意见》,《中国财经审计法规选编》，2004 年 03 期。

《国务院关于投资体制改革的决定》,《中华人民共和国国务院公报》，2004 年 25 期。

《财政部关于加强政府非税收入管理的通知》，财政部网站，2005 年 7 月 17 日。

《财政部关于完善和推进地方部门预算改革的意见》，财政部网站，2008 年 5 月 22 日。

《关于将按预算外资金管理的收入纳入预算管理的通知》，财政部网站，2010 年 6 月 7 日。

《国务院办公厅关于进一步做好部门预算公开工作的通知》,《江西省人民政府公报》，2011 年 13 期。

《国务院关于深化预算管理制度改革的决定》,《辽宁省人民政府公报》，2014 年 19 期。

《国务院关于加强地方政府性债务管理的意见》,《宁夏回族自治区人民政府公报》，2014 年 20 期。

《国务院关于创新重点领域投融资机制鼓励社会投资的指导意见》,《宁夏回族自治区人民政府公报》，2014 年 24 期。

《国务院关于改革和完善中央对地方转移支付制度的意见》,《中华人民共和国国务院公报》，2015 年 05 期。

《国家发展改革委 国家开发银行联合推进开发性金融支持政府和社会资本合作》,《中国经贸导刊》，2015 年 09 期。

《国务院办公厅转发财政部发展改革委人民银行关于在公共服务领域推广政府和社会资本合作模式指导意见的通知》,《中华人民共和国国务院公报》，2015 年 16 期。

《中共中央办公厅 国务院办公厅印发〈深化国税、地税征管体制改革方案〉》，中国政府网，2015 年 12 月 24 日。

《财政部 税务总局关于全面推开营业税改征增值税试点的通知》,《中华人民共和国国务院公报》，2016 年 19 期。

《国务院关于推进中央与地方财政事权和支出责任划分改革的指导意见》,《中华人民共和国国务院公报》，2016 年 26 期。

《中共中央 国务院关于全面实施预算绩效管理的意见》,《中华人民共和国国务院公报》，2018 年 29 期。

《全国人民代表大会常务委员会关于授权国务院在部分地区开展房

地产税改革试点工作的决定》，《中华人民共和国全国人民代表大会常务委员会公报》，2021 年 07 期。

法律规章

《中华人民共和国中外合资经营企业所得税法》，中国财政经济出版社，1981 年版。

《中华人民共和国个人所得税法》，中国财政经济出版社，1981 年版。

《中华人民共和国外国企业所得税法》，法律出版社，1981 年版。

《建筑税征收暂行办法》，《中华人民共和国国务院公报》，1983 年 21 期。

《国营企业第二步利改税试行办法》，《中华人民共和国国务院公报》，1984 年 23 期。

《国务院关于改革建筑业和基本建设管理体制若干问题的暂行规定》，《中华人民共和国国务院公报》，1984 年 25 期。

《中华人民共和国会计法》，中国财政经济出版社，1985 年版。

《国务院关于发布〈国营企业奖金税暂行规定〉的通知》，《中华人民共和国国务院公报》，1985 年 20 期。

《集体企业奖金税暂行规定》，《中华人民共和国国务院公报》，1985 年 24 期。

《事业单位奖金税暂行规定》，《中华人民共和国国务院公报》，1985 年 28 期。

《中华人民共和国城乡个体工商业户所得税暂行条例》，《中华人民共和国国务院公报》，1986 年 02 期。

《中华人民共和国房产税暂行条例》，《中华人民共和国国务院公报》，1986年26期。

《中华人民共和国个人收入调节税暂行条例》，《中华人民共和国国务院公报》，1986年32期。

《国务院关于发布〈中华人民共和国建筑税暂行条例〉的通知》，《中华人民共和国国务院公报》，1987年18期。

《国务院关于印发投资管理体制近期改革方案的通知》，中国政府网，2011年9月1日。

《中华人民共和国城镇土地使用税暂行条例》，《中华人民共和国国务院公报》，1988年22期。

《中华人民共和国外商投资企业和外国企业所得税法》，《中华人民共和国最高人民法院公报》，1991年02期。

《中华人民共和国固定资产投资方向调节税暂行条例》，《中华人民共和国国务院公报》，1991年19期。

《中华人民共和国企业所得税暂行条例》，《中华人民共和国国务院公报》，1993年29期。

《中华人民共和国土地增值税暂行条例》，《中华人民共和国国务院公报》，1993年29期。

《中华人民共和国资源税暂行条例》，《中华人民共和国国务院公报》，1993年29期。

《中华人民共和国预算法》，法律出版社，1994年版。

《预算外资金管理实施办法》，《中国财政》，1997年02期。

《企业财务会计报告条例》，《中华人民共和国国务院公报》，2000年23期。

《中华人民共和国政府采购法》，《中华人民共和国财政部文告》，2002年16期。

《财政部关于印发《中央部门预算支出绩效考评管理办法（试行）》的通知》，财政部网站，2008 年 5 月 22 日。

《财政部关于印发〈2005 年中央财政对地方缓解县乡财政困难奖励和补助办法〉的通知》，《中华人民共和国财政部文告》，2005 年 06 期。

《中华人民共和国烟叶税暂行条例》，《中华人民共和国财政部文告》，2006 年 18 期。

《中华人民共和国车船税暂行条例》，《中华人民共和国国务院公报》，2007 年 05 期。

《中华人民共和国耕地占用税暂行条例》，《中华人民共和国国务院公报》，2008 年 01 期。

《中华人民共和国增值税暂行条例》，《中华人民共和国国务院公报》，2008 年 33 期。

《中华人民共和国消费税暂行条例》，《中华人民共和国国务院公报》，2008 年 33 期。

《中华人民共和国营业税暂行条例》，《中华人民共和国国务院公报》，2008 年 33 期。

《营业税改征增值税试点实施办法》，《山西财税》，2016 年 03 期。

《营业税改征增值税试点过渡政策的规定》，《山西财税》，2016 年 05 期。

《中华人民共和国环境保护税法》，法律出版社，2017 年版。

《事业单位财务规则》，《中华人民共和国国务院公报》，2022 年 11 期。

报刊文章

邓子基，《国营企业实行利改税的理论与实践 》，《中国经济问题》，1983 年 06 期。

袁振宇，《试论利改税的必要性》，《经济理论与经济管理》，1984 年 03 期。

田纪云，《关于完善利改税制度的几个问题》，《经济日报》，1984 年 1 月 12 日。

何振一，《评利改税》，《改革》，1988 年 02 期。

王卫星、周凯利，《向"分税制"迈出的坚实一步——"分税包干"财政体制评析》，《经济研究参考》，1992 年Z4 期。

翁礼华，《历史不能假设——我国分税制财政管理体制改革五年之回眸》，《浙江财税与会计》，1998 年 08 期。

安体福，《公共财政的实质及其构建》，《当代财经》，1999 年 09 期。

高培勇，《市场经济体制与公共财政框架》，《税务研究》，2000 年 03 期。

马珺，《公共财政：理想与现实》，《财政研究》，2000 年 04 期。

刘尚希，《公共财政：我的一点看法》，《经济管理》，2000 年 05 期。

杨之刚，《中国分税财政体制：问题成因和改革建议》，《财贸经济》，2004 年 01 期。

项怀诚，《"分税制"改革的回顾与展望——在武汉大学 110 周年校庆专家论坛上的报告》，《武汉大学学报（哲学社会科学版）》，2004 年 01 期。

杨斌，《经济全球化的本质分析和治税策略选择》，《涉外税务》，2004 年 08 期。

张晏、龚六堂，《分税制改革、财政分权与中国经济增长》，《经济学（季刊）》，2005 年 04 期。

李俊生,《以全球化视野观察我国财政发展》,《中国财政》，2006年03期。

马蔡琛,《论阳光财政视野中的公共预算绩效管理》,《现代财经》,2006年03期。

周飞舟,《分税制十年：制度及其影响》,《中国社会科学》，2006年06期。

杨志勇,《中国财政体制改革理论的回顾与展望》,《财经问题研究》，2006年07期。

项怀诚,《中国财税体制改革回顾》,《上海财经大学学报》，2007年06期。

夏杰长,《财政向民生倾斜的理论依据、重点领域和政策思路》,《经济学动态》，2007年11期。

贾康,《中国财税改革30年:简要回顾与评述 》,《财政研究》,2008年10期。

谢旭人,《优化财政支出结构，建立保障民生的长效机制》,《经济日报》，2008年11月5日。

刘卓珺、于长革,《中国财政分权演进轨迹及其创新路径 》,《改革》，2010年06期。

田志伟、胡怡建,《“营改增”对财政经济的动态影响:基于CGE模型的分析》,《财经研究》，2014年02期。

马海涛、任强 :《迈入新阶段的中国税制改革:回顾、借鉴及展望》,《会计之友》，2015年07期。

倪红日,《供给侧结构性改革背景下的税收政策与改革》,《建投投资评论》，2016年01期。

卢洪友、王云霄,《“营改增”的财政体制影响效应研究 》,《经济社会体制比较》2016 年 03 期。

孙文胜、孔先华,《天津：减税杠杆撬动实体经济投资增长》,《中国税务报》，2016 年 8 月 29 日。

范子英、彭飞:《“营改增”的减税效应和分工效应:基于产业互联的视角》,《经济研究》，2017 年 02 期 。

闫茂旭,《分税制改革与中国经济体制思路的转换》,《中共党史研究》，2018 年 12 期。

袁建国、胡明生,《营改增对企业技术创新的激励效应》,《税务研究》，2018 年 03 期。

李永友、严岑,《服务业“营改增”能带动制造业升级吗?》,《经济研究》，2018 年 04 期。

倪红日,《改革开放以来中央与地方财政关系的演进与展望》,《经济纵横》，2018 年 06 期。

许晖、岳树民,《“营改增”的经济效应与增值税制度完善:一个文献综述》,《财经论丛》，2018 年 06 期。

马蔡琛、苗珊,《中国政府预算改革四十年回顾与前瞻——从“国家预算”到“预算国家”的探索》,《经济纵横》，2018 年 06 期。

刘植才,《我国增值税制度回顾与展望》,《税务研究》，2018 年 10 期。

刘佐,《中国税制改革 40 年的简要回顾（1978—2018 年）》,《经济研究参考》，2018 年 38 期。

范建鏋,《共和国财政 70 年：从“传统”向“现代”的转型》,《中国财经报》，2019 年 9 月 24 日。

财政部国库司,《一场“财政革命”——财政国库管理制度的改革发展》,《中国财政》，2019 年 19 期。

朱光,《我国包干财政体制的改革过程及其启示研究》,《经济研究导刊》，2019 年 05 期。

乔俊峰、张春雷,《“营改增”、税收征管行为和企业流转税税负——来自中国上市公司的证据》,《财政研究》，2019 年 07 期。

高利芳、张东旭,《营改增对企业税负的影响研究》,《税务研究》，2019 年 07 期。

肖剑,《地方政府债务发展历程、风险测度及防范 》,《青年与社会》，2019 年 11 期。

财政部预算司,《新中国成立 70 年来财政体制和预算管理改革成就》,《中国财政》，2019 年 23 期。

吴素芳,《努力探索具有北京特色的全面预算绩效管理体系》,《中国财政》，2020 年 01 期。

楼继伟,《坚持现代财政制度主线，完善中央地方财政关系》,《财政研究》，2020 年 02 期。

樊勇、李昊南,《税收征管、纳税遵从与税收优惠——对金税三期工程的政策效应评估》,《财贸经济》，2020 年 05 期。

吕冰洋、李钊,《疫情冲击下财政可持续性与财政应对研究》,《财贸经济》，2020 年 06 期。

李建强、朱军、张淑翠,《政府债务何去何从：中国财政整顿的逻辑与出路》,《管理世界》，2020 年 07 期。

席鹏辉、黄晓虹,《财政压力与地方政府行为——基于教育事权改革的准自然实验》,《财贸经济》，2020 年 07 期。

王振宇、司亚伟、成丹,《基层财政“三保压力”：历史演进、现实症结与长效机制构建》,《财政研究》，2020 年 08 期。

彭飞、许文立,《未预期的非税负担冲击:基于“营改增”的研究》,

《经济研究》，2020 年 11 期。

吕炜，《理解中国改革：一种财政的视角和方法》，《财政研究》，2020 年 11 期。

程瑜、张学升，《生态补偿领域PPP模式的合作机制构建》，《中国财政》，2020 年 14 期。

苏梽芳、陈昌楠，《“营改增”与劳动收入份额：来自中国上市公司的证据》，《财贸经济》，2021 年 01 期。

强国令、王梦月，《“营改增”与企业金融化——来自制造业的经验证据》，《金融论坛》，2021 年 02 期。

邓金钱、张娜，《中国财政体制改革的历史方位、逻辑主线与“十四五”取向》，《经济体制改革》，2021 年 03 期 。

冯守东、王爱清，《数字经济背景下我国税收面临的挑战与应对》，《税务研究》，2021 年 03 期.

杨灿明，《中国共产党领导下的百年财税改革历程、趋势和启示》，《中南财经政法大学学报》，2021 年 06 期。

谭珩，《推动税收征管变革的纲领性文件——〈关于进一步深化税收征管改革的意见〉评析》，《税务研究》，2021 年 06 期。

廖体忠，《全球化与国际税收改革》，《国际税收》，2021 年 08 期。

殷剑峰，《化解地方债务风险需要新一轮财政体制改革》，《经济》，2021 年 10 期。

罗秦、曾帅，《走向国际化的中国税收：“入世”二十周年的视角》，《税务研究》，2021 年 11 期。

王智烜、邓力平，《“入世”二十年我国涉外税制的回顾与展望》，《税务研究》，2021 年 11 期。

刘昆，《党领导财政工作的重大成就和历史经验》，《学习时报》，

2021年11月8日。

楼继伟，《1993年拉开序幕的税制和分税制改革》，《财政研究》，2022年02期。

图书著作

赵梦涵编著，《中华人民共和国财政税收史论纲》，山东大学出版社，1993年版。

刘国光主编，《财税体制突破与利益重组》，中国财政经济出版社，1993年版。

刘仲藜、桂世镛、项怀诚等主编，《中国财税改革与发展》，中国财政经济出版社，1998年版。

叶振鹏、梁尚敏，《中国财政改革二十年回顾》，中国财政经济出版社，1999年版。

马国贤著，《政府绩效管理》，复旦大学出版社，2005年版。

李萍主编，《中国政府间财政关系图解》，中国财政经济出版社，2006年版。

高培勇主编，《中国财税体制改革30年研究——奔向公共化的中国财税改革》，经济管理出版社，2008年版。

刘克崮、贾康主编，《中国财税改革三十年：亲历与回顾》，经济科学出版社，2008年版。

俞光远编著，《中国财税改革和财税法制建设30年回顾与展望》，中国税务出版社，2009年版。

刘佐著，《新中国税制60年》，中国财政经济出版社，2009年版。

卢仁法主编，《中国税法大典》，人民出版社，2011年版。

陈元著，《政府与市场之间——开发性金融的中国探索》，中信出版社，2012 年版。

胡怡建主编，《2013 年中国财政发展报告——促进发展方式转变“营改增”研究》，北京大学出版社，2013 年版。

孙玉霞著，《公共经济学视阈的财税改革问题探究》，光明日报出版社，2016 年版。

中国国际税收研究会著，《中国国际税收 40 年》，中国税务出版社，2018 年版。

冯俏彬著，《国家治理与财税改革》，人民出版社，2018 年出版。

贾康等著，《新供给：深化财税改革》，中国财政经出版社，2020 年版。

林双林著，《大国财税改革：构建普惠式增长的基石》，北京大学出版社，2020 年出版。

刘尚希、梁季等编著，《中国政府收入全景图解》2021，中国财政经济出版社，2021 年版。

中国财税体制改革大事记

▼

1978 年

2 月 17 日，财政部决定试行“增收分成，收支挂钩”的财政管理体制。

11 月 15 日，财政部税务总局向财政部党组报送《关于改革工商税制若干问题汇报提纲》，指出由于税种太少，已不能适应对外经济交流日益扩大的需要，建议适当修改工商税，开征和恢复一些税种。

11 月 25 日，国务院批转财政部《关于国营企业试行企业基金的规定》。

1979 年

7 月 13 日，国务院印发《关于国营企业实行利润留成的规定》，试行利润留成制度是把企业基金制中的按劳动工资总额提取改为按利润提取。

8 月 28 日，国务院批转《关于基本建设投资试行贷款办法的报告》和《基本建设贷款试行条例》。

1980 年

2 月 1 日，国务院印发《关于实行“划分收支，分级包干”的财政管理体制的规定》。

9 月 10 日，五届全国人大三次会议通过并颁布《中华人民共和国中外合资经营企业所得税法》和《中华人民共和国个人所得税法》。

9 月 18 日，财政部发布《国营工业企业会计制度——会计科目》和《国营工业企业会计制度——会计报表》。这是对 1973 年《国营工业企业会计制度》的重要修订和补充。

11 月 18 日，国务院批转国家计委、国家建委、财政部、中国人民建设银行《关于实行基本建设拨款改贷款的报告》，决定从 1981 年开始，凡是实行独立核算、有还款能力的企业，都应该实行基本建设投资拨款改贷款的制度。

1981 年

1 月 16 日，国务院公布《中华人民共和国国库券条例》，从当年开始发行国库券。

1 月 26 日，国务院印发《关于平衡财政收支 严格财政管理的决定》，重申国家税种的开征与停征，税目的增加与减少，税率的提高与降低，税收的加征与减免，必须统一管理。国家应征收的各项税收，必须及时地、足额地缴入国库，任何人不得截留、挪用和拖欠。偷漏税和抗税不缴的，要依法惩处。

7 月 11 日，财政部发出《关于对工业公司试行增值税和改进工商税征税办法的通知》，规定对机器机械、农业机具、日用机械三个行业的工业公司试行增值税。

9月5日，国务院批转财政部报送的《关于改革工商税制的设想》，要求各方面要统一步调，密切配合，共同做好工商税制的改革工作。

12月13日，五届全国人大四次会议通过《中华人民共和国外国企业所得税法》。

1982年

4月22日，国务院批转国家计委、财政部报送的《关于征收烧油特别税的报告》，自7月1日起征收烧油特别税。

12月1日，中共中央、国务院下发《关于征集国家能源交通重点建设基金的通知》，决定在“六五”计划的后三年，再增加二百亿元的能源交通等重点建设投资。这笔投资除了由财政、银行负责解决80亿元外，其余120亿元，从各地区、各部门、各单位的预算外资金中，用征集“国家能源交通重点建设基金”的方式解决。

12月13日，国务院公布《牲畜交易税暂行条例》。

1983年

2月28日，财政部印发《预算外资金管理试行办法》，自1983年3月1日起试行。

4月14日，国务院印发《关于城镇集体所有制经济若干政策问题的暂行规定》，规定城镇集体所有制企业应依法纳税。以安置城镇青年就业为主的集体所有制企业，可按财政部的有关规定享受定期免税或减税的照顾。少数集体所有制企业缴纳工商税确有困难的，可以按照国务院批转财政部税收管理体制的规定，适当减税或免税。

4月24日，国务院批转财政部拟订的《关于国营企业利改税试行办法》，将国营企业原来给国家上缴利润的办法改为按国家规定的税种和税率向国家缴纳税金。

6月1日，国务院开始实施第一步利改税改革。

9月20日，国务院印发《建筑税征收暂行办法》。

1984年

4月17日，财政部发出《关于对保险业务收入征收工商税的通知》，规定对保险业务征收工商税的范围为保险公司经营的国内、涉外直接保险业务取得的保险收入，税率为5%。

5月15日，国务院在向六届全国人大二次会议提交的《政府工作报告》中提出，自1984年10月起，在全国进行第二步利改税改革。

6月28日，国务院印发《国营企业奖金税暂行规定》。

9月7日，国务院向全国人大常委会提交《关于提请授权国务院改革工商税制和发布有关税收条例（草案）的议案》。

9月18日，六届全国人大常委会第七次会议通过国务院提交的议案，决定授权国务院在实施国营企业利改税和改革工商税制的过程中拟定有关税收条例，以草案形式公布试行。

同日，国务院根据全国人大常委会的决定，批转财政部《关于在国营企业推行利改税第二步改革的报告》，并印发《中华人民共和国国营企业所得税条例（草案）》和《国营企业调节税征收办法》。同时，国务院公布《中华人民共和国产品税条例（草案）》《中华人民共和国增值税条例（草案）》《中华人民共和国营业税条例（草案）》《中华人民共和国资源税条例（草案）》《中华人民共和国盐税条例（草案）》。

12月14日，国家计委、财政部、中国人民建设银行颁布《关于国家预算内基本建设投资全部由拨款改为贷款的暂行规定》，决定自1985年起，全面推行预算内投资拨款全部改为贷款。

1985 年

2 月 8 日，国务院公布《中华人民共和国城市维护建设税暂行条例》。

3 月 7 日，国务院公布《中华人民共和国进出口关税条例》和《中华人民共和国海关进出口税则》。

3 月 21 日，国务院下发《关于实行“划分税种、核定收支、分级包干”财政管理体制的规定的通知》。

3 月 22 日，国务院批转财政部拟定的《关于对进出口产品征、退产品税或增值税的规定》。

4 月 11 日，国务院公布《中华人民共和国集体企业所得税暂行条例》。

7 月 3 日，国务院印发《国营企业工资调节税暂行规定》，规定凡实行工资总额随经济效益挂钩浮动的国营企业，都要按照规定缴纳国营企业工资调节税。

8 月 24 日，国务院印发《集体企业奖金税暂行规定》，规定集体企业奖金税的征收和管理，比照《国营企业奖金税暂行规定》办理。

9 月 20 日，国务院印发《事业单位奖金税暂行规定》，对事业单位开征资金税，并根据不同情况制定了免税限额。

12 月 14 日，国家计委、财政部、中国人民建设银行联合印发《关于调整国家预算内基本建设投资拨款改贷款范围等问题的若干规定》。

1986 年

1 月 7 日，国务院公布《中华人民共和国城乡个体工商业户所得税暂行条例》。

4 月 13 日，国务院下发《关于加强预算外资金管理的通知》，要求对预算外资金实行规范管理，各级政府和财政部门据此相继实行了由财政部门“专户储存、计划管理、财政审批、银行监督”的管理办法。

4月21日，国务院公布《中华人民共和国税收征收管理暂行条例》。

4月28日，国务院印发《征收教育费附加的暂行规定》，规定凡缴纳产品税、增值税、营业税的单位和个人，除缴纳农村教育事业费附加的单位外，都应缴纳教育费附加。教育费附加率为1%。

9月15日，国务院公布《中华人民共和国房产税暂行条例》和《中华人民共和国车船使用税暂行条例》。

9月25日，国务院公布《中华人民共和国个人收入调节税暂行条例》。

1987年

4月1日，国务院公布《中华人民共和国耕地占用税暂行条例》。

6月25日，国务院公布《中华人民共和国建筑税暂行条例》。

9月12日，国务院公布第一次修订的《中华人民共和国进出口关税条例》。

12月31日，财政部印发《关于出口产品退税若干问题的规定》，规定对报关离境的出口产品退税的原则为“征多少、退多少、未征不退”和彻底退税。

1988年

6月2日，经国务院批准，在第一批试点取得初步经验的基础上，中国人民银行、财政部联合发出《关于第二批开放国库券转让市场试点实施方案》，决定进行第二批开放国库券转让市场的试点。

6月25日，国务院公布《中华人民共和国私营企业所得税暂行条例》和《关于征收私营企业投资者个人收入调节税的规定》。

7月16日，国务院下发《关于印发投资管理体制近期改革方案的通知》，并附发《国家基本建设基金管理办法》。

7 月 28 日，国务院印发《关于地方实行财政包干办法的决定》。

8 月 6 日，国务院公布《中华人民共和国印花税暂行条例》。

9 月 22 日，国务院公布《中华人民共和国筵席税暂行条例》，本条例施行日期由各省、自治区、直辖市人民政府确定。

9 月 27 日，国务院公布《中华人民共和国城镇土地使用税暂行条例》。

1989 年

2 月 14 日，国家税务局发出《关于对彩色电视机征收特别消费税有关问题的通知》。

2 月 17 日，国务院印发《国家预算调节基金征集办法》。

4 月 1 日，根据国务院的决定，国家税务局印发《关于对小轿车征收特别消费税的有关问题的规定》。

1990 年

4 月 4 日，七届全国人大三次会议通过《中华人民共和国香港特别行政区基本法》，规定中央人民政府不在香港特别行政区征税，该特别行政区实行独立的税收制度。

7 月 28 日，财政部等五部门发出《关于加强耕地占用税征收管理工作的联合通知》，要求各级司法部门配合宣传缴纳耕地占用税的政策，支持财政机关做好依法征税工作。

9 月 7 日，国务院批准《财政部关于上海浦东新区鼓励外商投资减征、免征企业所得税和工商统一税的规定》。

12 月 30 日，党的十三届七中全会通过《关于制定国民经济和社会发展十年规划和“八五”计划的建议》，提出改革财政税收体制，建立稳定的和规范化的财政税收制度。改革的方向是在划清中央和地方事权范围的前提下实行分税制。

1991 年

4 月 9 日，七届全国人大四次会议审议通过《中华人民共和国外商投资和企业外国企业所得税法》，自 1991 年 7 月 1 日施行。

4 月 16 日，国务院公布《中华人民共和国固定资产投资方向调节税暂行条例》，同时废止《中华人民共和国建筑税暂行条例》。

10 月 21 日，国务院公布《国家预算管理条例》，确定了国家预算按照复式预算编制，本条例自 1992 年 1 月 1 日施行。

1992 年

3 月 18 日，国务院公布第二次修订的《中华人民共和国进出口关税条例》。

5 月 16 日，中共中央政治局会议通过《中共中央关于加快改革，扩大开放，力争经济更好更快地上一个新台阶的意见》，明确提出加快财政体制改革步伐，实行分税制。

6 月 5 日，财政部印发《关于实行“分税制”财政体制试点办法》，选择天津市、辽宁省、沈阳市、大连市、浙江省、武汉市、重庆市、青岛市、新疆维吾尔自治区九个地方正式进行分税制改革试点。

9 月 4 日，七届全国人大常委会第二十七次会议审议通过《中华人民共和国税收征收管理法》。

11 月 30 日，财政部发布《企业会计准则》和《企业财务通则》。

12 月 31 日，国务院关税税则委员会决定，自 1992 年 12 月 31 日起降低 3371 个税目商品的进口关税税率。

1993 年

4 月 19 日，国务院在机构改革中将国家税务局改名为国家税务总局，并升格为国务院直属机构。

7 月 22 日，国务院总理办公会议决定，为了保持中国经济的持续、快速、健康发展，要加快实施财税体制改革的步伐，将原定分步实施的改革设想修正为一步到位。同时举行的全国财政工作会议和全国税务工作会议正式宣布，自 1994 年 1 月 1 日起，在全国全面推行分税制改革，不搞试点。

8 月 4 日，国务院印发《中华人民共和国税收征收管理法实施细则》。

10 月 31 日，八届全国人大常委会第四次会议通过《关于修改〈中华人民共和国个人所得税法〉的决定》，同时废止国务院 1986 年公布的《中华人民共和国城乡个体工商业户所得税暂行条例》和《中华人民共和国个人收入调节税暂行条例》。

12 月 13 日，工商税制改革启动。国务院公布《中华人民共和国增值税暂行条例》《中华人民共和国消费税暂行条例》《中华人民共和国营业税暂行条例》《中华人民共和国企业所得税暂行条例》《中华人民共和国土地增值税暂行条例》5 个税种。

12 月 15 日，国务院印发《关于实行分税制财政管理体制的决定》，自 1994 年 1 月 1 日起实行分税制财政管理体制。

12 月 25 日，国务院公布《中华人民共和国资源税暂行条例》。

12 月 29 日，八届全国人大常委会第五次会议通过《关于外商投资企业和外国企业适用增值税、消费税、营业税等税收暂行条例的决定》。

同日，八届全国人大常委会第五次会议通过修订的《中华人民共和国会计法》。

1994 年

1月28日，国务院公布《中华人民共和国个人所得税法实施条例》。

3月15日，国家税务总局印发《增值税一般纳税人申请认定办法》，规定凡增值税一般纳税人应向其企业所在地主管税务机关申请办理一般纳税人认定手续。

3月22日，八届全国人大第二次会议通过《中华人民共和国预算法》。

4月23日，国家税务总局印发《增值税小规模纳税人征收管理办法》，对小规模纳税人会计核算、财会人员基本要求作出规定。

12月29日，国务院批转关税税则委员会、财政部、国家税务总局报送的《关于第二步清理关税和进口环节税减免规定的意见》，要求加快清理关税和进口环节税减免规定，强化税收征管，保证中央财政收入。

1995 年

2月28日，八届全国人大常委会第十二次会议通过《关于修改〈中华人民共和国税收征收管理法〉的决定》。

8月11日，财政部、国家税务总局发出《关于金融业征收营业税有关问题的通知》。

12月26日，国务院下发《关于改革和调整进口税收政策的通知》。

1996 年

1月24日，经国务院批准，国务院办公厅转发国家税务总局报送的《关于调整国家税务总局、地方税务局税收征管范围的意见》。

7月6日，国务院印发《关于加强预算外资金管理的决定》，系统地规定了预算外资金管理的政策措施，指明了预算外资金管理的工作方向，标志着我国预算外资金管理工作进入一个新阶段。

1997 年

1 月 23 日，国务院办公厅转发国家税务总局报送的《深化税收征管改革方案》。

7 月 7 日，国务院公布《中华人民共和国契税暂行条例》，1950 年 4 月 3 日原政务院公布的《契税暂行条例》同时废止。

7 月 28 日，中共中央、国务院印发《关于治理向企业乱收费、乱罚款和各种摊派等问题的决定》。

12 月 23 日，财政部、国家计委发出《关于公布取消第一批行政事业性收费项目的通知》。

1998 年

6 月 22 日，经国务院批准，国务院办公厅印发《国家税务总局职能配置、内设机构和人员编制规定》。

8 月 12 日，国家税务总局印发《境外所得个人所得税征收管理暂行办法》。

10 月 14 日，党的十五届三中全会通过《中共中央关于农业和农村工作若干重大问题的决定》，提出要逐步改革农村税费制度。

1999 年

1 月 14 日，国务院第十三次常务会议通过《社会保险费征缴暂行条例》。

8 月 30 日，九届全国人大常委会第十一次会议通过《关于修改〈中华人民共和国个人所得税法〉的决定》(第二次修正),对储蓄存款利息所得征收个人所得税。

9月30日,国务院印发《对储蓄存款利息所得征收个人所得税的实施办法》。

12月1日,国家税务总局印发《增值税防伪税控系统管理办法》。

2000年

3月2日,中共中央、国务院下发《关于进行农村税费改革试点工作的通知》,确定在安徽省以省为单位进行农村税费改革试点。其他省、自治区、直辖市可根据实际情况选择少数县(市)试点。

10月22日,国务院公布《中华人民共和国车辆购置税暂行条例》。

2001年

3月16日,财政部、中国人民银行印发《关于财政国库管理制度改革试点方案》。

3月24日,国务院下发《关于进一步做好农村税费改革试点工作的通知》。

4月28日,九届全国人大常委会第二十一次会议通过《中华人民共和国税收征收管理法》第二次修订。

12月10日,国务院办公厅转发财政部《关于深化收支两条线改革进一步加强财政管理意见的通知》,全面规定收支两条线改革的内容和步骤。

12月30日,财政部、国家税务总局、海关总署联合发出《关于西部大开发税收优惠政策问题的通知》。

2002年

3月27日，国务院办公厅发出《关于做好2002年扩大农村税费改革试点工作的通知》。

6月29日，九届全国人大常委会第二十八次会议通过《中华人民共和国政府采购法》。

12月26日，国务院批转财政部《关于完善省以下财政管理体制有关问题意见》。

2003年

3月27日，国务院印发《关于全面推进农村税费改革试点工作的意见》。

6月27日，国务院印发《深化农村信用社改革试点方案》。

10月29日，国务院第二十六次常务会议通过《中华人民共和国进出口关税条例》。

2004年

1月1日，经国务院批准，我国进一步降低关税，进口关税总水平从11%下降到10.4%。

4月6日，财政部、农业部、国家税务总局联合印发《关于2004年降低农业税税率和在部分粮食主产区进行免征农业税改革试点有关问题的通知》。

6月30日，财政部、国家税务总局发出《关于取消除烟叶外的农业特产税的通知》，自2004年起，对烟叶仍征收农业特产税。取消其他农业特产品的农业特产税。

7 月 16 日，国务院印发《关于投资体制改革的决定》，进一步明确了深化投融资体制改革的目标。

7 月 23 日，财政部发出《关于加强政府非税收入管理的通知》，明确政府非税收入的管理范围，并要求分类规范管理政府非税收入。

2005 年

1 月 1 日，我国进一步降低进口关税，关税总水平由 10.4%降低到 9.9%，降税涉及 900 多个税目。

5 月 8 日，财政部印发《2005 年中央财政对地方缓解县乡财政困难奖励和补助办法》，出台“三奖一补”政策。

10 月 27 日，十届全国人大常委会第十八次会议通过《关于修改〈中华人民共和国个人所得税法〉的决定》。

12 月 29 日，十届全国人大常委会第十九次会议决定《中华人民共和国农业税条例》自 2006 年 1 月 1 日起废止。

2006 年

2 月 17 日，国务院废止 1950 年原政务院公布的《屠宰税暂行条例》。

4 月 28 日，国务院公布《中华人民共和国烟叶税暂行条例》。

11 月 6 日，国家税务总局印发《个人所得税自行纳税申报办法（试行）》。

12 月 29 日，国务院公布《中华人民共和国车船税暂行条例》。同时废止 1951 年原政务院公布的《车船使用牌照税暂行条例》和 1986 年国务院公布的《中华人民共和国车船使用税暂行条例》。

12 月 31 日，国务院公布修改后的《中华人民共和国城镇土地使用税暂行条例》。

2007年

3月16日，十届全国人大五次会议通过《中华人民共和国企业所得税法》，内外资企业所得税合并为统一的企业所得税。

6月29日，十届全国人大常委会第二十八次会议通过《关于修改〈中华人民共和国个人所得税法〉的决定》，修改的内容包括：对储蓄存款利息所得开征、减征、停征个人所得税及其具体办法，由国务院规定。

7月1日，中部地区26个老工业基地城市开始实施增值税转型试点。

7月20日，国务院印发《关于修改〈对储蓄存款利息所得征收个人所得税的实施办法〉的决定》，对储蓄利息所得减按5%的比例税率征收个人所得税。

12月1日，国务院公布《中华人民共和国耕地占用税暂行条例》。

12月29日，十届全国人大常委会第三十一次会议通过《关于修改〈中华人民共和国个人所得税法〉的决定》，修改的内容是将个人所得税法中的工资、薪金扣除额从每月1600元提高到每月2000元。

2008年

1月15日，国务院印发《关于废止部分行政法规的决定》，《中华人民共和国筵席税暂行条例》即日起失效。

10月9日，经国务院批准，财政部、国家税务总局规定即日起储蓄存款利息所得暂免征收个人所得税。

11月10日，国务院公布修订以后的《中华人民共和国消费税暂行条例》。

12月31日，国务院决定废止外商投资企业适用的《城市房地产税暂行条例》，按照《中华人民共和国房产税暂行条例》对外商投资企业和外国企业征收房产税。

2009 年

1 月 12 日，财政部、国家税务总局发出《关于对外资企业及外籍个人征收房产税有关问题的通知》。

2 月 18 日，财政部印发《2009 年地方政府债券预算管理办法》。

3 月 27 日，第一只地方债发行。债券全称“2009 年新疆维吾尔自治区政府债券（一期）”，债券规模 30 亿元，期限 3 年，发行人是中华人民共和国财政部。

2010 年

6 月 1 日，财政部发出《关于将按预算外资金管理的收入纳入预算管理的通知》。

10 月 18 日，国务院下发《关于统一内外资企业和个人城市维护建设税和教育费附加制度的通知》。

2011 年

2 月 25 日，十一届全国人大常委会第十九次会议通过《中华人民共和国车船税法》。

5 月 29 日，国务院办公厅发出《关于进一步做好部门预算公开工作的通知》。

6 月 30 日，十一届全国人大常委会第二十一次会议表决通过全国人大常委会关于修改个人所得税法的决定，个人所得税扣除额从 2000 元提高到 3500 元。

7月31日，财政部、国家税务总局发出《关于在北京等8省市开展交通运输业和部分现代服务业营业税改征增值税试点的通知》。

10月17日，财政部印发《2011年地方政府自行发债试点办法》。2011年，上海市、浙江省、广东省、深圳市开展地方政府自行发债试点。

10月26日，国务院常务会议正式决定，为解决货物和劳务税制中的重复征税问题，在上海主动提出先行先试的要求下，决定自2012年1月1日起，在上海对原征收营业税的交通运输业和部分现代服务业率先开展“营改增”试点。

11月15日，第一只自发代还地方债发行。债券全称“2011年上海市政府债券（一期）”、债券规模36亿元，期限3年，发行人是上海市人民政府。

2012年

1月1日，上海率先实施交通运输业和部分现代服务业“营改增”试点。

2013年

2月19日，国家税务总局印发《关于营业税改征增值税试点中非居民企业缴纳企业所得税有关问题的公告》。

8月1日，“营改增”试点推向全国，同时将广播影视服务纳入试点范围。

7月29日，财政部、国家税务总局发出《关于暂免征收部分小微企业增值税和营业税的通知》，规定自2013年8月1日起，对增值税小规模纳税人中月销售额不超过2万元的企业或非企业性单位，暂免征收增值税；对营业税纳税人中月营业额不超过2万元的企业或非企业性单位，暂免征收营业税。

11月6日，国家税务总局发布《关于金融商品转让业务有关营业税问题的公告》。

2014年

1月1日，铁路运输业和邮政业在全国范围实施“营改增”试点。

5月19日，财政部印发《2014年地方政府债券自发自还试点办法》，上海、浙江、广东、深圳、江苏、山东、北京、江西、宁夏、青岛试点地方政府债券自发自还。

6月1日，电信业在全国范围实施“营改增”试点。

6月30日，中共中央政治局审议通过《深化财税体制改革总体方案》。

8月31日，十二届全国人大常委会第十次会议通过《全国人常委会关于修改〈中华人民共和国预算法〉的决定》。

9月21日，国务院印发《关于加强地方政府性债务管理的意见》，提出解决地方政府性债务的体制改革举措。

9月26月，国务院印发《关于深化预算管理制度改革的决定》。

12月30日，财政部、国家税务总局发出《关于支持文化服务出口等营业税政策的通知》。

2015年

3月10日，国家发改委、国家开发银行联合发出《关于推进开发性金融支持政府和社会资本合作有关工作的通知》，对发挥开发性金融积极作用、推进PPP项目顺利实施等工作提出具体要求。

4月24日，十二届全国人大常委会第十四次会议通过修改《中华人民共和国税收征收管理法》的决定。

12月24日，中央办公厅、国务院办公厅联合印发《深化国税、地税征管体制改革方案》。

2016年

3月23日，财政部、国家税务总局发出《关于全面推开营业税改征增值税试点的通知》。

4月29日，国务院印发《全面推开营改增试点后调整中央与地方增值税收入划分过渡方案》。

5月1日，国务院在全国范围将“营改增”试点范围扩大到建筑业、房地产业、金融业、生活服务业。

7月5日，中共中央、国务院印发《关于深化投融资体制改革的意见》。

8月24日，国务院印发《关于推进中央与地方财政事权和支出责任划分改革的指导意见》明确财政事权和支出责任划分的基本原则、主要任务和要求。

12月25日，十二届全国人大常委会第二十五次会议通过《中华人民共和国环境保护税法》。

2017年

2月24日，十二届全国人大常委会第二十六次会议通过《关于修改〈中华人民共和国企业所得税法〉的决定》。

11月19日，国务院印发《关于废止〈中华人民共和国营业税暂行条例〉和修改〈中华人民共和国增值税暂行条例〉的决定》。

12月27日，十二届全国人大常委会第三十一次会议通过《中华人民共和国烟叶税法》和《中华人民共和国船舶吨税法》。

2018年

2月8日，国务院印发《基本公共服务领域中央与地方共同财政事权和支出责任划分改革方案》。

7月20日，中央办公厅、国务院办公厅印发《国税地税征管体制改革方案》。

8月31日，十三届全国人大常委会第五次会议通过《关于修改〈中华人民共和国个人所得税法〉的决定》第七次修正案。

9月1日，中央办公厅、国务院办公厅印发《中共中央国务院关于全面实施预算绩效管理的意见》。

12月5日，国务院第33次常务会议通过《政府投资条例》。

12月20日，财政部印发《地方政府债务信息公开办法（试行）》。

12月29日，十三届全国人大常委会第七次会议通过《关于修改〈中华人民共和国电力法〉等四部法律的决定》，其中《中华人民共和国企业所得税法》第二次修正。会议还通过《中华人民共和国车辆购置税法》《中华人民共和国耕地占用税法》。

2019年

4月23日，十三届全国人大常委会第十次会议对《中华人民共和国车船税法》进行修正。

6月10日，中央办公厅、国务院办公厅发布《关于做好地方政府专项债券发行及项目配套融资工作的通知》。

8月26日，十三届全国人大常委会第十二次会议通过《中华人民共和国资源税法》。

2020 年

8 月 3 日，国务院公布修订后的《中华人民共和国预算法实施条例》。

8 月 11 日，十三届全国人大常委会第二十一次会议通过《中华人民共和国契税法》和《中华人民共和国城市维护建设税法》。

12 月 31 日，国家税务总局印发《全面推行税务证明事项告知承诺制实施方案》。

2021 年

3 月 24 日，中央办公厅、国务院办公厅印发《关于进一步深化税收征管改革的意见》。

6 月 10 日，十三届全国人大常委会第二十九次会议通过《中华人民共和国印花税法》。

8 月 13 日，国务院办公厅印发《关于改革完善中央财政科研经费管理的若干意见》。

10 月 23 日，十三届全国人大常委会第三十一次会议通过《关于授权国务院在部分地区开展房地产税改革试点工作的决定》。

2022 年

1 月 1 日，个人所得税专项附加扣除多了“3 岁以下婴幼儿照护”一项。纳税人照护 3 岁以下婴幼儿子女的相关支出，在计算缴纳个税前按照每名婴幼儿每月 1000 元的标准定额扣除。

4 月 19 日，中央全面深化改革委员会第二十五次会议审议通过《关于进一步推进省以下财政体制改革工作的指导意见》，强调要清晰界定省以下财政事权和支出责任，理顺省以下政府间收入关系，完善省以下转移支付制度，建立健全省以下财政体制调整机制，规范省以下财政管理。

7 月 21 日，102 个中央部门集中公开部门决算。

10 月 16 日，党的二十大报告提出，健全现代预算制度，优化税制结构，完善财政转移支付体系。

图书在版编目（CIP）数据

财政税收体制改革 / 倪红日主编. — 北京：中国工人出版社，2024. 6. -- ISBN 978-7-5008-8030-1

Ⅰ. F812.2; F812.422

中国国家版本馆CIP数据核字第2024RX1388号

财政税收体制改革

出 版 人	董　宽
责任编辑	左　鹏
责任校对	张　彦
责任印制	栾征宇
出版发行	中国工人出版社
地　　址	北京市东城区鼓楼外大街 45 号　邮编：100120
网　　址	http://www.wp-china.com
电　　话	（010）62005043（总编室）
	（010）62005039（印制管理中心）
	（010）62382916（工会与劳动关系分社）
发行热线	（010）82029051　62383056
经　　销	各地书店
印　　刷	北京印刷集团有限责任公司
开　　本	710 毫米 × 1000 毫米　1/16
印　　张	30.75
字　　数	330 千字
版　　次	2024 年 10 月第 1 版　2024 年 10 月第 1 次印刷
定　　价	86.00 元